Acht Tage, die die Welt veränderten

Alfred Weinzierl und Klaus Wiegrefe (Hg.)

Acht Tage, die die Welt veränderten

Die Revolution in Deutschland **1989/90**

Mit Beiträgen von

Stefan Berg, Martin Doerry,
Konstantin von Hammerstein, Jürgen Kremb,
Dirk Kurbjuweit, Gunther Latsch, Jürgen Leinemann,
Cordt Schnibben, Hans-Ulrich Stoldt,
Peter Wensierski, Heinrich August Winkler

Deutsche Verlags-Anstalt

MIX
Papier aus verantwortungsvollen Quellen
FSC® C014496

Verlagsgruppe Random House FSC® N001967
Das für dieses Buch verwendete FSC®-zertifizierte Papier
Munken Premium Cream liefert Arctic Paper Munkedals AB, Schweden.

1. Auflage

Typografie und Satz: DVA/Brigitte Müller
Gesetzt aus der Galliard
Grafiken: DER SPIEGEL
Druck und Bindung: GGP Media GmbH, Pößneck
Printed in Germany
ISBN 978-3-421-04682-6

www.dva.de

Inhalt

KAPITEL 6

KAPITEL 7

KAPITEL 8

KAPITEL 9

ANHANG

Vorwort

Wann ist eine Revolution eine Revolution? Wenn ein Herrscher ermordet wird? Oder wenigstens ins Exil verbannt? Wenn Blut vergossen wird in dramatischer Menge? Oder Helden sterben für die gute Sache?

Es hat im vergangenen Vierteljahrhundert große Umwälzungen gegeben. In Rumänien endete die Diktatur Nicolae Ceauşescus mit dessen Hinrichtung. In Südafrika stürzte, nach jahrzehntelangem Kampf, das Apartheid-Regime. Jugoslawien, dieses Vielvölker-Konstrukt, zersplitterte in seine Einzelteile. In Libyen befreite sich das Volk von seinem Tyrannen Muammar al-Gaddafi, in Ägypten im selben Jahr von Husni Mubarak – und die Liste ließe sich leicht fortsetzen. Gemein war diesen Veränderungen, dass sie tausendfach Tod brachten, Vertreibung, Leid.

Im Herbst 1989 geschah hingegen etwas, das in der Weltgeschichte seinesgleichen sucht: Ein Volk steht auf gegen seine Unterdrücker, erst zaghaft tastend, dann vielstimmig fordernd, die Machthaber taumeln für eine Weile, ergeben sich dann dem Schicksal ihrer Selbstabschaffung. Und es fällt kein einziger Schuss.

Die Bürger eines Landes – Mittelpunkt des Kalten Krieges, Nahtstelle zwischen den atomar hochgerüsteten Blöcken – entledigen sich ihrer Fesseln, ihrer Bestimmer, ihrer Drangsalierer. Und es fließt kein einziger Tropfen Blut.

Die Menschen in der DDR haben etwas geschafft, für das ein Begriff erst erfunden werden musste: eine friedliche Revolution. Seitdem gibt das Geschehene zwischen Ostsee und Erzgebirge anderen gepeinigten Völkern Hoffnung.

Auch 25 Jahre danach fasziniert die Revolution im zweiten deutschen Staate gleichermaßen Beteiligte, Unbeteiligte und Nachgeborene. Wie konnte es sein, dass ein Spitzelsystem, das von seinen Bürgern alles zu wissen schien, so apathisch, so ohnmächtig den Zeitläuften zuschaute? Wie konnte es sein, dass ein zur Gewalt neigendes Regime, dem hunderte Menschen an der Mauer zum Opfer gefallen waren, wehrlos war gegen den friedfertigen Protest der Straße?

Zahlreiche Historiker haben sich diese Fragen gestellt. Weitgehend einig sind sie sich in der Analyse, dass es kein Einzelereignis gab, das den Zusammenbruch der DDR verursachte. Der Niedergang des selbsternannten Arbeiter- und Bauernstaates wird vielmehr als ein Prozess gesehen, mit etlichen Schritten, die am Ende des Weges zur Deutschen Einheit führten.

Anlässlich des 25-jährigen Jubiläums des Mauerfalls haben Reporter des SPIEGEL diese Schritte in einer großen Serie nachvollzogen. Jeder Serienteil steht für einen Tag, an dem der Lauf der innerdeutschen Geschichte eine Wendung nahm oder mächtig Fahrt entwickelte. »Sieben Tage, die die Welt veränderten«, unter diesem Titel erschienen im SPIEGEL die Etappen zur Auflösung der DDR: von der landesweiten Fälschung der Kommunalwahlen am 7. Mai 1989 zur Reise der Prager Botschaftsflüchtlinge in die Bundesrepublik am 30. September, von der ersten großen Leipziger Montagsdemonstration am 9. Oktober zum Massenprotest auf dem Ost-Berliner Alexanderplatz am 4. November, von der Öffnung der Grenze am 9. November zur Erstürmung der Stasi-Zentrale am 15. Januar 1990 und schließlich zur ersten freien Volkskammerwahl am 18. März.

Für dieses Buch haben wir ein weiteres Kapitel geschrieben, um den Bogen zur Wiedervereinigung zu schlagen. Es handelt vom 31. Mai 1990, an dem der sowjetische Präsident Michail Gorbatschow der Nato-Mitgliedschaft des vereinten Deutschlands zustimmte – weshalb dieses Buch nun von »acht Tagen« erzählt, die die Welt veränderten.

Das Konzept der Reportagen, den Leser in die wohl spannendsten und bewegendsten Monate der jüngeren deutschen Geschichte zu führen, reichern wir an mit dem Nachdruck von zahlreichen Berichten, Interviews und historischen Recherchen, die zwischen 1989 und 2009 im SPIEGEL zur Wende erschienen – und die wir, wo nötig, aktualisiert haben. Darunter sind Gespräche mit Michail Gorbatschow und Condoleezza Rice, der damaligen Osteuropa-Beraterin von US-Präsident George H.W. Bush und späteren Außenministerin der USA, sowie Interviews mit dem britischen Historiker Timothy Garton Ash und mit dem ehemaligen SPIEGEL-Redakteur Ulrich Schwarz, der den Niedergang der DDR als Korrespondent in Ost-Berlin erlebte.

Außerdem haben wir Heinrich August Winkler, emeritierter Professor für Neueste Geschichte an der Humboldt-Universität zu Berlin, gebeten, die Geschehnisse von 1989 zu vergleichen mit den wichtigsten Aufständen in der modernen Geschichte Deutschlands – jenen von 1848 und jenen von 1918. In seinem Beitrag analysiert er Gemeinsamkeiten und Unterschiede von drei deutschen Revolutionen.

Als Herausgeber möchten wir uns bei allen bedanken, die zum Gelingen dieses Buches beigetragen, die früher veröffentlichte Texte noch einmal überarbeitet haben, die sich 25 Jahre nach dem Mauerfall noch einmal auf Spurensuche begeben haben, aber vor allem bei Angelika Mette, Heiko Buschke und Johannes Eltzschig für die redaktionelle Betreuung.

In diesem Jahr wird es wieder etwas Großes zu feiern geben. Am 3. Oktober 2015 wird das gemeinsame, vereinte Deutschland 25 Jahre alt werden. Ein freudiges Ereignis, das Anlass geben kann, zurückzuschauen auf jene acht Tage, in denen die Weichen gestellt wurden für eine neue Bundesrepublik.

Alfred Weinzierl, Klaus Wiegrefe
Hamburg, im Februar 2015

EINLEITUNG

Die eigensinnige Republik

Die Revolution von 1989 tilgte die DDR von den Landkarten. Aber hat sie auch die Bundesrepublik verändert? Zunächst sah es so aus, als würde alles weitergehen wie gewohnt – bis Angela Merkel kam. Denn heute ist dies ein anderes Deutschland.

Von Dirk Kurbjuweit

Der Westen wird sich den Osten einverleiben und die Früchte der Revolution in Gewinne seiner Unternehmen umwandeln. Von der DDR wird nichts bleiben, ihre Bürger müssen sich fremden Verhältnissen unterwerfen. Es kommt zu einer Übernahme, zu der die Revolutionäre freundlich eingeladen haben, die aber feindlich ausgeführt wird, als Vertilgung, Ausmerzung dessen, was der deutsche Osten einmal war. Die Bundesrepublik wird sich schlicht ausdehnen, und das wird es dann gewesen sein.

Das waren Erwartungen, nachdem die Euphorie der Revolution, die Sektlaune des Mauerfalls am 9. November, verflogen war. Noch schlimmer: Die aufgepumpte Bundesrepublik könne sich rückwärts entwickeln, zu einem neualten Reich des Bösen. Der Schriftsteller Günter Grass sagte im Februar 1990: »Die grauenhafte und mit nichts zu vergleichende Erfahrung Auschwitz, die wir und die Völker Europas mit uns gemacht haben, schließt einen deutschen Einheitsstaat aus.« Grass war für eine Konföderation, und sollte es doch ein Einheitsstaat werden, »wird ihm das Scheitern vorgeschrieben sein«.

An diese Vorschrift hielt sich die Bundesrepublik nicht. Ein Scheitern konnte, wenn nicht alles täuscht, vermieden werden. Aber was ist mit dem anderen Verdacht: Übernahme? Kommerzialisierte Revolution? Haben die mutigen Bürger von Leipzig oder Halle nur das Heer der Konsumenten erweitert, ohne in ihrem neuen Staat politisch etwas zu verändern?

Eine Revolution hat zwei Ziele: Sie will etwas Altes beenden. Und sie will etwas Neues begründen. Ziel eins haben die 89er erreicht, der Staat DDR ist untergegangen. Mit Ziel zwei ist es schwieriger. Die Bundesrepublik hat sich über den Osten gestülpt, das Neue war etwas Altbekanntes, zunächst jedenfalls. Der Westen expandierte nach Osten.

Doch nun, 25 Jahre nach dem Mauerfall, zeigt sich, dass dies nicht die ganze Geschichte ist. Die Revolution hat auch etwas Neues möglich gemacht, eine andere Bundesrepublik. Zwar sind die Institutionen geblieben, zwar herrscht die westdeutsche Wirtschaft über das gesamte Land, aber da ist noch eine andere Strömung. Kann es sein, dass die Bundesrepublik, die doch seit 1949 Richtung Westen blickte, seit einigen Jahren östlicher geworden ist?

Nichts hat dazu mehr beigetragen als die Bundeskanzlerin aus dem Osten, Angela Merkel. Sie ist eine Demokratin, eine Freundin der Freiheit, sie hat nicht eine große DDR geschaffen, aber sie führt dieses Land so, dass man sich hier und dort an die DDR erinnert fühlen kann.

Eine Diktatur fürchtet den offenen Diskurs, den Streit, und lebt von der Fiktion der Einigkeit. Der Herrscher oder die Partei behauptet, den Volkswillen zu exekutieren, und da der einheitlich sein soll, stehen alle unter Konsenszwang. Stille im Land gilt als Zustimmung. Mit diesem System ist Merkel aufgewachsen.

Elemente davon finden sich in ihrem Politikstil wieder. Offener Streit ist ihr verhasst, sie stößt keine Diskurse an, sie fühlt sich dann wohl, wenn Stille herrscht. Sie regiert am liebsten mit einer Großen Koalition, da sie hier einen breiten Konsens in kleinen Runden herstellen kann. Es ist ruhig geworden in der Bundesrepublik.

Vielen Bürgern gefällt das. Die Ostdeutschen sind es so gewohnt. Den Westdeutschen war das angelsächsische Modell mit den Dualismen und hitzig ausgetragenen Konflikten in der Mehrheit schon früher suspekt. Auch die Franzosen streiten härter als die Deutschen. Mit Merkel haben die Deutschen zu sich gefunden.

Aus Union und SPD hat sie eine neue SED geschmiedet, eine Sozialdemokratische Einheitspartei, die den Sozialkonsens üppig bedient, mit Geld für Familien, für Rentner, mit dem Mindestlohn. Die einzige Partei, die ein bisschen Sympathie für den angelsächsischen Kapitalismus aufbringen konnte – die FDP –, ist beinahe verschwunden.

Während Merkel das DDR-Element der diskursiven Stille in die bundesdeutsche Politik trägt, steht Bundespräsident Joachim Gauck, auch ein Ostdeutscher, für die vernehmliche Dissidenz. Als Pfarrer in Rostock war Gauck kein Widerstandskämpfer, aber doch ein Bürgerrechtler. Deren energischen Freiheitsbegriff trägt er in die bundesdeutsche Politik, auch mit der Botschaft, dass Freiheit erkämpft oder verteidigt werden muss, zur Not mit Waffen.

Den meisten Ärger handelte er sich mit einer Partei ein, deren Wurzeln ebenfalls in der DDR liegen, der Linken, die zum großen Teil aus der SED-Nachfolgepartei PDS hervorgegangen ist und die sich später mit Abtrünnigen der SPD vereinte. Die Linke ist so stark, dass ohne sie keine linke Mehrheit zustande kommt. Die SPD wollte auf Bundesebene bislang aber nicht mit der Linken koalieren. Damit ist eine ostdeutsche Partei dafür verantwortlich, dass eine ostdeutsche Bundeskanzlerin lange an der Macht bleiben und mit ostdeutscher Prägung regieren kann. Will noch einer sagen, dass die Bundesrepublik nach dem Mauerfall die alte Bundesrepublik geblieben ist?

Allerdings hängt dieser Befund stark an Merkel und könnte damit vergänglich sein. Aber auch die Nation hat sich verändert, hat eine neue Mitte gefunden.

Bis 1945 hatten die Deutschen nur 74 Jahre lang in einem gemeinsamen Staat gelebt. Vielleicht fiel es dem Westen der Nation deshalb so leicht, den Gedanken an die Einheit aufzugeben. Konrad Adenauer (CDU), der erste Bundeskanzler, sah das Heil seiner Bundesrepublik bei den Westmächten. Die Stalin-Noten, die zu Beginn der Fünfzigerjahre eine Einheit um den Preis der Neutralität in Aussicht stellten, nahm er nicht ernst. Die Ostdeutschen waren damit im Stich gelassen.

Die Westdeutschen gingen den Weg nach Westen, und spätestens in den Siebzigerjahren meinten die meisten das Wort »Brüder und Schwestern« nur noch ironisch. Fremdheit war da, wurde aber auch hergestellt. Viele Westdeutsche wollten sich nicht zuerst als Deutsche verstehen, sondern als Europäer, vor allem aus Scham gegenüber der Nazivergangenheit. Ein gängiger Satz war: Ein Brite oder ein Franzose ist mir näher als ein Ostdeutscher. Das klang lässig.

Auf der komfortableren Seite der Mauer fand man die Menschen dahinter mit den Jahren immer merkwürdiger: große Athleten, gedopt natürlich, aber kleinliche Grenzer, alles so spießig, Tempo auf der Autobahn exakt 100, Spitzel überall, und dann noch diese komisch verwaschenen Jeans; leider sind diese armen Leute hinter dem Todesstreifen eingesperrt, aber irgendwie auch ein bisschen freiwillig. In ihren Vorstellungen bastelten die Westler sich einen Ostdeutschen zurecht, der so fremd war, dass man mit dem gar nicht wiedervereinigt sein wollte. Und übersahen dabei, dass Konsumniveau und Freiheitsgrad nicht über tieferliegende Mentalitäten bestimmen, jedenfalls nicht in 40 Jahren alles verändern. Historisch ist das ein Wimpernschlag.

Die Bürger der DDR hatten sich nicht so stark entfremdet, obwohl die SED sie darauf verpflichten wollte. Das Nachbarland im Westen blieb ein Hort der Sehnsüchte und Hoffnungen, nach einem höheren Konsumniveau, nach einem höheren Freiheitsgrad. Nach ihrer Revolution machten sie in Wahrheit keinen Schritt in die totale Fremde. Denn die Bürger aus Ost und West blieben trotz der Trennung in ihrer politischen Mentalität relativ dicht beieinander.

Die Deutschen schätzen einen starken Sozialstaat. In der DDR schaffte er eine Rundumversorgung auf niedrigem Niveau. In der Bundesrepublik ist er nicht so umfassend, bietet aber gleichwohl einen besseren Lebensstandard. Ost und West neigen zum Antikapitalismus. In der DDR war er systemisch angelegt, in der Bundesrepublik entwickelte sich die Sonderform des Rheinischen Kapitalismus, der weniger freizügig war als das angelsächsische Modell und mehr Staatseinfluss zuließ.

Der jüngst verstorbene Historiker Hans-Ulrich Wehler hat herausgearbeitet, dass es schon im Deutschland des 19. Jahrhunderts den Wunsch nach einem »socialen Königtum« gab. Die Hoffnungen richteten sich auf den starken Staat, nicht auf das Individuum. Das ist der entscheidende Unterschied zu Briten oder Amerikanern.

Die Deutschen haben einen pazifistischen Zug, der sich nach der Katastrophe des Zweiten Weltkriegs auf beiden Seiten der Grenze entwickelt hat. In der DDR und in der Bundesrepublik entstanden besonders aktive Friedensbewegungen.

Die Deutschen frönen, bei aller Faszination gegenüber dem Amerikanischen, dem Antiamerikanismus. In der DDR war er staatlich verordnet, aber die Bürger wussten selbst, dass US-Raketen ihr Land verwüsten würden, wenn ein Krieg ausbräche. In der Bundesrepublik mischten sich in die Hassliebe zum großen Bruder antikapitalistische und pazifistische Elemente.

Interessant ist, dass diese vier Grundhaltungen – Sozialstaatsliebe, Pazifismus, Antikapitalismus und Antiamerikanismus – der Programmatik der Linken entsprechen, die damit zur urdeutschen Partei wird. Sie kann jedoch bundesweit keine Mehrheiten erringen, weil sie ihre Standpunkte mit einer nichtdeutschen Haltung vertritt: radikal.

Mit ihrer radikalen Kapitalismuskritik hat es Sahra Wagenknecht allerdings geschafft, ein Medienstar zu werden. Im Zuge der Finanzkrise gewann sie die Sympathie von Leuten, die mit der Linken sonst wenig zu schaffen haben wollen. Auch Wagenknecht ist ein starkes Ostelement in der deutschen Politik.

Natürlich kamen viele Ostdeutsche mit der marktwirtschaftlichen Ordnung zunächst schlechter zurecht als ihre Mitbürger, und vielleicht können sie in ihren Restaurants noch immer nicht gut kochen, wie Berliner (West) nach ihren Wochenendfahrten durch Brandenburg gern beklagen, aber das wächst sich aus. Grundsätzlich passt man gut zueinander.

Die DDR wäre – von der Mentalität und den Werten her – mit Großbritannien weit schwieriger zu vereinen gewesen. Das gilt auch für die Bundesrepublik. Man hat sich im Westen damals den Briten näher gefühlt, war aber in den tieferen Schichten so deutsch, wie ein Deutscher eben ist.

Weil Sozialstaatsliebe und Antikapitalismus in der ostdeutschen Bevölkerung noch tiefere Wurzeln haben als im deutschen Westen, sind diese Strömungen in der Bundesrepublik insgesamt stärker geworden. Alle vier Grundhaltungen zusammen ergeben das Bild einer immer noch romantischen Nation, die sich fernhalten will von den Händeln und Härten einer kalten Welt. Merkel ist die passende Kanzlerin dazu, weil sie schont und schützt, weil sie meist das tut, was ihre Nation von ihr erwartet.

Die Revolution von 1989 war in ihrer späten Phase auch eine nationale Revolution, wie schon die von 1848. Auch damals verbanden Bürger die Gedanken von Freiheit und Demokratie mit deutscher Einheit. Sie scheiterten, da der preußische König keinem demokratischen Deutschland vorstehen wollte. Es ging noch gut 20 Jahre weiter mit der Kleinstaaterei.

Die 89er waren schon am 3. Oktober 1990 am Ziel, seither ist dies der Tag der Einheit. Danach war die Frage, ob sich die Ängste von Intellektuellen wie Günter Grass erfüllen würden: Rückkehr zum Nationalismus und Militarismus, zur deutschen Dominanz über Europa.

Nationalismus: Was die Westdeutschen von den Ostdeutschen lernen konnten, war unter anderem das Fahnenschwenken. In der DDR gehörte es bei den Paraden dazu, in der Bundesrepublik machte man es allenfalls bei Länderspielen im Stadion, aber auch da nur schüchtern. Die Fußball-WM von 2006 wurde dann zum Fest in Schwarz-Rot-Gold. Die Deutschen feierten als Deutsche, aber sie feierten auch Togo oder Brasilien. Das Fahnenschwenken war nicht dumpf wie in alten Zeiten, sondern fröhlich. Wir sind eine Nation fast ohne Nationalismus geworden.

Inseln gibt es, besonders krank in der Terrorgruppe NSU, die Migranten mordete. Dieser Exzess von Fremdenhass entwuchs zwar der ehemaligen DDR, genauso die Renaissance der NPD, aber auch der Westen kann sich nicht als besonders migrantenfreundlich feiern. Auch in diesem Punkt trafen sich die Mentalitäten von Ost und West im Kern.

Militarismus: Die friedlichen 89er haben wohl am wenigsten damit gerechnet, dass sie Deutschland den Weg in Kriege ebnen würden. Aber so war es. Als die Deutschen vereint waren, sahen die Verbündeten in der Nato sie als normale Nation an, mit normalen Pflichten. Die Erwartung an militärisches Engagement wuchs und wächst, gerade in diesen Zeiten.

Die Bundeswehr absolvierte bislang zwei große Kampfeinsätze, auf dem Balkan und in Afghanistan. Wie immer man das bewertet, zu Militarismus oder einem neuen Preußentum hat es sich nicht ausgewachsen. Die Bundeswehr ist eine vorsichtige Armee geblieben, die von der Politik skrupulös eingesetzt wird.

Dominanz über Europa: In der Politik gegenüber der EU ist der wohl atemberaubendste Wandel passiert. Helmut Kohl kämpfte noch für den Euro und die Vereinigten Staaten von Europa und fand, dass jede Mark, die nach Brüssel fließt, den Deutschen nützt. Die alte Bundesrepublik sah sich nicht als vollständiges Gebilde, was sie auch nicht war, sondern als Teil größerer Einheiten, Europa, Nato. Kohl hatte deshalb kein Problem mit dem Gedanken, sein Land in der EU aufgehen zu lassen.

Merkel hat Politik in einer vereinten und damit vollständigen Bundesrepublik gelernt, in einem großen Land, das selbstbewusster geworden ist. Sie achtet genauer darauf, was deutsches Interesse ist, und dazu gehört ihrer Ansicht nach nicht immer die Solidarität mit den anderen Völkern, vor allem in Gelddingen.

Deutschland dominiert Europa, weil es wirtschaftlich so stark ist, aber sonst ist es stark auf sich selbst bezogen. Es ist kein folgsamer Teil des Westens mehr. Als die Nato Luftangriffe auf Libyen flog, isolierte Merkel ihr Land von allen westlichen Führungsmächten, USA, Großbritannien und Frankreich. Als sich Wladimir Putin die Krim einverleibte, fand er in Deutschland viele Menschen, die Verständnis zeigten.

So ergab sich aus der Revolution alles in allem eine dialektische Bewegung. Die Bundesrepublik machte den deutschen Osten durch Übernahme westlich, wurde in der Folge selbst aber weniger westlich, zum Teil sogar östlicher: durch seine Spitzenpolitiker und deren Verständnis von politischer Kultur, durch eine Verstärkung alter Tendenzen wie Antikapitalismus oder Liebe zum Sozialstaat.

»Der lange Weg nach Westen«, Titel eines Buchs des Historikers Heinrich August Winkler, ist unterbrochen. Zuletzt sind wir sogar ein paar Schritte zurückgegangen. Die Bundesrepublik von 2015 ist nicht so westlich-europäisch wie die von 1989. Das muss nicht schlimm sein, da auch der Westen nicht mehr ein so festes Gebilde ist wie 1989. Solange die Fundamente Freiheit, Friedlichkeit, Demokratie, Rechtsstaat, soziale Marktwirtschaft unangetastet bleiben, hat auch die Bundesrepublik ein Recht auf einen eigenen Weg innerhalb seiner Bündnisse EU und Nato.

Die Revolutionäre von 1989 hatten vielleicht nicht viele dieser Entwicklungen im Sinn. Aber sie haben nicht nur die DDR aus den Landkarten gestrichen, sondern auch die Bundesrepublik verändert.

Revolutionen entstehen aus Eigensinn. Die Leute sind unzufrieden mit dem, was ihnen vorgegeben wird, sie entwickeln eigene Ideen. So war es auch 1989 in Leipzig und anderswo. Es ist wohl nur ein Zufall, aber 26 Jahre danach leben wir in einem eigensinnigen Land, und das ist neu für die Deutschen der Nachkriegszeit.

KAPITEL 1

7. Mai 1989: Amtlich gefälscht

Während sich andere Ostblockstaaten demokratische Reformen leisten, frisiert das DDR-Regime die Ergebnisse der Kommunalwahl in gewohnter Manier – und setzt damit den Startschuss für die friedliche Revolution.

Von Alfred Weinzierl

Die junge Frau mit den roten Locken hatte den aufregendsten, aufsehenerregendsten, riskantesten Tag ihres Lebens hinter sich. Und nun traute Evelyn Zupke ihren Ohren kaum, als sie hörte, was da in den Spätnachrichten des DDR-Fernsehens verbreitet wurde.

Mit der Autorität des »Vorsitzenden der Wahlkommission« verkündete Egon Krenz – das Sakko mittelblau, die Haare mittelgrau – das amtlich gefälschte Ergebnis der Kommunalwahl. Von den Wahlberechtigten hätten 12,2 Millionen für die Einheitsliste der Nationalen Front gestimmt: »Das sind 98,85 Prozent«, schnarrte Krenz.

Ein Erdrutsch, für Ostverhältnisse. Nie zuvor in 40 Jahren DDR-Geschichte war die Marke von 99 Prozent Jastimmen unterschritten worden. Doch diesmal, am 7. Mai 1989, sah sich die Ost-Berliner Scheindemokratie offenbar zu Zugeständnissen genötigt. 1,15 Prozent Gegenstimmen, gut 140 000 Abweichler, das schien also die Marge, die sich dieser kaputte Staat offiziell leisten mochte, sagte sich Evelyn Zupke.

Natürlich war die Wahl eine Farce, wie immer, wenn die Bürger der DDR zur Urne gerufen wurden. Und dennoch war an diesem 7. Mai vieles anders. Denn Evelyn Zupke, damals

27 und Heilerzieherin in einer Ost-Berliner Tagesstätte für behinderte Kinder, hatte nun mehr als einen Verdacht, eine Ahnung vom systematischen Wahlbetrug im Arbeiter-und-Bauern-Staat. Sie hielt an diesem Sonntagabend Beweise in der Hand, weiße Karteikarten mit Strichlisten, die Arbeit von knapp 200 Mitstreitern des Friedenskreises Weißensee, die ab 18 Uhr bei der öffentlichen Auszählung der Stimmen akribisch mitgeschrieben hatten.

Monatelang hatten sich die Bürgerrechtler vorbereitet auf diesen Tag, das Wahlgesetz studiert, zu Veranstaltungen eingeladen, auf denen Bürger von ihren Wahlerfahrungen berichten konnten. Sie hatten Helfer rekrutiert, den ganzen Bezirk Weißensee nach Hinweisschildern »Wahllokal« durchkämmt, weil eine offizielle Liste der Stimmabgabestellen nicht zu bekommen war. Am Ende hatten sie in 66 von 67 Wahllokalen des Stadtbezirks ihre Beobachter, nur von jenem in der Kunsthochschule wussten sie nicht. »Aber zur Hochschule hatten wir auch keine Verbindungen«, erinnert sich Evelyn Zupke 25 Jahre später, »Studenten gehörten nicht zum oppositionellen Milieu.«

In Zupkes Wohnung hatte der Friedenskreis sein Wahlbüro aufgeschlagen. Bevor die Beobachter dort ihre Karteikarten ablieferten, passierten sie auf der Albertinenstraße einen Pulk von 20, 30 Männern, die auf dem gegenüberliegenden Gehweg auffällig unauffällig herumstanden. Zupke hat sie noch heute vor Augen: »Jeden Moment rechneten wir damit, dass die Stasi uns abführt – aber es passierte nichts.«

Wenn die Sozialarbeiterin, die heute in Hamburg tätig ist, von der Aktion des 7. Mai erzählt, schwingt immer noch ein bisschen Stolz mit. Ihren Drang zum Widerstand hatte sie schon als Oberschülerin entwickelt, zuerst den Staatsbürgerkundeunterricht hinterfragt, dann das Blauhemd der Freien Deutschen Jugend (FDJ) nicht mehr getragen. Sie schlenderte mit einer Plastiktüte aus dem Westen durch ihr Heimatdorf auf Rügen, verweigerte die Wahl 1984. Sie machte eine Fernausbildung zur Heilerzieherin in Berlin, wo Onkel und Tanten lebten, die Westfernsehen empfingen und Rudolf Bahros Dissidentenopus »Die Alternative« auf losen Blättern lasen. Sie zog in die geteilte Stadt und begegnete einem Diakon, der den Friedenskreis Weißensee gegründet hatte, eine Oppositionsgruppe unter dem Dach und dem Schutz der evangelischen Kirche.

Evelyn Zupke, die Aufsässige von der Insel Rügen, die mit der großen Klappe, hatte endlich Brüder und Schwestern im Geiste gefunden. Menschen, die beim großen Selbstbetrug nicht mitmachen wollten, die Mahnwachen hielten, Flugblätter verteilten, Kontakttelefone unterhielten und die sich, Ende 1988, ein neues Ziel setzten: »die Kommunalwahl zu nutzen, um sie als Scheinwahl zu entlarven«, sagt Zupke.

Dass die 99-Prozent-Ergebnisse geschönt sein mussten, war im Prinzip allen klar. Um den Betrug aber nachweisen zu können, musste man die Stimmanteile eines kompletten Stadtbezirks nachvollziehen können. Denn das war die kleinste Einheit, die veröffentlicht wurde.

In der Ausgabe vom 8. Mai war es so weit. Das *Neue Deutschland* präsentierte das Wahlergebnis für den Bezirk Berlin-Weißensee: 42 007 gültige Stimmen für den Wahlvorschlag, 1011 Stimmen dagegen.

Die Strichlisten auf den Karteikärtchen des Friedenskreises ergaben eine andere Rechnung: Die Wahlbeobachter hatten in den 66 Lokalen 25 797 gültige Dafür-Stimmen notiert sowie 2261 Stimmen dagegen. Nach den offiziellen Zahlen waren also nicht nur 15 000 Bürger aus Weißensee zusätzlich zur Wahl gegangen – es waren auch 1250 Neinstimmen verschüttgegangen. Der Beweis der Fälschung war erbracht.

Und nicht nur in Weißensee. In der gesamten Republik hatten Bürgerkomitees an den Auszählungen teilgenommen. In den Berliner Bezirken Friedrichshain und Prenzlauer Berg, in Potsdam, Leipzig und Dresden – und überall zeigte sich derselbe Trend: Die Wahlbeteiligung war massiv geschönt und ein Großteil der Neinstimmen dreist unterschlagen worden.

Indem sie den Betrug öffentlich machten, traten die Wahlbeobachter diverser Gruppen – vom »Grünen Netzwerk Arche« über die »Offene Arbeit Weimar« bis zur »Kirche von unten« – in diesen Tagen des Mai eine Lawine los, die der SED-Staat nicht mehr aufhalten konnte. Sie hatten, so formulierte es der Freiburger Historiker Ulrich Herbert, ein »Symbol der Unglaubwürdigkeit« dieses Herrschaftsapparats geschaffen. Oder, wie es der Oppositionelle und spätere Grünen-Politiker Werner Schulz ausdrückte, sie hatten den »ersten Spatenstich fürs Grab« gesetzt.

Wie konnte es dazu kommen, ausgerechnet im 40. Lebensjahr der DDR?

Signale aus Moskau

Die Dämmerung des zweiten deutschen Staates, da sind sich Historiker, Politiker und Zeitgenossen inzwischen ziemlich einig, beginnt im März 1985. In Moskau kommt ein Bauernsohn aus dem russischen Kaukasus an die Macht. Er ist mit seinen 54 Jahren für einen Führer des größten Landes der Welt sehr jung. Sein Name: Michail Sergejewitsch Gorbatschow. Er will die Sowjetunion, diesen maroden, ineffizienten, korrupten Moloch, reformieren. »Perestroika« (Umgestaltung) heißt seine Losung, sie soll die vom Wettrüsten mit den USA ausgemergelte Ökonomie des Landes retten; und sie soll die

Gesellschaft, den Umgang der Menschen miteinander, modernisieren – natürlich auf der Basis des Marxismus-Leninismus.

»Wir wollten doch die Sowjetunion erhalten«, wird Gorbatschow zehn Jahre später dem SPIEGEL sagen, »deshalb waren wir angetreten.« Anfangs versetzt der neue erste Mann des Ostblocks, wie er selbst zugibt, »die gesamte Nomenklatur in Aufruhr«. Die Alten im Kreml wollen keine »Glasnost« (Transparenz), sie wollen die Macht nicht teilen, sie fürchten jede Veränderung. »Ich habe gespürt«, so Gorbatschow, »dass die einzige Macht, die uns, die Reformer, unterstützen würde, das Volk ist.« Mit halbwegs freien Wahlen will er die Bürger als Verbündete im Kampf gegen die störrischen Kader gewinnen.

Der Westen ist zunächst irritiert, dann fasziniert. Gorbatschow zieht als großer Reformer um die Welt, wird hofiert und gefeiert. In der DDR vernimmt man seine Appelle mit Erstaunen, Ungläubigkeit, in der herrschenden Riege mit Unverständnis. Im April 1986, auf dem Parteitag der SED, mahnt Gastredner Gorbatschow, Selbstkritik sei »die unerlässliche Bedingung für den Erfolg«.

Doch Erich Honecker, seit 1971 an der Spitze der DDR und ebenso lange gewohnt, die Direktiven aus dem Kreml zu befolgen, tut so, als hätte er den Schuss nicht gehört: »Wir machen bereits seit 17 Jahren Perestroika«, kontert er Gorbatschows Vorstoß.

Die meisten Bürger der DDR müssen Honeckers Replik als Frechheit empfinden. Sie sind in ihrem Land eingesperrt wie in einem Gefängnis. Sie haben keine Rechte, die sie einklagen können. Sie bekommen allenfalls Privilegien von den Herrschenden für Wohlverhalten geschenkt. Über eine Million Haushalte warten auf einen Telefonanschluss, in vielen Städten bildet sich zuweilen ein derart dicker Smog, dass Lautsprecherwagen durch die Straßen fahren und empfeh-

Sanierungsfall DDR

Alter der Industrieausrüstungen im Jahr 1989

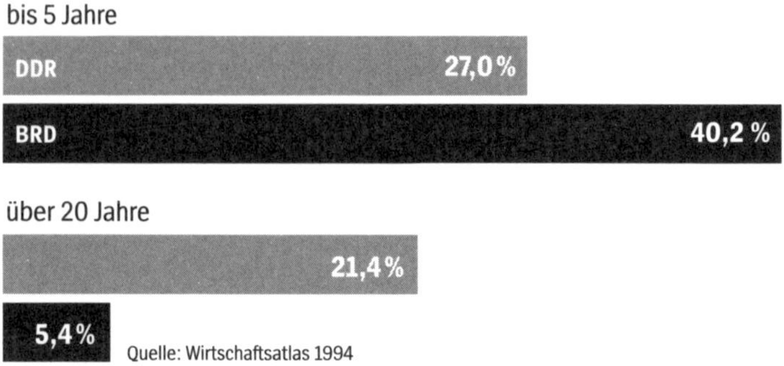

Quelle: Wirtschaftsatlas 1994

Exporterlös
in D-Mark für eine in der DDR bei der Produktion von Gütern aufgewendete Ostmark

Quelle: Kusch u. a. 1991

Schadstoffemission
Ausstoß von Schwefeldioxid 1988, in Kilogramm je Einwohner

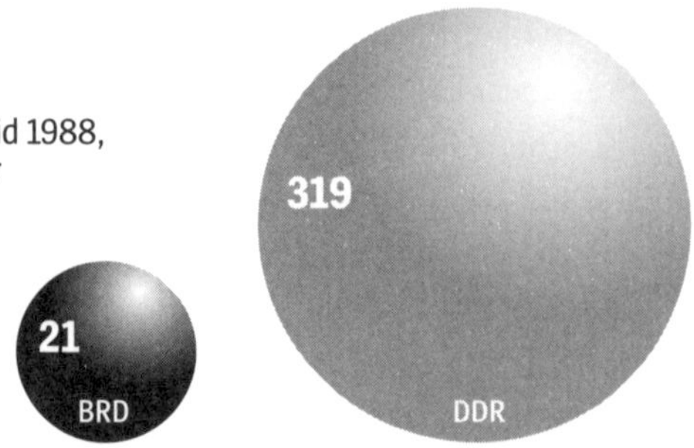

Quelle:
Wirtschaftsatlas 1994

len, Fenster und Türen geschlossen zu halten. Die Gewässer sind von den Industrieeinleitungen derart ruiniert, dass die Leute spotten: »In der DDR ist alles grau, nur die Flüsse sind bunt.«

Die Parolen vom angeblichen Fortschritt des Sozialismus verfangen Mitte der Achtziger selbst bei jenen kaum noch, die sich mal im besseren, menschlicheren Gesellschaftssystem wähnten. Dass Mieten, Grundnahrungsmittel oder Theaterkarten billig sind, dass Krippenplätze obligatorisch und Arbeitsplätze sicher sind, wird vom Volk längst als Selbstverständlichkeit angesehen. Und was nutzt ein Durchschnittseinkommen von knapp 1000 Mark, wenn es in den Geschäften keine attraktiven Waren zu kaufen gibt?

Die hohen Subventionen in den Alltag der Menschen haben ihren Preis: Der Staatskasse fehlt das Geld, in die Infrastruktur zu investieren. Viele DDR-Bürger hadern mit dem Stillstand und dem Verfall ihres Landes. Und einige machen diesen Frust auch öffentlich. Kurz vor dem Parteitag ’86 schreibt eine »Initiative Frieden und Menschenrechte«, in der sich Regimekritiker wie Bärbel Bohley, Gerd Poppe und Wolfgang Templin versammelt haben, einen offenen Brief an die SED-Spitze. Es ist eine Totalkritik – und die Aufforderung zu einem »konstruktiven Dialog«.

Doch Honecker will die Signale nicht hören. Er behauptet, das Vertrauen zwischen Volk und Partei sei unerschütterlich. Als 73-Jähriger vertritt er eine Generation, die mit großen Entbehrungen aufgewachsen ist, die das Dach über dem Kopf und die warme Mahlzeit noch immer als Errungenschaften preist. Fast alle im betagten Politbüro der DDR – Altersdurchschnitt: 64 Jahre – stammen aus prekären Verhältnissen.

Vielleicht ist Honeckers Ignoranz aber auch nur Ausdruck von Realismus. Vielleicht weiß er, dass Gorbatschows Idee von einem modernen kommunistischen Staat, von einem Sozialismus mit menschlichem Antlitz eine Illusion bleiben wird.

Mindestens so gefährlich wie der gesellschaftliche Reformeifer des Kreml-Chefs ist für die DDR ausgangs der Achtzigerjahre Gorbatschows Aufforderung, die Ostblockstaaten mögen ihre internen Angelegenheiten nun eigenständig regeln. Der große Bruder greife künftig nicht mehr ein.

Für die Führung in Ost-Berlin hat das dramatische Folgen. Die allmächtige Sowjetunion für die Innenpolitik der DDR verantwortlich machen zu können hatte etwas Entlastendes, lenkte vom eigenen Versagen ab. Seit Gorbatschow aber erkennen die Bürger, dass sie gar nicht mehr Opfer einer Fremdherrschaft sind, sondern es mit der eigenen Regierung zu tun haben. Und diese Bürger wollen jetzt auch das, was ihnen in Polen, Ungarn, sogar in der Sowjetunion vorgelebt wird: den Wandel von einer Gesellschaft, in der die Partei das Wahrheitsmonopol beansprucht, in eine, die sich Menschenrechten und der Partizipation des Volkes nicht länger verschließt.

Der Berliner Historiker Ilko-Sascha Kowalczuk hat über die letzten Jahre der DDR ein großes Buch geschrieben. Er hat es »Endspiel« genannt, und er geht von der These aus, dass es die Breite und die Heterogenität der Opposition war, die es dem Regime so schwer machte, den Zorn der Bürger im Keim zu ersticken – und sei es mit Gewalt.

Kowalczuk absolvierte zu Wendezeiten seinen Grundwehrdienst bei der Nationalen Volksarmee, studierte gleich danach Geschichte an der Berliner Humboldt-Universität und fand in der Aufarbeitung der SED-Diktatur sein Lebensthema. »Überall im Osten bewegte sich etwas«, erklärt er heute, »nur im eigenen Land passierte gar nichts.« Der eigene Stillstand wurde deshalb als Rückschritt wahrgenommen. »Und dann war man auch bereit zu handeln.«

Jeder, der die DDR alter Prägung leid ist, kann in der zweiten Hälfte der Achtziger eine Anlaufstelle finden – die einen in der Kirche, die anderen bei Friedens- oder Menschenrechtskämpfern, und wieder andere bei strengen Antikapitalisten, die einen besseren Sozialismus anstreben. Unter den verschiedenen und sich keineswegs einigen Oppositionsgruppen, so beschreibt es Kowalczuk im »Endspiel«, genießen die Kirchen eine Sonderrolle, »als einzige verbliebene Großorganisation, die eigenständig und unabhängig von der SED agierte«. Die Kirchen verfügen über eigene Verlage, etwa hundert konfessionelle Buchhandlungen dienen ihnen als Vertriebskanal. Die Kirchenzeitungen unterliegen zwar der Zensur, ihre Autoren sind jedoch regimefern – was den Blättern hohe Aufmerksamkeit sichert, in jeder Richtung.

Wenn die Kirche also so etwas wie die offene, geduldete Gegenstimme im Staate ist, so wirken etliche Bürgerrechtszirkel eher im Untergrund; sie werden von der Staatssicherheit nicht nur bewacht, sondern bekämpft.

Nachrichten aus dem Untergrund

Ende 1985 schließen sich rund zwei Dutzend Oppositionelle, vorwiegend aus Berlin, zur Initiative Frieden und Menschenrechte (IFM) zusammen, und Peter Grimm ist ein Mann der ersten Stunde. Schon als Schüler wehrt er sich »gegen die Restriktionen und die Unterwerfungsrituale« auf dem Weg zum Abitur. Da sein Vater Direktor eines Sägewerks ist, kann er sich seine Aufmüpfigkeit leisten. Grimm weiß: »Auch Lehrer brauchen Holz.«

Der Ton verschärft sich im April 1982, als der damals 17-Jährige sich mit ein paar Freunden zur Beerdigung des Regimekritikers Robert Havemann durchschlägt, obwohl der Friedhof hermetisch abgesperrt ist. Grimm befindet sich nun im Visier der Staatssicherheit, dennoch trifft er sich mit Havemanns Ehefrau Katja. Die Stasi glaubt, ihn wegen des anstehenden Abiturs unter Druck setzen zu können, fordert ihn auf, von seinen Kontakten zu Dissidenten zu berichten. Doch Grimm verweigert die Mitarbeit – und fliegt von der Schule, neun Tage vor den Abiturarbeiten.

Damit scheint klar: Die DDR und Peter Grimm – das wird nichts mehr. Und so ist der junge Mann auch dabei, als ein paar Aktivisten der IFM 1986 die erste Ausgabe der Zeitung *Grenzfall* herausgeben. Das Blatt erscheint in einer Auflage von nur 50 Exemplaren, die Hauptstory beschäftigt sich mit der Reaktorkatastrophe von Tschernobyl und der Gefahr, die von DDR-Atommeilern ausgeht. »Wir wollten Präsenz zeigen, Verbindungen knüpfen, über Oppositionsgruppen informieren«, so sieht es Grimm heute.

1987 kommt der *Grenzfall* monatlich heraus, die Auflage kann auf 1000 Exemplare gesteigert werden. Für ein illegales, im Untergrund gedrucktes Magazin ist das beachtlich. Dass im August das ARD-Magazin »Kontraste« über den *Grenzfall* berichtet, sorgt für noch mehr Bekanntheit und Bedeutung – und womöglich für sein Ende.

Am 24. November versucht die Stasi, die Herausgeber in flagranti bei der Herstellung zu erwischen. Sie vermutet die Druckmaschine in den Räumen der Umweltbibliothek in der Berliner Zionsgemeinde. Bei der Erstürmung der Bibliothek finden die Geheimdienstler jedoch keine Hinweise auf den *Grenzfall*. Für die DDR-Führung ist es eine doppelte Pleite: Erstens missglückt der Plan, die Verantwortlichen des Blattes zu belangen. Zweitens hat sie mit der Razzia in Kirchenräumen einen Tabubruch begangen, der den oppositionellen Gruppen weiteren Zulauf beschert.

»Das Signal war damit gesetzt«, erinnert sich Grimm. Wer noch hoffte, dass Gorbatschow das Politbüro in Ost-Berlin zum Einlenken bewegen könnte, ist nun alle Illusionen los. Bürger pilgern zum Zionskirchplatz, wo Mahnwachen gehalten werden, dem IFM bisher fernstehende Oppositionsgruppen solidarisieren sich mit dem *Grenzfall*, auch im Ausland gibt es Proteste gegen den Übergriff – und die Kirche spaltet sich in Loyale und Staatskritiker.

Grimms Versuch, den *Grenzfall* weiterhin regelmäßig herauszugeben, scheitert zwar, weil kaum ein Drucker das Risiko eingehen will. Doch im Prinzip hat das Blatt seine Mission erfüllt. Denn fortan habe es viele Nachahmer gegeben, so Grimm, »und auch die Kirchenleute werden frecher«. In diesen Tagen des Jahres 1987, in denen Ost-Berlins Kirchen voll sind mit Menschen, denen es nicht ums Evangelium geht, sondern um ihre persönliche Zukunft, biegt die DDR auf die Zielgerade ihres Seins ein. »Jeder sah: So kann es nicht weitergehen«, erinnert sich Grimm.

Auch wenn Honecker seit 1986 vermehrt Reisegenehmigungen in die Bundesrepublik erteilen lässt: Das Problem mit den unzufriedenen Bürgern löst er damit nicht – er verstärkt es. Aus den DDR-Medien hatten die Menschen gelernt, dass im »Kapitalismus der BRD« Arbeitslosigkeit, Ausbeutung und Verelendung herrschen. Vor Ort ist ihr Eindruck meist ein anderer. Die Verwandtschaft führt ihnen Dias vom letzten Spanienurlaub vor und fährt sie im VW Passat über schlaglochfreie Straßen, vorbei an vollen Schaufenstern. Wieder daheim in der DDR fallen nicht wenige der Westreisenden in Depressionen, die Betriebe stellen nach ihrer Rückkehr einen erhöhten Krankenstand fest.

Im Jahr 1987 dürfen – neben den Rentnern – 1,3 Millionen DDR-Bürger in den Westen, 1988 sogar 1,6 Millionen. So sickert das süße Gift von Freiheit und Konsum ins sozialistische Kollektiv. Und mit ihm wächst der Groll derer, denen Reisen verwehrt werden. Längst ist die DDR eine Zweiklassengesellschaft der besonderen Art: mit oder ohne Westverwandtschaft, mit oder ohne Westgeld, mit oder ohne monatliche Pakete aus der BRD.

Der Staat schlägt zurück

Zurückweichen, auf das Volk zugehen, sich Gorbatschows Kurs anschließen – das alles kommt für die SED-Führung nicht infrage. »Herrschaftslogisch«, sagt der Historiker Kowalczuk, »hat sich Honecker völlig richtig verhalten.« Im Ostblock habe es nur drei Staatenlenker gegeben, die voraussahen, wohin Glasnost und Perestroika führen würden: »Das war Ceauşescu in Rumänien, Husák in der ČSSR und eben Honecker – weil sie genau wussten: Wenn wir den Sack erst einmal öffnen, werden wir nie mehr Herr der Lage sein.«

Dem folgt auch das Ministerium für Staatssicherheit (MfS) und entwirft Ende 1987 eine »Konzeption zur forcierten Bekämpfung politischer Untergrundtätigkeit«. Sie enthält den üblichen Werkzeugkasten, mit dem ein Unrechtsstaat seine Menschen in Schach zu halten versucht: Desinformation, Denunziation, Einschüchterung, Wegsperren, Ausweisen.

Beim Festakt zum Rosa-Luxemburg-Gedächtnis am 17. Januar 1988 nimmt die Stasi 70 Menschen fest. Im Februar bekommen etliche Regimegegner ihre Ausreisepapiere, darunter Templin, Bohley und Vera Wollenberger. Das Kalkül der Machthaber, mit dem Aderlass die Ost-Berliner Opposition zu schwächen, geht jedoch nicht auf – längst ist der Funke schon in andere Städte übergesprungen.

Zur MfS-Strategie gehört auch, die Kirchenzeitungen einer verschärften Zensur zu unterwerfen. Bis Jahresende – so hat es der Forscher Kowalczuk recherchiert – gibt es knapp 50 Eingriffe in Redaktionstexte, die in 27 Fällen zum Erscheinungsstopp führen. Im April druckt die Ost-Berliner Wochenzeitung *Die Kirche* an jenen Stellen, wo der Zensor eingegriffen hat, einfach schwarze Pünktchen. Die Regierungsdepesche *Neues Deutschland* hingegen erlaubt sich, in einem Artikel Gorbatschows Perestroika zu kritisieren.

Die DDR koppelt sich von Tag zu Tag mehr von den Zeitläuften der Welt ab. Während in Ungarn Parteichef János Kádár abdankt, in Polen die Regierung mit den Freiheitskämpfern der Gewerkschaft Solidarność wieder Gespräche aufnimmt, in Prag die Menschen auf dem Wenzelsplatz demonstrieren, verschärft der deutsche Teilstaat seinen Repressionskurs.

Zu den über Jahrzehnte geübten Gewohnheiten interessierter, sowjetfreundlicher DDR-Bürger gehört die Lektüre des *Sputnik*. Das Magazin ist eine Art *Reader's Digest* des Ostens, ein bunter Mix aus Artikeln der Sowjetpresse, zu Themen aus Gesellschaft, Wissenschaft und Politik, aufwendig gedruckt, mit vielen Farbbildern. Im November 1988 jedoch verfügt das Politbüro, die Verbreitung des *Sputnik* einzustellen. Es hagelt Proteste, Flugblätter machen die Runde.

Von der Sowjetunion lernen, heißt Siegen lernen. Das war die Losung, die jahrzehntelang den DDR-Bürgern eingetrichtert wurde. Das Verbot des *Sputnik* trifft nun auch den zum Staat eher loyal eingestellten Teil der Bevölkerung. »Für einen wohlwollenden Bürger war das der Gipfel«, urteilt Kowalczuk, »das konnte er nicht mehr nachvollziehen.« Diese symbolstarke Distanzierung von der Sowjetunion, meint der Historiker, habe sogar im Herrschaftsapparat das Abwenden befördert: »Denen wurde klar: Der Laden ist am Ende.«

Man muss freilich weder zu den Mächtigen gehören noch von den Mächtigen drangsaliert werden, um sich in diesen

Wochen von der DDR zu entfremden. Die Krise erreicht auch jene politikfernen Schichten, die es sich ganz gut eingerichtet hatten. Dass man auf ein neues Auto 12 bis 17 Jahre warten musste, war schon schwer zu akzeptieren. Dass im Herbst '88 der Preis für das jüngste Modell des Wartburg auf 30 200 Mark festgesetzt wurde (und damit rund ein Drittel teurer war als der Vorgänger), versetzte die nicht kleine Gemeinde der Autofans jedoch in Wut. Für Kowalczuk ist die »Wartburg-Krise« einer jener Faktoren, die den Protest so ausdehnten, dass ihm die SED-Clique am Ende hilflos gegenüberstand. Die Oppositionellen am Prenzlauer Berg oder die Hausbesetzerszene in Rostock, nimmt der Historiker an, werden die Aufregung damals nicht mitbekommen haben: »Aber über den Preisanstieg des Wartburg wurden plötzlich auch die Unpolitischen sensibilisiert.«

Und wer sich über die Missstände des Landes und den wachsenden Unmut seiner Bevölkerung informieren wollte, bekam stetig neue Zugänge. Mochten die offiziellen DDR-Medien die Realität auch ausblenden, Regimekritiker totschweigen oder verunglimpfen: Die Westmedien, allen voran ARD, ZDF und die Berliner Radiostationen, boten für die Oppositionellen einen verlässlichen Resonanzboden. So lief auf Radio 100 jeden letzten Montag im Monat eine Stunde lang »Radio Glasnost – außer Kontrolle«, mit Beiträgen aus der Dissidentenszene. Die *taz* führte eine »Ost-Berlin-Seite« ein, auf der sich der Geist des Widerstands austoben durfte. Vor allem versorgte der ausgebürgerte Journalist Roland Jahn die Redaktion immer wieder mit Informationen und Artikeln aus dem Kreis der Bürgerrechtler.

Die Westmedien, so schätzt es Kowalczuk heute ein, hatten für die Mobilisierung der Menschen und die Stärkung der Opposition damals die gleiche Rolle, wie sie heute die sozialen Medien des Internets haben: »Die Berichte zeigten den Leuten in Suhl, dass die Situation nicht nur in ihrem Suhl so ist, sondern auch in Rostock, Leipzig oder Bitterfeld.« Und mit jedem Fernsehbild einer von der Stasi niedergeschlagenen Demo, mit jedem Artikel über den runden Tisch in Polen, der über den Weg in die Demokratie berät, stellt sich für DDR-Bürger die Frage: Was mache ich jetzt? Was ist meine Haltung?

Das Regime taumelt

Die Verfassung der Deutschen Demokratischen Republik sieht zwei Wahlen vor, jene zur Volkskammer, die pflichtschuldigst die Weisheiten des Zentralkomitees abzusegnen hat, und jene für 7789 Volksvertretungen, die Entscheidungen auf Kommunalebene abnicken.

Gewählt wird im real existierenden Sozialismus jedoch nicht zwischen Parteien und Programmen. Es gilt, so ist es auch in den DDR-Zeitungen zu lesen, ein »Bekenntnis« abzugeben. Die Zustimmung für die Kandidaten der Einheitsliste soll denen Rückendeckung geben, sie ermuntern, Zeit für die Gremien zu opfern. Sein Ja zur Nationalen Front bekundet bereits jeder, der den Stimmzettel faltet und in die Urne wirft – weshalb der Wahlakt im Volk auch »Falten« genannt wird.

Am 7. Mai 1989 soll es mal wieder so weit sein. Der Staat ruft das Volk zur Akklamation auf. Bürgerrechtler im ganzen Land wollen den Spieß diesmal umdrehen. Sie versuchen, Kandidaten auf der Einheitsliste zu werden, ganz offiziell. Doch alle bekommen die gleiche Antwort: Kandidaten können nur von großen Organisationen des Staates aufgestellt werden, wie der FDJ, dem Gewerkschaftsbund oder dem Kulturbund.

Zu den Eigenheiten von DDR-Wahlen gehört, dass die Bürger vorher ihrem Unmut Luft verschaffen. »Eingaben«

heißen die Briefe, die sie an die Herrschenden verschicken, in denen sie Missstände anprangern – etwa dass es im Dorf immer noch keine Bürgersteige gebe.

Am Ende des Schreibens droht der Absender dann, die Wahl zu verweigern. Es ist ein Ritual, nicht mehr. Aber im Frühjahr 1989 beziehen sich 40 000 Eingaben direkt auf die Wahl. Ein historischer Wert.

Wie groß der Ärger ist, bleibt kaum einem Kader verborgen. Die Zahl der Ausreiseanträge steigt in den ersten sechs Monaten auf 125 000, die Nationale Volksarmee hat Mühe, ausreichend Zeitsoldaten zu rekrutieren, in den Schulen bilden sich von der FDJ unabhängige Schülervertretungen, in Neubrandenburg tauchen massenhaft Flugblätter eines »Bundes unabhängiger Bürger« auf. Sie fragen: »Sind Sie unzufrieden mit: der Versorgung von Wohnungen, Möbeln, Kraftfahrzeugen, Industriewaren, Südfrüchten, dem Lohngefüge? Dann gehen Sie nicht zur Wahl. Unser Ziel: Wahlbeteiligung 50%.«

Der organisierte Wahlbetrug

Kaum jemand in der DDR nimmt die Wahlergebnisse ernst. Rätselhaft bleibt den meisten allerdings, wie es zu den fantastischen Zustimmungswerten nahe 100 Prozent kommt: Wer da Regie führt, wer für die Manipulation verantwortlich ist. Dass in den Wahllokalen ordentlich gezählt wird, das haben die Bürgerrechtler am 7. Mai ja mit eigenen Augen gesehen.

Erst etliche Jahre nach der Wende wird dieses Geheimnis gelüftet. Der wohl entscheidende Durchbruch zur Wahrheit gelingt Klaus Bästlein, der beim Landesbeauftragten für die Unterlagen des Staatssicherheitsdienstes in Berlin arbeitet. Für ein Forschungsprojekt sichtet er Justizakten aus den Wahlfälschungsprozessen Mitte der Neunzigerjahre – und findet eine

65-seitige Anleitung des Politbüromitglieds Horst Dohlus an die 2. Sekretäre der SED in den Bezirken.

Der ZK-Funktionär fordert darin »eine überwältigende Stimmabgabe und Zustimmung für die Kandidaten der Nationalen Front«. Im Vergleich zu den Wahlen '84 und '86 dürfe das Ergebnis nicht schlechter ausfallen. Als Dohlus knapp zwei Wochen vor dem Urnengang die Bezirkssekretäre noch einmal einschwört, verlangt er die genaue Beachtung der Vorschriften, da »feindlich-negative, oppositionelle Kräfte, darunter auch reaktionäre kirchliche Amtsträger« den Ablauf beobachten wollten. Die zuständigen 2. Sekretäre wenden ein, die letztmaligen Ergebnisse seien nicht zu wiederholen. Daraufhin gibt ihnen Dohlus zu verstehen, so liest es der Historiker Bästlein aus den Akten, dass die Zahlen dann eben zu manipulieren seien.

In den Tagen vor der Wahl erhalten zum Beispiel die Berliner Stadtbezirke aus dem Bürgermeisteramt exakt jene Ergebnisse, die sie publizieren sollten. Manche Bezirke wehren sich, verhandeln nach, in Hellersdorf ringt man um 400 zusätzliche Neinstimmen, in Treptow um 200. Es wird gefeilscht wie auf einem arabischen Bazar. Drei Tage nach der Wahl, die keine war, weil das Ergebnis schon vorher feststand, schickt Evelyn Zupke eine Eingabe an den Kreisausschuss der Nationalen Front Weißensee. Präzise dokumentiert sie die »schwerwiegenden Differenzen« zwischen den eigenen und den offiziellen Stimmresultaten. »Wir fordern Sie auf, gegen die Gültigkeit der Wahl bei der zuständigen Volksvertretung Einspruch einzulegen.«

Als nichts passiert, erstattet Zupke »Anzeige gegen unbekannt« beim Generalstaatsanwalt von Berlin. So wie es Bürgerrechtler im ganzen Land tun. Wie würde die Justiz reagieren?

Einheitlich. Denn längst hat Stasichef Erich Mielke »innerdienstliche Weisungen« an die Justiz erlassen. Karl-Heinrich Borchert, der 1. Stellvertreter des Generalstaatsanwalts, gibt am 19. Mai 1989, aufgrund einer Vorlage aus dem Politbüro, den Staatsanwaltschaften die Richtung vor: »Anzeigen sind ohne Kommentar entgegenzunehmen. Nach Ablauf der vorgesehenen Fristen für die Anzeigenbearbeitung ist von den jeweils zuständigen Organen zu antworten, dass keine Anhaltspunkte für den Verdacht einer Straftat vorliegen.«

Die Anweisungen aus dem Politbüro offenbaren dem Historiker Bästlein »den klassischen Befehlsweg der Justiz in der DDR«. Aus Angst vor schriftlichen Belegen erhalten die Staatsanwaltschaften die Order, die Anzeigenerstatter vorzuladen und ihnen die Einstellung mündlich mitzuteilen. »Faktisch«, so resümiert Bästlein die Aktenlage, »hatte die Staatssicherheit die beteiligten Staatsanwälte zu ihren Sprechpuppen degradiert.«

84 Anzeigen gegen unbekannt bleiben unbearbeitet. Es ist wohl das letzte Mal, dass sich der Staat in großem Stil über seine eigenen Gesetze hinwegsetzt.

Am 13. Juni 1989 erscheint Evelyn Zupke zum Gesprächstermin beim Staatsanwalt des Stadtbezirks Weißensee. Die Sprechpuppe vom Amt erklärt ihr, dass »kein Straftatverdacht« bestehe. Zupke insistiert, doch der Staatsanwalt bleibt bei seinem Text. »Während des Gesprächs, das in einem ruhigen und sachlich-unterkühlten Ton verlief«, so schreibt er später in seinem Aktenvermerk, habe die Bürgerin Zupke einen »äußerst verbohrten Eindruck« gemacht. Und: »Beim Verlassen des Zimmers warf die Bürgerin Zupke die Tür mit lautem Knall zu.«

149 Tage später fällt die Mauer.

»Schön, ich gab die DDR weg«

Michail Gorbatschow über seine Rolle
bei der deutschen Vereinigung

Das Gespräch führten
Stefan Aust und Jörg Rainer Mettke

SPIEGEL: Michail Sergejewitsch, der amerikanische Präsident Ronald Reagan hielt am Brandenburger Tor in Berlin am 12. Juni 1987 eine Rede und sprach Sie dabei direkt an. Er sagte: Mr. Gorbatschow, reißen Sie diese Mauer ab. Wie fanden Sie damals diese Idee?
Gorbatschow: Mir schien das ein typischer Propagandatrick zu sein, von denen es auch auf unserer Seite genug gegeben hatte. Manchmal wird daraus Politik. Als ich in Reykjavik 1986 Reagan vorgeschlagen habe: Lassen Sie uns alle Atomwaffen um 50 Prozent verringern, und die Mittelstreckenraketen in Europa liquidieren wir zu 100 Prozent, da waren Reagan und seine ganze Delegation irritiert. Und dann wurde doch etwas daraus. Wir fingen an, uns von den ideologischen Stereotypen zu entfernen und die Spaltung der Welt zu überwinden.
SPIEGEL: Beim Besuch des Bundespräsidenten von Weizsäcker 1987 in Moskau haben Sie über die beiden deutschen Staaten mit ihren unterschiedlichen Gesellschaftssystemen gesagt: Was in hundert Jahren sein wird, solle die Geschichte entscheiden. Wie lang waren für Sie damals hundert Jahre?
Gorbatschow: Wir alle, sowohl die deutsche als auch unsere Seite, hatten verstanden, welch schweres Problem das geteilte Deutschland darstellte …

SPIEGEL: … vor allem für die Deutschen.

Gorbatschow: Auch für die Sowjetunion. Realitäten waren Realitäten, aber wir wussten, dass eine solche Situation nicht für immer andauern kann, dass kein Problem für ewig entschieden ist. Dennoch konnte damals niemand eine eindeutige Aussage machen, dass es diese und jene Etappe geben würde, erst dies geschehe und auf der nächsten Stufe jenes, und in der dritten Etappe würde dann die deutsche Frage entschieden werden.

SPIEGEL: Da ließ sich kein Plan machen?

Gorbatschow: So wie bei vielen anderen Fragen. Wer hätte denn gedacht, dass es die Sowjetunion nicht mehr geben würde? Hat irgendjemand überhaupt diese Möglichkeit in Betracht gezogen? Niemand. Weder im Westen noch im Osten.

SPIEGEL: Bei Ihrem Antritt als Generalsekretär des ZK der KPdSU waren Sie sich mit Eduard Schewardnadse einig, das ganze System sei morsch.

Gorbatschow: Aber wir wollten doch die Sowjetunion erhalten, deshalb waren wir angetreten. Ich finde, Gorbatschow hatte seinerzeit den folgenden Gedanken recht gut formuliert, dafür verdient er ein Lob: Die Geschichte hat uns diese deutsche Frage hinterlassen, sie hat sie erzeugt, die Geschichte wird auch darüber weiter disponieren, vielleicht in hundert, vielleicht auch in zehn Jahren.

SPIEGEL: Gelobt sei Gorbatschow. Zur deutschen Frage haben Sie uns damals gesagt: Alles fließt. Was aber ließ sich tun?

Gorbatschow: Es musste eine neue Struktur der Beziehungen entstehen, eine Atmosphäre des Vertrauens, wir mussten erkennen, welche riesigen Möglichkeiten zur Zusammenarbeit es gibt. Wir haben die Beschränkung der Atomwaffen und konventionellen Waffensysteme erreicht und damit Europa von der Konfrontation befreit, wir haben die Blöcke grundlegend verändert. Wäre das alles nicht passiert, wäre auch aus

Deutschland nichts geworden. Wir sind einen bestimmten Weg gegangen, und die Geschichte kam in Gang.

SPIEGEL: Haben Sie erwartet, das werde in Deutschland zu Ihren Lebzeiten oder in Ihren Regierungszeiten geschehen?

Gorbatschow: Es war klar, dass eine Annäherung stattfinden musste, aber in welcher Form, das war noch unklar. Entweder ein Währungsverbund, eine Wirtschaftsunion oder eine Konföderation oder sonst etwas, aber niemand rechnete damit, dass es sofort ein einheitlicher Staat werden würde. Niemandem wäre eine solche Idee in den Kopf gekommen! Auch Ihnen, den Deutschen selbst, nicht. Auch in anderen westlichen Hauptstädten hätte das niemand erwartet. Niemand hat das geglaubt.

SPIEGEL: Wollten Sie denn ein vereinigtes Deutschland?

Gorbatschow: Wir wollten, dass alles synchron abläuft, der europäische Einigungsprozess gleichzeitig mit dem deutschen, damit das eine dem anderen nicht schaden könnte. Wir waren sehr vorsichtig, den deutschen Knoten zu entwirren, und wir haben ihn ja gelöst, und zwar sozusagen mit der Filigranarbeit eines Juweliers.

SPIEGEL: Wo lagen die Hindernisse?

Gorbatschow: Hier stellten meine Landsleute mir bestimmte Forderungen, dort in Deutschland wurde von Helmut Kohl etwas verlangt. Nuancen mussten diskutiert werden, aber im Prinzip war diese Frage entschieden. Deshalb habe ich zu Weizsäcker gesagt: Die Geschichte wird ihren Lauf nehmen. Und sie hat uns ja auch in eine neue Situation geführt und uns das abgefordert, was eine lebendige Politik erheischt.

SPIEGEL: Dazu mussten Sie die sowjetische Gesellschaft verändern.

Gorbatschow: Die überkommene Form unserer Gesellschaft hatte sich erschöpft. Es zeigte sich, dass sie nicht in der Lage war, auf schnelle Veränderungen im Zeitalter neuer Technologien und der Elektronik zu reagieren. Die Kultur, die Bildung unseres Volkes konnte sich in diesem System nicht verwirklichen. Darum war das – historisch gesehen – zu Ende. Wir haben dann erwogen, eine Verbindung mit der Demokratie zu versuchen und dabei doch die Machtkonzentration in unseren Händen zu nutzen – so wie es die Chinesen machen.

SPIEGEL: Mit Gewalt gegen die Massen?

Gorbatschow: Eben nicht, deshalb sagten wir: mehr Demokratie, mehr Sozialismus, dazu noch Glasnost, um die Menschen aus der Apathie herauszuführen und ihr Selbstverständnis als Bürger zu wecken. Das haben wir erreicht.

SPIEGEL: Gegen mächtigen Widerstand …

Gorbatschow: Fast die gesamte Nomenklatura geriet in Aufruhr. Da kam ich zu dem Schluss, dass wir eine politische Reform durchführen müssten. Ich habe gespürt, dass die einzige Macht, die uns, die Reformer, unterstützen würde, das Volk ist. Deshalb dachte ich, dass es mir gelingen könnte, durch freie Wahlen die Menschen in den politischen Prozess einzubeziehen und dadurch der Nomenklatura unmöglich zu machen, das zu tun, was sie mit Chruschtschows und Kossygins Reform gemacht hatte, nämlich sie zu Grabe zu tragen. So sind wir 1988 zur Parteikonferenz gegangen. Das haben wir öffentlich gemacht. Es war ein Alptraum, eine ganze Woche lang: ein Saal mit 5000 Menschen, der wurde gerüttelt und geschüttelt wie ein Schiff in einem mächtigen Sturm.

SPIEGEL: Und alle Sowjetbürger schauten im Fernsehen zu.

Gorbatschow: Es wurde sehr schwierig für die Reformgegner, denn die einfachen Parteimitglieder standen auf Seiten der Reformer. Aber wir Reformer und selbst die Radikaldemokraten sind davon ausgegangen, das Ziel der Umgestaltungen müsse ein Sozialismus mit demokratischem Antlitz sein.

SPIEGEL: Oder eine soziale Demokratie?

Gorbatschow: All die Theorien, die liberalen, sozialistischen, sogar konservativen Ideen, auch christliche – sie schließen einander nicht aus, sondern ergänzen sich. Diese Werte sind insgesamt notwendig als eine Art Baumaterial, damit wir aus ihnen ein gutes Haus bauen, in dem wir in Zukunft leben können.

SPIEGEL: So ungefähr sagen es die Sozialdemokraten.

Gorbatschow: Ohne deren Einfluss kann man nicht auskommen, aus Erfahrungen muss man Lehren ziehen, ebenso wie auch aus der sowjetischen Erfahrung. Was ist Kapitalismus? Im heutigen Deutschland haben wir es immerhin mit einer sozial orientierten Wirtschaft zu tun.

SPIEGEL: Erwarteten Sie, die gesamte Nachkriegsordnung, die Teilung der Welt in zwei große Machtblöcke, könnte vorbei sein?

Gorbatschow: Unbedingt. Zu diesem Schluss bin ich sogar schon früher gekommen, sonst wäre nicht im Januar 1986 der Plan geboren worden, etappenweise zum Frieden, zu einer gewaltfreien Welt zu gelangen. Das war der Grundstein. Und das hat es uns ermöglicht, auf der Parteikonferenz 1988 kundzugeben, dass wir, trotz aller Widersprüchlichkeiten in der heutigen Welt, verpflichtet sind, sie als eine Welt anzusehen, die von gegenseitigen Abhängigkeiten geprägt und in einem gewissen Grad unteilbar ist. Wir stehen vor erdumfassenden ökologischen Bürden, vor einer Lösung des Problems der globalen Sicherheit, der atomaren Gefahr für alle, und einer Internationalisierung der Wirtschaft.

SPIEGEL: Russland sollte sich von der Autarkie verabschieden und dem Weltmarkt zuwenden?

Gorbatschow: Obwohl wir transnationale Firmen als imperialistische Methoden zur Unterjochung anderer Völker verunglimpft haben, stellt sich heraus, dass dies die Mechanismen der neuen Ökonomie sind.
SPIEGEL: In dieser Sicht waren Militärblöcke in der Tat hinderlich.
Gorbatschow: Wir sagten uns von der sogenannten Breschnew-Doktrin los, der eingeschränkten Souveränität, übrigens noch an demselben Tag, an dem ich zum Generalsekretär gewählt wurde. Ich traf mich aus Anlass der Beisetzungsfeierlichkeiten für meinen Vorgänger Konstantin Tschernenko mit den Führungskräften der sozialistischen Länder und sagte ihnen in Gegenwart von Premier Tichonow und Außenminister Gromyko, dass wir fortan in unseren Beziehungen gleichberechtigt seien. Jede Partei solle für ihre Politik selbst verantwortlich sein. Wir unterstreichen das Prinzip der Unabhängigkeit jedes Staates, jeder Partei, jedes Volkes.
SPIEGEL: Wie reagierten die Chefs der Bruderparteien?
Gorbatschow: Ich glaube, sie haben das damals so gesehen, als hätte ich etwas ganz Banales wiederholt, was auch schon andere immerzu heruntergeleiert haben. Später verstanden sie schon, dass wir uns nicht einmischen würden. Die Perestroika gewann an Kraft, wir waren schon sehr weit gekommen, was Demokratie, Glasnost betraf – freie Wahlen wurden durchgeführt, die Pressefreiheit war durchgesetzt. Aber wir haben das niemandem aufgezwungen. Wir sagten: Wir wollen das bei uns so haben, aber ihr müsst selbst entscheiden, ob ihr das auch so wollt.
SPIEGEL: Wie gefiel das den Konservativen – zum Beispiel Bulgariens Partei- und Staatschef Schiwkow oder Rumäniens Ceauşescu?
Gorbatschow: Schiwkow fand, dass ihr April-Plenum – in Anspielung auf unser Plenum, die entscheidende, alles wen-

dende ZK-Sitzung – bereits im Jahre 1956 stattgefunden habe. Und Honecker sagte: Wir machen bereits seit 17 Jahren Perestroika. Das hätten sie bereits hinter sich. Und was die Demokratie betrifft, so versicherte Ceauşescu: Bei uns gibt es die allerdirekteste Demokratie. Wir versammeln Abgesandte der Arbeiterklasse – das haben sie ja wirklich gemacht, so als Dekorum –, das alles hätten sie schon.

SPIEGEL: Wie reagierten Sie?

Gorbatschow: Nun, dann viel Glück, das ist eure Sache. Und glaubt uns, wir zwingen niemandem etwas auf.

SPIEGEL: Aber es gab doch noch Übereinkünfte, die Abstimmung von Meinungen und Vorschlägen.

Gorbatschow: In der Verteidigungspolitik. Wir haben uns immer auf Konsens gestützt, in allem. Schon als ich mich zum ersten Mal mit Reagan traf, im November 1985 in Genf, habe ich noch auf dem Rückweg in Prag haltgemacht, wo sich alle führenden Genossen versammelt hatten, und wir haben sie über die Ergebnisse dieses Treffens informiert. Das war eine neue Art partnerschaftlicher Beziehungen. So lief es auch, als es um die deutsche Frage ging.

SPIEGEL: War Ihnen bewusst, dass es mit der DDR vorbei ist, sobald die Mauer fällt?

Gorbatschow: Der zentrale Punkt unserer Politik des Neuen Denkens war die Entscheidungsfreiheit für jedes Volk. Dass die Deutschen das nutzen würden, war mir vollkommen klar. Und auch, dass sie es tun in Zusammenarbeit und Absprache mit den Staaten, deren Verpflichtungen hinsichtlich Deutschlands aus den Entscheidungen resultierten, die nach Ende des Zweiten Weltkriegs getroffen worden waren. Es schien mir ganz klar zu sein, dass es so abläuft. Aber ich bin damals – wie alle anderen, wohl auch Helmut Kohl – davon ausgegangen, das würde ein längerer Prozess sein.

SPIEGEL: Demnach hat von den verantwortlichen Politikern niemand diese Art Vereinigung gewollt oder gar betrieben?
Gorbatschow: In der Geschichte gibt es oftmals Zufälligkeiten. Ich meine nicht, dass Napoleon irgendwo vorbeiging und ihm ein Dachziegel auf den Kopf fiel, sondern eine Fügung im philosophischen Sinn: Es waren doch die Menschen selbst, welche die Mauer eingerissen haben – ob man sie nun dazu angeregt hat oder ob sie ganz spontan dazu gekommen sind …
SPIEGEL: Welche Rolle spielte dabei der Zufall?
Gorbatschow: Da hat der Berliner Bezirkssekretär Schabowski gesagt, die Möglichkeiten zum freien Grenzübertritt würden ausgeweitet. Die Deutschen, als disziplinierte Menschen, haben das so aufgefasst, dass die Frage entschieden und die Grenze eben offen sei. Und das war's dann, entlang der ganzen Grenze begann die Bewegung des Volkes.
SPIEGEL: Entscheidend war dabei, dass die sowjetischen Streitkräfte in den Kasernen blieben.
Gorbatschow: Es wäre Abenteurertum gewesen, wenn es jemandem in den Kopf gekommen wäre, den militärischen Mechanismus in Gang zu setzen. Das hätte unübersehbare Folgen gehabt. Man musste die Politik der Situation anpassen. Ich glaube, wir haben adäquat reagiert.
SPIEGEL: Sie waren also von der Öffnung der Mauer auch überrascht?
Gorbatschow: Gewiss – dass es auf diese Weise und an diesem Tag geschah. Wir waren ja bereits im Fahrwasser eines geplanten graduellen Prozesses, einer Annäherung. Wir waren doch schon dabei, eine angemessene Form für die gegenseitigen Beziehungen zwischen den beiden Deutschlands zu finden. Dass aber die Menschen so reagieren und die Mauer im Endeffekt überflüssig machen würden, das war mir schon vorher im Oktober klar, als ich den Fackelzug zum 40-jährigen Beste-

hen der DDR gesehen habe. Da habe ich das bereits gesagt, vor speziell ausgewählten Vertretern aller Kreise der DDR, auf die man meinte, sich verlassen zu können.
SPIEGEL: Sie hatten in Ost-Berlin Anfang Oktober 1989 schon das Gefühl, dies könnte das letzte Jubiläum der DDR sein?
Gorbatschow: Ich bin ein Mensch, der sich immer gut unter Kontrolle und im Zaum halten kann, ruhig und ausgeglichen. Wir standen beieinander auf der Tribüne, Honecker, ich und der polnische Präsident Jaruzelski. Hinter uns stand Mieczyslaw Rakowski, der Erste Sekretär der polnischen Bruderpartei. Mieczyslaw spricht gut russisch, und deutsch versteht er auch und spricht es. Er beugte sich zu mir: Michail Sergejewitsch, sagte er, verstehen Sie, was die da schreien? Ich sagte: Ich verstehe es. Und er: Das ist doch das Ende!
SPIEGEL: Er selbst berichtet, nach den Rufen »Gorbi, hilf uns« habe er zu Ihnen gesagt: Es sieht so aus, als ob die Deutschen von der Sowjetunion erwarteten, sie solle die Deutschen ein zweites Mal befreien.
Gorbatschow: Das Ende der DDR war tatsächlich schon abzusehen. Aber dieser Prozess hätte sich auch anders entwickeln können. Wenn sich die SED den Perestroika-Reformen angeschlossen, wenn eine Wandlung der Politik wie auch der Politiker selbst stattgefunden hätte, ein Generationenwechsel, und wenn die neuen Politiker eine neue Art wechselseitiger Beziehung zwischen den beiden Deutschlands vorgeschlagen hätten – dann hätte das auch anders ablaufen können. Aber was soll ich jetzt mit Ihnen darüber spekulieren? Die Geschichte liebt den Konjunktiv nicht.
SPIEGEL: Aber an Kreuzwegen muss man die Möglichkeiten kennen, auch im Nachhinein.
Gorbatschow: Honecker hat übrigens nach der Oktober-Demonstration dem Egon Krenz in meiner Gegenwart gesagt:

So eine Demonstration hast du organisiert, das lasse ich dir nicht durchgehen. Und Margot war richtig sauer, ja, sie hat Honecker angemeckert, das sei eine Verschwörung.

SPIEGEL: Er schloss die Augen vor der Möglichkeit einer Volkserhebung?

Gorbatschow: Die Genossen hatten schon verstanden, dass sie versuchen mussten, etwas auf demokratische Weise zu entscheiden. Wie es weitergeht, hat Willi Stoph grosse Sorgen bereitet, ein ernsthafter Mann. Und dann Hans Modrow, dem man unter der einen Regierung Vorwürfe gemacht hat und danach auch unter der anderen.

SPIEGEL: Haben Sie noch Kontakte zu deutschen Kommunisten?

Gorbatschow: Manchmal bekomme ich Briefe von Modrow, hin und wieder habe ich mich mit Krenz getroffen, auch mit Gysi und mit Lothar de Maizière. Na ja, alle anderen stecken ja bei Ihnen in Untersuchungshaft.

SPIEGEL: Nicht mehr, aber Egon Krenz, unter dessen Verantwortung die Mauer geöffnet wurde, steht wegen der Schüsse an der Mauer unter Anklage.

Gorbatschow: Deutschland sollte weise sein, demokratisch, es muss nach vorn schauen und vorwärts gehen und sich nicht mit Hexenjagden aufhalten.

SPIEGEL: Die Mauer war das konstituierende Element der DDR, aber nur solange die Sowjetunion bereit war, diese Mauer zu garantieren. War es nicht so?

Gorbatschow: Nein. Die Mauer war ein Symbol und hatte damit für sich allein eine große Bedeutung: Sie verkörperte die Spaltung nicht nur Europas, sondern der ganzen Welt, die Konfrontation und alles dessen, was daraus resultierte.

Entscheidend war, dass wir zu diesem Zeitpunkt bereits eine große Wegstrecke mit der Perestroika in der UdSSR zurückgelegt hatten, gigantische Veränderungen innerhalb der Sowjetunion selbst abgelaufen waren, sodass die Gesellschaft bereit war, solche Entwicklungen zu begreifen und zu akzeptieren.

SPIEGEL: Obwohl sich auch heute noch Stimmen hören lassen, Sie hätten die DDR weggegeben …

Gorbatschow: … dazu noch Polen und Ungarn. Na schön, ich hab' sie weggegeben. Aber an wen denn? Polen an die Polen, Ungarn an die Ungarn, die DDR an die Deutschen. Wem hätte es denn sonst gehören, wem hätte ich es denn sonst geben sollen?

SPIEGEL: Sahen Sie darin Ihren historischen Auftrag?

Gorbatschow: Mir scheint, dass es die Politiker dieser Generation, denen die Lösung der globalen Probleme und im Zusammenhang damit auch der deutschen Frage oblag, verdient haben, dass man ihnen sagt, sie hätten eine historische Tat vollbracht – sowohl für ihr eigenes Volk als auch für Europa und die ganze Welt.

SPIEGEL: Michail Sergejewitsch, Sie haben eine historische Tat vollbracht.

Gorbatschow: Jetzt ist es wichtig, das richtig zu nutzen …

SPIEGEL: Was hat Sie bewogen, im Februar 1990 Bundeskanzler Kohl bei seinem Besuch in Moskau die Wiedervereinigung zu schenken – war es nur die schlichte Einsicht, dass der Zug schon abgefahren ist?

Gorbatschow: Uns war durchaus bewusst, dass sich viele Leute wünschten, die Sowjetunion hätte in jenem Augenblick eine Position eingenommen, die diesen ganzen Prozess gebremst hätte. Das wäre nicht sehr weitsichtig gewesen, obwohl das in vielen Hauptstädten erwartet und gewünscht wurde. Ein Ignorieren dieser neuen Situation, da die deutsche Nation in Bewegung geraten war, seitens Moskau und London und

Washington und Paris, das hätte, denke ich, den gesamten Prozess der Bewegung zu einer neuen Welt erschwert.
SPIEGEL: Über das deutsch-sowjetische Verhältnis hinaus?
Gorbatschow: Nicht nur in Europa, insgesamt auf dem Weg zu einer neuen, globalen Friedensordnung. Dann wäre es für die Sowjetunion und Deutschland schwer geworden, auf fruchtbare Beziehungen in der Zukunft zu zählen. Verdachtsmomente wären geblieben. Die Realitäten der Politik und der psychologische Zustand in dieser Zeit erforderten, dass wir sozusagen eine Grenze überschritten und uns in ein neues Zeitalter begaben.
SPIEGEL: Kam die deutsche Vereinigung nicht sogar zu spät? Die Menschen waren einander entfremdet, die wirtschaftlichen Verhältnisse betoniert, sie aufzubrechen, ein immer teurer werdendes Unterfangen?
Gorbatschow: Die Entscheidung war nun erst herangereift, aber das war jedenfalls klargeworden. Schon zehn Tage vor dem Treffen mit Kanzler Kohl, wenn mich mein Gedächtnis nicht täuscht, saßen wir in engem Kreis zusammen, die leitenden Mitglieder des Politbüros, das heißt: Ich, der Premier, der Leiter des Komitees für Staatssicherheit, der Verteidigungsminister, der Innenminister, ein Teil meiner Assistenten – da herrschte einhellig die Meinung, man müsse davon ausgehen, dass die Vereinigung Deutschlands ein objektiv herangereifter Prozess sei.
SPIEGEL: Es gab unter Ihren politischen Beratern auch die Auffassung, die innerdeutsche Grenze müsse sofort und notfalls auch mit Gewalt wieder geschlossen werden.
Gorbatschow: Aber sicher. Einer von denen sitzt jetzt da bei Ihnen in Hamburg.
SPIEGEL: Wenn man nach der Empfehlung des ZK-Abteilungsleiters Walentin Falin Gewalt angewendet hätte, würde es die DDR heute noch geben?

Gorbatschow: Das ist eine realitätsferne Frage. Selbst wenn wir scharf reagiert hätten, so wäre das eine politische Antwort gewesen, sicher nicht verbunden mit Gewaltanwendung und einem Befehl an die Streitkräfte, die Grenzen zu schließen. Wir hätten fordern können, unverzüglich ein Treffen anzuberaumen, entweder zu direkten Verhandlungen mit den Deutschen oder auch mit den vier Mächten. Zu dieser Zeit war ja bereits jene Brigade von Politikern dran, die mühsam schon eine neue Politik durchgesetzt hatte, welche das Ende des Kalten Kriegs bedeutete.
SPIEGEL: Der amerikanische Präsident Bush erklärte, die USA sähen die Sowjetunion nicht mehr als ihren Gegner an.
Gorbatschow: Was für eine Erklärung! Vom Imperium des Bösen waren wir sozusagen zum Partner avanciert. Das alles schloss bereits die Möglichkeit des von Ihnen genannten Konjunktivs aus. Das wäre bereits undurchführbar gewesen, und es ist auch niemandem in den Kopf gekommen.
SPIEGEL: Wenn wir das Verdienst eines einzelnen Mannes feststellen möchten, müssen wir die Alternative schon mal erwägen: Was wäre wenn – zum Beispiel noch Leonid Breschnew an der Macht gewesen wäre, Andropow, Ustinow?
Gorbatschow: Und Falin, unser Botschafter in Bonn? Zumindest wäre das alles nicht so gekommen. Aber das ist doch Küchengeschwätz. Was vom Botschafter Falin geleistet worden war, von der Regierung Brandt – vielleicht muss man schon bei Adenauer anfangen, denn die Ostpolitik hat ja nicht einer allein ausgebrütet: Zu ihrer Zeit hatten mein Freund Willy Brandt und Helmut Schmidt den größten Beitrag geleistet. Ohne all das hätte es wohl kaum den Moskauer Vertrag von 1970 gegeben, die Abkommen mit Polen und anderen Ländern. Die Beziehungen der beiden Deutschlands untereinander hätten anders ausgesehen, aus-

geblieben wäre der Helsinki-Prozess, der durch die Charta vollendet wurde.

SPIEGEL: Die Wiedervereinigung war ein Resultat der Entspannungspolitik?

Gorbatschow: Man muss schon gerecht sein. Die christdemokratische Regierung von Kohl griff die Ostpolitik auf, sie musste ja die Stimmung in der Nation berücksichtigen. Die Deutschen haben aus der Geschichte gelernt. Das deutsche Volk kann heute stolz sein, dass es so eine Gesellschaft, so einen Staat aufgebaut hat.

SPIEGEL: Ihre Gegner in Russland nennen Sie verächtlich den besten Deutschen. Haben Sie die Wiedervereinigung im Interesse der Deutschen zugelassen oder im Interesse der Sowjetunion?

Gorbatschow: Sowohl das eine als auch das andere. Für uns wäre sie unannehmbar gewesen, wenn man nur von den Interessen der Deutschen ausgegangen wäre. Und ich sage sogar: Sie wäre dann auch für die Deutschen nicht annehmbar gewesen. Wenn sie im Ergebnis der Wiedervereinigung ein ihnen feindlich gesinntes Land bekommen hätten, und dann noch so eines wie die Sowjetunion/Russland, dann hätte man die Wiedervereinigung lieber nicht so schnell betreiben sollen. Das hätte den Interessen der Deutschen widersprochen. Für die deutsche Nation wurden ihre eigenen Hoffnungen wahr, die entscheidende Rolle übten dabei die Sowjetunion und ihre Führung aus. Und das war nicht nur für Sie und für uns zugleich von Vorteil, sondern auch für Europa und für die ganze Welt. Von diesem Standpunkt aus reagiere ich gelassen auf alle möglichen Anschuldigungen oder Vorwürfe.

SPIEGEL: Es gibt Leute, die behaupten, Sie hätten die DDR einfach verkauft, und der Preis sei zu gering gewesen.

Gorbatschow: Das ist alles Unsinn. Man hat mir berichtet, mein guter Bekannter Horst Teltschik habe gesagt, sie seien damals mit der Bereitschaft hergekommen, Gorbatschow die Summe von angeblich hundert Milliarden Mark anzubieten. Davon weiß ich nichts. Wenn sie das vorschlagen wollten, dann hätten sie es tun sollen – es schmückt sie nicht, so einen Vorschlag dann für sich zu behalten.

SPIEGEL: Michail Sergejewitsch, wir danken Ihnen für dieses Gespräch.

KAPITEL 2

30. September 1989: Mit Fackeln in der Scheune

Bevor die Mauer fiel, bröckelte sie schon in Prag: Im September besetzten dort Tausende DDR-Bürger die Botschaft der Bundesrepublik – und blamierten die SED-Diktatur vor den Augen der Weltöffentlichkeit.

Von Hans-Ulrich Stoldt und Klaus Wiegrefe

Es dunkelt, als die Bonner Delegation um 18.30 Uhr vor dem Tor der bundesdeutschen Botschaft in Prag eintrifft, eskortiert von tschechoslowakischen Polizisten. Zahlreiche Journalisten und Schaulustige warten bereits am Barockpalais Lobkowicz in der Vlašská-Straße 19; hinter den Zäunen harren mehrere Tausend DDR-Bürger aus.

Die Menschen schlafen in Zelten oder unter freiem Himmel im Garten. Über allem liegt der Gestank von Fäkalien und Müll. Einige sind seit mehreren Wochen hier. Die Botschaft soll für sie das Tor zum Westen sein, der Weg in die Freiheit. Die Lage ist gefährlich, doch das wissen die meisten nicht.

Man schreibt den 30. September 1989, und dieser Samstag wird in die Geschichte eingehen. Tags zuvor war der damalige Bundesaußenminister Hans-Dietrich Genscher durch einen dringenden Drahtbericht seiner Diplomaten alarmiert worden: Die Situation in der Botschaft sei »nicht mehr beherrschbar«. Es bestehe Seuchengefahr, das Gebäude drohe sogar einzustürzen. Und natürlich könne man einer Massenpanik nichts entgegensetzen.

Und nun fährt Genscher mit dieser Autokolonne am Palais Lobkowicz vor. In den Limousinen sitzen auch Kanzleramtsminister Rudolf Seiters sowie fünf hochrangige Beamte: Genscher ist für Botschaften im Ausland zuständig, Seiters für die Ostdeutschen. Die DDR ist für Bonn schließlich nicht Ausland.

Langsam öffnet sich die schwere, schmiedeeiserne Tür des Palais, schnell schlüpfen die westdeutschen Männer hinein. Im Torgewölbe, durch das in früheren Jahrhunderten die eleganten Kutschen des böhmischen Hochadels rollten, stoßen sie auf die ersten drei- und vierstöckigen Betten mit Flüchtlingen. In deren Gesichter steht Trotz geschrieben, aber auch Zweifel und Mutlosigkeit.

Schweigend nehmen Genscher, Seiters und die anderen eine Treppe in die oberen Stockwerke. Auf den Stufen liegen Menschen, ihre karge Habe neben sich. Sie reagieren kaum, als die Minister über sie hinwegsteigen.

Nach einem kurzen Gespräch mit Botschafter Hermann Huber geht es in den repräsentativen Kuppelsaal. Auch hier, wo einst Ludwig van Beethoven und Carl Maria von Weber unter Lüstern und Fresken vor erlauchtem Publikum musizierten, ist alles mit Stockbetten zugebaut, auch hier herrscht bedrückende Enge.

Als Genscher, Seiters und die anderen Gesandten den vom Kuppelsaal abgehenden Balkon betreten, kommt Unruhe auf, etwas Bedeutendes wird geschehen, das ahnen die Anwesenden jetzt. Einer schleppt aus dem Kuppelsaal eine Stehlampe auf den Balkon, die ein wenig Licht verbreitet. An der steinernen Brüstung wird ein Megafon befestigt.

Von unten schallen Rufe empor: »Freiheit, Freiheit!« Von oben sind die Zelte in der Dunkelheit nur schemenhaft zu erkennen, dazwischen stehen ungefähr 4000 Menschen, darunter Hunderte Kinder, dicht an dicht auf dem verschlammten Boden. Als Genscher zu sprechen beginnt, wird es ganz leise. »Liebe Landsleute«, hebt er an, da bricht bereits Jubel aus.

»Seid doch still«, rufen einige nun, »Ruhe, noch mal!« Der Lärm verstummt, und in die fast unerträgliche Spannung hinein fällt jener legendäre Halbsatz Genschers, der als akustische Ikone des Flüchtlingsdramas in die deutsche Geschichte eingehen wird: »Wir sind heute zu Ihnen gekommen, um Ihnen mitzuteilen, dass heute Ihre Ausreise ...«

Der Rest des Satzes (»... möglich geworden ist«) geht im Freudengeschrei verloren. Im Garten und in den Räumen der Botschaft fallen sich Menschen erleichtert um den Hals, tanzen und ballen die Fäuste in der Luft. Endlich dürfen sie gehen, endlich die DDR hinter sich lassen, jenen von Mauern und Stacheldraht eingefassten Staat, dessen SED-Regierung an seiner Bevölkerung ein sozialistisches Experiment im Großformat durchführt.

Auch die Diplomaten auf dem Balkon sind gerührt – aber längst nicht entspannt. »Mir war nicht zum Jubeln zumute«, erinnert sich Frank Elbe, Büroleiter Genschers und damals »vortragender Legationsrat« im Auswärtigen Amt, der mit auf dem Balkon stand. »Es war ja noch nicht vorbei, wir waren noch nicht über den Berg.«

Hans-Dietrich Genschers kurze Rede und die Freudenszenen danach gingen um die Welt, weil ein Journalist die Szene gefilmt hatte. Er war der einzige vor Ort mit Kamera. Doch auch er packte sein Gerät ein, als die gute Nachricht verkündet war – der eine Teil der Nachricht. Denn es gab noch einen anderen. Und der stimmte die Flüchtlinge nicht froh. Im Gegenteil.

Genscher musste ihnen nämlich noch mitteilen, dass die Zugfahrt in die Bundesrepublik nicht direkt, sondern durch die DDR erfolgen würde – Ergebnis eines diplomatischen Tauziehens. »Niemals, das machen wir nicht!«, schallen empörte Stimmen aus dem Garten. »In diesem Moment stürzte die

Temperatur von plus 100 auf minus 70 Grad«, erinnert sich Genscher, »ich musste alles versuchen, damit die Stimmung nicht kippt. Denn ich wusste, dass die Menschen ängstlich waren und auch das letzte bisschen Vertrauen in die DDR-Führung verloren hatten.«

Immer wieder hatten in den Achtzigerjahren Verzweifelte versucht, mithilfe der bundesdeutschen Botschaften im Ostblock eine Ausreise zu erzwingen. In der Regel wurden die Fälle diskret gelöst: Die Besucher kehrten zunächst in die DDR zurück, blieben aber straffrei und konnten nach einigen Monaten in den Westen ausreisen. Diesmal war alles anders.

Nicht nur ein paar Menschen hatten in den Vertretungen in Warschau, Budapest, Ost-Berlin und vor allem in Prag Zuflucht gesucht – jetzt waren es Tausende, vor allem junge Ostdeutsche, die die Nase voll hatten. Und die Welt schaute zu. Kein Tag im Spätsommer 1989, an dem nicht Zeitungen und Fernsehen im In- und Ausland berichteten. Das Botschaftsdrama war eines der wichtigsten Themen der internationalen Politik, das auch die Vereinten Nationen in New York erreichte.

Für die DDR-Führung erwies sich die Botschaftskrise als Fiasko, die ihr selbst bei eigenen Parteigängern letzte Sympathien raubte. Während Kreml-Chef Michail Gorbatschow in Ost wie West mit Glasnost und Perestroika punktete, präsentierten sich die ostdeutschen Kommunisten als Ewiggestrige, angeführt von dem gesundheitlich angeschlagenen Staats- und Parteichef Erich Honecker. »An der Spitze steht ein Greis, der sich nicht zu helfen weiß«, spottete Schriftsteller Stefan Heym.

Und noch einen Effekt hatten die Vorgänge in den Botschaften. Sie zwangen Gorbatschow, Farbe zu bekennen: Wie weit wollte er mit seinen Reformbestrebungen gehen? Würde er hinnehmen, dass Ostdeutsche die DDR über Umwege verließen? Dann war der Weg zur Maueröffnung nicht mehr weit.

Als der Arbeiter-und-Bauern-Staat am 30. September die Prager Flüchtlinge endlich ziehen ließ, diese aber über DDR-Gebiet ausreisen mussten, blamierte sich die SED-Führung final: »Die als Husarenstück gedachte Entleerung der Prager Botschaft erwies sich als ein Rohrkrepierer«, gestand Günter Schabowski später ein, damals Mitglied des SED-Politbüros.

Denn der Exodus wurde ein bejubelter Zug in die Freiheit, auf den viele nur zu gern aufgesprungen wären. »Das ist, als wenn man mit Fackeln durch die Scheune läuft und sich dann wundert, dass es brennt«, sagt Genscher heute.

In den Akten der Prager Botschaft, die inzwischen im Archiv des Auswärtigen Amtes (AA) der Öffentlichkeit zugänglich sind, lässt sich nachvollziehen, wie es dazu kam. Schon Anfang des Jahres suchte eine wachsende Zahl Ostdeutscher Hilfe in bundesdeutschen Botschaften. In Prag waren es an manchen Tagen über 20 Menschen. »In letzter Zeit ist es vermehrt zu Festsetzungen gekommen, bei denen die Zufluchtsuchenden mehrere Tage hier untergebracht wurden«, schrieb Botschafter Hermann Huber Mitte Januar nach Bonn. »Alle Bediensteten sind angewiesen, sich höflich und zuvorkommend zu verhalten.«

Noch wurden die Fälle diskret gelöst, auf bewährte Weise, doch schon da beobachtete Huber einen »Schneeballeffekt«: Jede Ost-Berliner Zusage auf Straffreiheit und spätere Ausreise ermutigte potenzielle Nachahmer. Zwar wurden die »Gäste« (AA-Jargon für Botschaftsbesetzer) gebeten, Stillschweigen zu bewahren. Viele plauderten dennoch.

Frei reisen zu können, auch nach Paris oder Mallorca, stand ganz oben auf der Sehnsuchtsliste der DDR-Bürger. Und so verfolgten sie gebannt, was sich im Frühjahr 1989 im knapp

Budapest, Prag, Berlin – der langsame Fall der Mauer 1989

2. Mai
Ungarn beginnt mit dem Abbau der Grenzhindernisse zu Österreich.

8. August
Schließung der Ständigen Vertretung Bonns in Ostberlin für den Besucherverkehr, wo rund 130 DDR-Bürger Zuflucht gesucht haben. Am 13. und 22. August folgt die Schließung der Botschaften in Budapest und Prag, in denen sich 181 bzw. rund 140 Ausreisewillige aufhalten. In Prag klettern die Menschen danach über den Zaun der Vertretung.

19. August
Ungarische Oppositionsgruppen veranstalten ein »paneuropäisches Picknick« an der ungarisch-österreichischen Grenze bei Sopron, um durch die symbolische Öffnung eines Übergangs für einen Abbau der Grenzen zu demonstrieren. Hunderte DDR-Bürger nutzen dies zur Flucht nach Österreich.

24. August
Mehr als 100 DDR-Bürger werden unter Mithilfe des Internationalen Roten Kreuzes aus der Budapester Botschaft über Österreich in die Bundesrepublik gebracht.

25. August
Geheimtreffen ungarischer Regierungsvertreter mit Bundeskanzler Helmut Kohl und Außenminister Hans-Dietrich Genscher auf Schloss Gymnich bei Bonn. Ungarn will DDR-Bürgern die freie Ausreise erlauben und bekommt im Gegenzug finanzielle und politische Unterstützung zugesichert.

10. September
Die ungarische Regierung kündigt an, in der Nacht zum 11. September die Grenze zu Österreich für Bürger der DDR zu öffnen. Zehntausende reisen in den folgenden Wochen über Österreich in die Bundesrepublik aus.

19. September
Die Bonner Botschaft in Warschau wird wegen Überfüllung geschlossen.

20. September
Die Botschaft in Prag wird Sammelpunkt für Flüchtlinge, nachdem die ČSSR die Grenzkontrollen zu Ungarn verschärft hat.

28. September
Am Rande der Uno-Vollversammlung in New York erhält Genscher vom sowjetischen Außenminister Eduard Schewardnadse die Zusage, dass Moskau in Ost-Berlin auf eine schnelle Lösung der Botschaftsbesetzungen drängen will.

30. September
Die DDR lenkt ein: Genscher und Kanzleramtsminister Seiters verkünden in Prag die Ausreiseerlaubnis für die Botschaftsbesetzer. In Sonderzügen werden einige Tausend Flüchtlinge über das Territorium der DDR in die Bundesrepublik gebracht.

3. Oktober
Die DDR setzt den visafreien Reiseverkehr in die ČSSR aus und schließt so die Grenze.

4. Oktober
Weitere rund 7000 DDR-Bürger, die erneut die Prager Botschaft besetzt haben, dürfen mit Sonderzügen über die DDR in die Bundesrepublik ausreisen. Am Dresdner Hauptbahnhof kommt es in der Nacht zum 5. Oktober zu Zusammenstößen zwischen Ordnungskräften und rund 10 000 Demonstranten, die auf die Flüchtlingszüge aufspringen wollen.

27. Oktober
Der DDR-Ministerrat beschließt die Rückkehr zum visafreien Reiseverkehr in die ČSSR ab dem 1. November. Alle wegen Fluchtversuchs inhaftierten DDR-Bürger werden amnestiert.

3. November
Wieder befinden sich über 5000 DDR-Bürger auf dem Prager Botschaftsgelände. Sie dürfen direkt in die Bundesrepublik ausreisen. Die ČSSR öffnet ihre Grenzen nach Westen für alle DDR-Bürger.

9. November
Fall der Berliner Mauer

700 Kilometer entfernten Budapest tat. Dort beschloss das ungarische Politbüro, den Eisernen Vorhang an der Grenze zu Österreich abzubauen.

Mit dem Freiheitswillen der DDR-Bürger hatte das allerdings nichts zu tun. Eher mit Hasen in freier Wildbahn. Die Tiere waren ungarischen Grenzern seit Langem eine Plage. Immer wieder mussten Soldaten ausrücken, weil das Warnsystem anschlug. Eine ganze Maschinerie setzte sich dann in Gang, um vermeintliche Flüchtlinge aufzugreifen. Dabei hatte sich oft nur Meister Lampe im Draht verheddert. Auch Vögel lösten bisweilen Fehlalarm aus – die alte Anlage aus sowjetischer Produktion war hoffnungslos marode. Eine Reparatur war den klammen Ungarn zu teuer. Außerdem flohen fast nur noch DDR-Bürger über die Grenze: Ungarn genossen seit 1988 Reisefreiheit. Am 2. Mai demontierten daher ungarische Soldaten vor laufender Kamera erste Drähte der Sperranlage zu Österreich, und die Bilder gingen um die Welt.

Damit war die Grenze keineswegs offen, vielmehr sollte der Grenzschutz DDR-Flüchtlinge weiterhin aufgreifen und in den SED-Staat zurückschicken. So war es mit der DDR seit Jahr und Tag vereinbart. Doch es gehört zur deutschen Revolution des Jahres 1989, dass die inzwischen aufmüpfigen Ostdeutschen nur hörten, was sie hören wollten: Irgendwie sei es möglich, über Ungarn in den Westen zu fliehen. Zu Tausenden machten sie sich auf den Weg in ihr liebstes Urlaubsland.

Und damit wurde alles anders, denn wer einmal gedanklich die Brücke hinter sich abgebrochen hatte, der ließ sich nicht so leicht entmutigen. Zwar gelangten einige über die inzwischen weitgehend grüne Grenze nach Österreich. Viele aber wurden aufgegriffen und mit einem Stempel im Ausweis zurückgeschickt. Doch dann versuchten sie bei nächster Gelegenheit ihr Glück in den westdeutschen Vertretungen – zum Beispiel in Prag.

Die ČSSR war das einzige Land, in das DDR-Bürger ohne besondere Genehmigung reisen durften. Das Bahnticket Berlin-Prag kostete nicht einmal 20 Ostmark. Und die Botschaft war besonders groß: Zu dem vierstöckigen Palais zählten auch eine Orangerie und ein großer Park. Das Gelände war von einem Zaun umgeben.

Anfang Juli meldete Botschafter Huber nach Bonn: »Deutlich zugenommen haben Festsetzungen von Zufluchtsuchenden, die vorher einen Fluchtversuch über Ungarn versucht hatten.«

Die »Zufluchtsuchenden« aus Dresden oder Rostock hatten einen Anspruch auf Aufnahme. Sie waren Deutsche im Sinne des Grundgesetzes, konnten einen Pass und konsularische Betreuung verlangen. Die sozialistischen Länder sahen das anders: Sie gingen von einer DDR-Staatsbürgerschaft aus und brandmarkten den Aufenthalt in den Botschaften als rechtswidrig. So hielt es auch die blocktreue ČSSR.

Aber noch machte sich keiner der Beteiligten Vorstellungen, was auf sie zukommen würde. Maximal 200 Leute könnten sie unterbringen, schrieb ein Mitarbeiter Hubers Mitte August 1989, »wenn auch unter schwierigen sanitären Bedingungen«. Maximal 200 Leute?

In Ungarn überstürzten sich jetzt die Ereignisse, denn den Reformern, die dort die Macht übernommen hatten, war das Schicksal der alten Führungsriege in Ost-Berlin gleichgültig. Ungarn stand vor der Pleite, brauchte westliches Kapital und tiefgreifende Veränderungen. Am 11. September öffneten die Magyaren ihre Grenze zu Österreich – Zehntausende Ostdeutsche zogen über Ungarn Richtung Westen. Im Eisernen

Vorhang klaffte ein großes Loch, zum Entsetzen der Einheitssozialisten in Ost-Berlin, die sich eines wichtigen Herrschaftsinstruments beraubt sahen.

Jetzt entschied jeder selbst, ob er gehen wollte. Das Regime musste sich bewegen, sonst würde es seine Bürger verlieren. So stärkte die Flüchtlingskrise in Ungarn, später in Prag und anderswo die Oppositionsbewegung in der DDR.

»Die Option der Ausreise ließ sich als Druck- und Drohmittel einsetzen, um für das Dableiben einen politischen Preis zu verlangen«, schreibt der Historiker Hans-Hermann Hertle über die Lage nach der Grenzöffnung in Ungarn: »Die Abwanderung schwächte das politische Widerspruchspotenzial nicht länger, sondern gab ihm gesellschaftliche Berechtigung.«*

Die alten Männer in Ost-Berlin zeigten sich allerdings zunächst unbeeindruckt: »Den Sozialismus in seinem Lauf hält weder Ochs noch Esel auf«, hatte Honecker mit brüchiger Stimme noch vor Kurzem getrötet, und nun versuchte er, das Loch zu flicken, durch das sein Staat auslief. Beinahe gelang es ihm auch. Auf ostdeutsches Drängen hin führte Prag scharfe Kontrollen an der Grenze zu Ungarn ein.

Ungarn (fast) dicht, die Botschaft in Prag offen – wie in kommunizierenden Röhren schwillt sofort der Strom Ausreisewilliger Richtung Goldene Stadt an. Das Botschaftsdrama beginnt. Zu Hunderten steigen Flüchtlinge über den etwa drei Meter hohen Zaun des Botschaftsgeländes; zurück bleiben ihre Trabis und blockieren die Gassen der Altstadt.

Bald sind alle verfügbaren Räume belegt, große Mannschaftszelte vom Roten Kreuz werden aufgebaut. Täglich

* Hans-Hermann Hertle, *Chronik des Mauerfalls*, Berlin 2009.

bringen Lkw aus dem bayerischen Furth im Wald Lebensmittel, die in Prag nicht zu besorgen sind (»so viel Bananen wie möglich«).

Der fürsorgliche Botschafter Huber spielt Herbergsvater; er besorgt Verhütungsmittel, gibt ein Grillfest, lässt Kochwettbewerbe veranstalten. Doch die Lage ist fragil. Gerüchte gehen um: Von sexueller Belästigung ist die Rede (wurde nie geklärt), von eingeschleusten Stasispitzeln (wurde geklärt: stimmt wohl), von Alkoholmissbrauch (wurde auch geklärt: stimmt ganz sicher). Es kommt zu Schlägereien. Regen verwandelt den Botschaftsgarten in eine Schlammlandschaft. Einige Männer wollen in Hungerstreik treten, Huber kann sie mühsam abhalten.

Dann endlich bewegt sich etwas: Honeckers Beauftragter für »humanitäre Fragen«, der Ost-Berliner Rechtsanwalt Wolfgang Vogel, kreuzt in der Botschaft auf. Er verspricht allen Straffreiheit und eine zügige Bearbeitung ihrer Ausreiseanträge, wenn sie zunächst in die DDR zurückkehren – die bewährte Lösung. Etwa die Hälfte der 450 Botschaftsbesetzer lässt sich überzeugen.

Die anderen glauben, dass mehr für sie drin ist. »Die Stimmung unter den Gästen ist ›entschlossen‹«, notiert Huber.

Andererseits: Die Enge und der Verlust der Privatsphäre gehen den Leuten an die Nieren. Bald leben gut tausend Menschen auf dem Gelände; manche müssen auf Fensterbänken schlafen. Andere teilen sich zu fünft reihum ein Bett.

Eine Gruppe beschimpft vom Botschaftsgelände aus Passanten als »Kommunistenschweine«. Einige werfen Lebensmittel zurück, die ihnen Tschechen durch den Zaun gereicht haben; das sei »Dreck«. Die Mehrheit der Botschaftsbesetzer entschuldigt sich beim Hausherrn Huber. Doch alle wissen: So kann es nicht weitergehen. Aber wie dann?

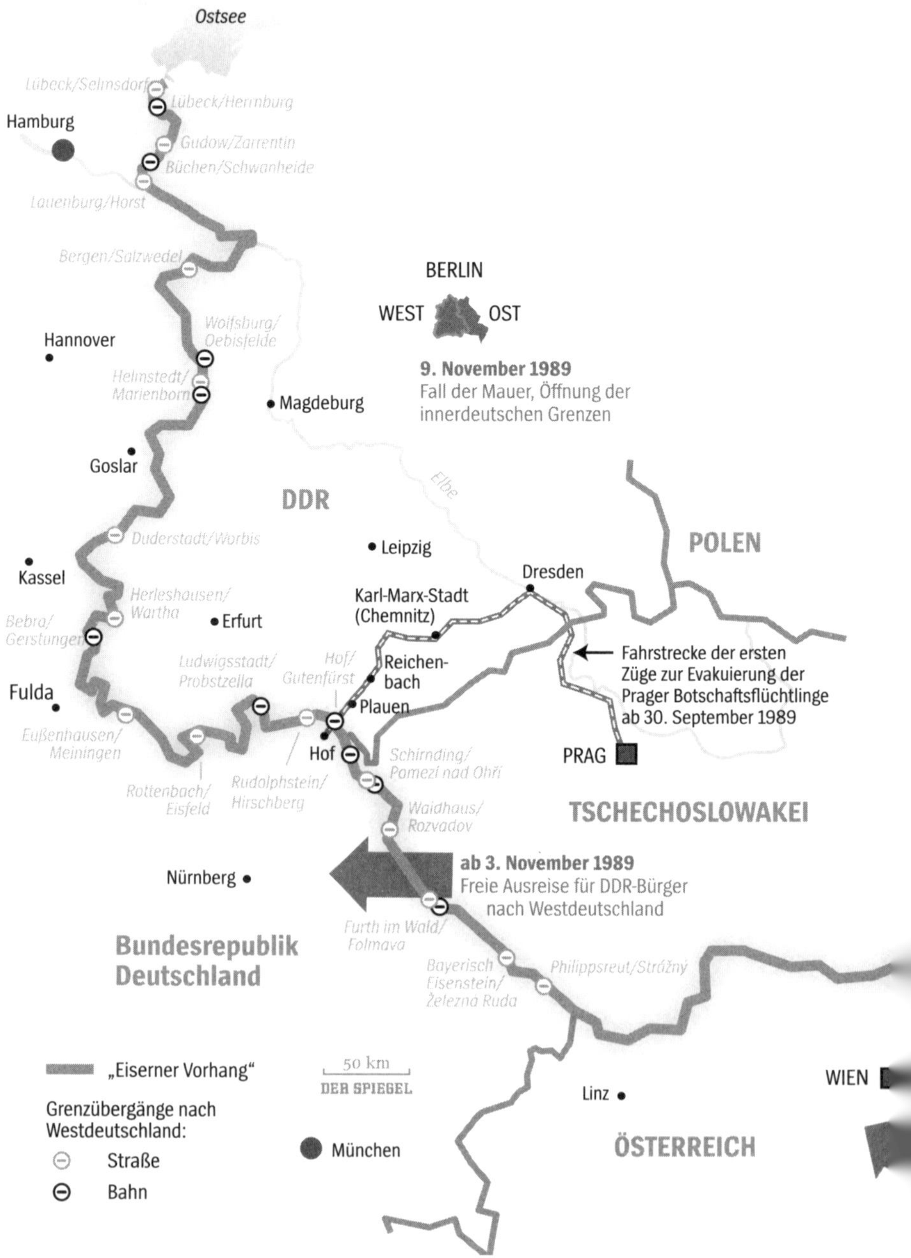
Ostsee
Lübeck/Selmsdorf
Lübeck/Herrnburg
Hamburg
Gudow/Zarrentin
Büchen/Schwanheide
Lauenburg/Horst
Bergen/Salzwedel
BERLIN
WEST
OST
Hannover
Wolfsburg/Oebisfelde
Helmstedt/Marienborn
Magdeburg
9. November 1989
Fall der Mauer, Öffnung der innerdeutschen Grenzen
Goslar
DDR
Elbe
Duderstadt/Worbis
Leipzig
POLEN
Kassel
Dresden
Herleshausen/Wartha
Karl-Marx-Stadt (Chemnitz)
Bebra/Gerstungen
Erfurt
Ludwigsstadt/Probstzella
Hof/Gutenfürst
Reichenbach
Fahrstrecke der ersten Züge zur Evakuierung der Prager Botschaftsflüchtlinge ab 30. September 1989
Fulda
Plauen
Eußenhausen/Meiningen
Hof
Schirnding/Pomezí nad Ohří
PRAG
Rottenbach/Eisfeld
Rudolphstein/Hirschberg
Waidhaus/Rozvadov
TSCHECHOSLOWAKEI
ab 3. November 1989
Freie Ausreise für DDR-Bürger nach Westdeutschland
Nürnberg
Furth im Wald/Folmava
Bundesrepublik Deutschland
Bayerisch Eisenstein/Železná Ruda
Philippsreut/Strážný
„Eiserner Vorhang“
50 km
DER SPIEGEL
WIEN
Linz
Grenzübergänge nach Westdeutschland:
Straße
Bahn
München
ÖSTERREICH

Die Bundesregierung möchte, dass Anwalt Vogel erneut kommt. Als der mit Gregor Gysi im Schlepptau, damals Vorsitzender des Kollegiums der Rechtsanwälte in Ost-Berlin, am 26. September in der Botschaft erscheint, herrscht feindliche Stimmung. Kaum einer will seinen Vortrag hören. »Der Schuss ging daneben«, erzählt Gysi, »ich habe gemerkt, das ist vorbei.«

Die deutschen Regierungen in West und Ost pokern jetzt: Kanzler Helmut Kohl und Außenminister Genscher setzen darauf, dass Ost-Berlin einknickt, weil am 7. Oktober der 40. Jahrestag der DDR-Gründung bevorsteht. Sie nehmen an, dass Honecker bis dahin das Problem gelöst haben will. Die Bilder aus Prag würden das Ansehen der DDR schwer schädigen, warnt Kanzleramtschef Seiters maliziös seine ostdeutschen Verhandlungspartner.

Die SED-Spitze wiederum spekuliert, die Zustände in der Botschaft würden die Flüchtlinge zur Räson bringen. Und zunächst sieht es so aus, als hätte Honecker das bessere Blatt. Ende September wird es kühl an der Moldau. Der Regen spült Fäkalien aus der Gartenzone heraus, die mangels Toiletten als Abort genutzt wird. Botschafter Huber trägt nur noch Gummistiefel, selbst im Büro. Es gibt erste Durchfallerkrankungen.

Das Kartenglück wendet sich, als die Regierenden in Prag die Lust am Poker verlieren. »Die ČSSR sei interessiert, auch in der gegenwärtigen Situation ›im Rahmen des gesunden Menschenverstandes‹, die Kontakte und die Zusammenarbeit mit der Bundesrepublik Deutschland aufrechtzuerhalten«, notiert Huber nach einem Gespräch mit einem Offiziellen.

Die tschechoslowakischen Kommunisten sind in einer Zwickmühle: Eigentlich möchten sie ihren deutschen Genossen helfen – die anregen, eine Mauer um die Botschaft zu errichten. Das Prager Regime diskutiert sogar, das Botschaftsgelände zu stürmen. Am Ende wird alles verworfen, denn die Regierung fürchtet um die wirtschaftlich wichtigen Beziehungen zu Bonn. Also: möglichst raushalten.

Während Ungarn sich mit seiner humanen Flüchtlingspolitik 1989 die Dankbarkeit der Deutschen sichert, verpassen die Tschechoslowaken diese Chance. Andererseits bleibt das Spiel durch Prags Halbherzigkeit offen; hätten die Kommunisten etwa die Wasserversorgung der Vertretung mit Hinweis auf einen »technischen Defekt« gekappt, die Sache wäre entschieden gewesen.

Schließlich ergreift Außenminister Genscher die Initiative. Der Liberale ist schwer angeschlagen, er hat wenige Wochen zuvor einen Herzinfarkt erlitten. Aber am 23. September fliegt er zur 44. Uno-Vollversammlung nach New York, an Bord seine besorgte Frau und zwei Kardiologen. »Alle haben mir abgeraten zu reisen«, sagt Genscher heute, »aber die entscheidenden Leute bekam ich nur dort auf einmal zusammen. Die Angelegenheit musste dort geklärt werden.«

Die »entscheidenden Leute«, das waren vor allem zwei: Moskaus Außenminister Eduard Schewardnadse und – deutlich weniger entscheidend – DDR-Außenminister Oskar Fischer, ein eher konzilianter Einheitssozialist in der DDR-Führung. Beide hören sich freundlich an, was Genscher zu sagen hat, und versprechen eine Antwort. Später.

Später? Ständig treffen jetzt bei Genscher Alarmmeldungen aus Prag ein, die sein Stab in Bonn an ihn weiterleitet. Alle tragen die Einstufung »citissime« – eiligst vorzulegen, zu jeder Tageszeit.

Citissime nachts: »Seit gestern, 26.09.89, 17.45 Uhr, haben 430 weitere Personen über den Zaun den Weg in die Botschaft gefunden. Damit befinden sich z. Zt. ca. 1600 Deutsche aus der DDR in der Vertretung ... Eine menschenwürdige Unterbringung ist in einer großen Zahl der Fälle nicht mehr möglich.«

Citissime nachts: »Derzeit, 28.09.89, 19.00 Uhr, halten sich ca. 2500 zufluchtsuchende Deutsche aus der DDR in der Vertretung auf ... Die Botschaft ist völlig überbelegt und überlastet. Ein Begehen vieler Treppen und Flure ist kaum noch möglich. In der vergangenen Nacht mussten etliche Zufluchtsuchende unter freiem Himmel übernachten.«

Citissime nachts: »Derzeit, 29.09.89, 21.00 Uhr, halten sich ca. 3500 zufluchtsuchende Deutsche aus der DDR in der Vertretung auf ... Die Mitarbeiter der Vertretung sind nicht mehr in der Lage, den Ansturm der Zufluchtsuchenden zu erfassen ... Die katastrophale räumliche Enge in der Vertretung hat zu einem Zustand geführt, wo es nur noch eines auslösenden Faktors bedarf, um die Stimmung unter den Zufluchtsuchenden umschlagen zu lassen. Dieses wird nach aller Erfahrung kurzfristiger geschehen und ist unter den gegebenen Verhältnissen eine zwangsläufig auf uns zukommende Entwicklung.«

Bonn droht das Spiel zu verlieren. Jetzt können nur noch die Sowjets helfen, die zwar seit Gorbatschow behaupten, ihre osteuropäischen Verbündeten seien für sich selbst verantwortlich, aber das ist nur Theorie. In Wirklichkeit hören noch alle auf den großen Bruder in Moskau.

Genscher bittet Schewardnadse um ein weiteres Gespräch, es sei dringend. Der Georgier sagt zu; Genscher möge sofort kommen. Aber wie?

Spontane Aktionen sind im Uno-Zirkus nicht vorgesehen, den Deutschen steht kein Fahrzeug zur Verfügung. Genschers Helfer Elbe spricht zwei US-Polizisten an. Ob sie wohl den Bonner Außenminister im Streifenwagen zur sowjetischen Uno-Vertretung bringen könnten, es gehe um die Botschaftsflüchtlinge in Prag. Sie können. Und so fahren sie mit Blaulicht durch die verstopften Straßen von Manhattan.

Das Treffen ist kurz. »Schewardnadse war sehr betroffen«, erinnert sich Genscher, er habe gefragt, ob auch Kinder dabei seien. »Als ich ihm sagte, es seien sehr viele, versprach er sofort Hilfe.«

Später wird der Anwalt und Honecker-Vertraute Vogel einem westdeutschen Diplomaten erzählen, die SED-Führung habe »auf Druck der sowjetischen Freunde« nachgegeben. Der entsprechende Vermerk findet sich im AA-Archiv. Gorbatschow soll sogar gedroht haben, den Feierlichkeiten zum Jahrestag der DDR fernzubleiben.

Sicher ist: Am nächsten Abend ruft Honecker das Politbüro zusammen. Praktischerweise sind die Genossen fast vollständig in der Staatsoper Unter den Linden versammelt; 1400 geladene Gäste feiern den 40. Gründungstag der Volksrepublik China. Nach dem Absingen der Internationale bittet Honecker die überraschten Politbürokraten ins Foyer und verkündet: Er werde die Botschaftsbesetzer ziehen lassen. Die Schuld gibt er den Genossen in Prag.

In der Tat haben diese nachdrücklich eine Lösung des Botschaftsproblems verlangt. Sie fürchten ein Überspringen des revolutionären Funkens auf ihr Volk.

Dennoch ist am Ende Gorbatschows Votum entscheidend.

Am 30. September – jenem berühmten Samstag – trifft um zehn Uhr morgens ein DDR-Beauftragter im Kanzleramt ein und erklärt, dass Ost-Berlin in einem »einmaligen humanitären Akt« entschieden habe, die Botschaftsbesetzer ausreisen zu lassen. Und zwar über die DDR. Was für eine Schnapsidee. Sie stammt von Genscher, der freilich nicht glaubte, dass sie umgesetzt würde.

In New York hatte er seinem Ost-Berliner Kollegen Fischer zwei Kompromissvorschläge präsentiert. Genscher wollte mit ihnen dem Wunsch der DDR-Führung nachkommen, die ihre Leute aus Statusgründen unbedingt mit einem eigenen Hoheitsakt aus der DDR-Staatsbürgerschaft entlassen wollte.

Erster Genscher-Vorschlag: DDR-Grenzer kommen in die westdeutsche Botschaft in Prag und stempeln dort die notwendigen Ausreisedokumente ab. Danach würden die Flüchtlinge mit Sonderzügen direkt in die Bundesrepublik gebracht.

Zweiter Genscher-Vorschlag: Die Züge fahren von Prag über die DDR in die Bundesrepublik, und die Formalitäten werden unterwegs erledigt.

»Ich hätte nie gedacht, dass sie diese zweite Option wählen«, wundert sich Genscher noch heute, »das war doch brandgefährlich.« Schließlich war absehbar, dass ausreisewillige Ostdeutsche versuchen würden, die Züge zu stürmen.

Den Außenminister erreicht die Nachricht von Ost-Berlins »humanitärem Akt« unmittelbar nach seiner Rückkehr aus New York. Er und Seiters beschließen, noch am gleichen Tag nach Prag zu fliegen.

Jetzt kann die Lösung nur noch an den Botschaftsflüchtlingen selbst scheitern. Und in der Tat sieht es einen Wimpernschlag lang so aus, als würde die Botschaftskrise doch noch in eine Katastrophe münden. Es geht um die Minuten nach Genschers zunächst bejubeltem Auftritt auf dem Balkon. Denn die Ostdeutschen wollen nicht durch die DDR fahren, zu groß ist ihre Angst.

Und zu allem Überfluss droht der Bonner Chefdiplomat ohnmächtig zu werden. Es ist wieder das Herz. Schwere Rhythmusstörungen zwingen ihn, sich an der steinernen Brüstung abzustützen. Doch er lässt sich nichts anmerken.

Der Hallenser spricht von seiner eigenen Flucht in den Westen 1952 und verbürgt sich persönlich für die Sicherheit der Reisenden: »Sie können uns vertrauen.«

Ursprünglich wollten er und Seiters sich in die ersten beiden Züge setzen, aber das lehnt die DDR ab. Stattdessen sollen nun die Begleiter der Minister in den rumpelnden Waggons der (Ost-)Deutschen Reichsbahn mitfahren.

Genscher schafft es tatsächlich, die Stimmung zu drehen und die Menschen im Botschaftsgarten zu beruhigen. Busse bringen die Flüchtlinge zum Prager Bahnhof Libeň, der erste Zug geht um 21.00 Uhr. Diplomat Elbe ist im dritten dabei: »Ich habe den Leuten gesagt, dass ich die vertrauensbildende Maßnahme sei«, berichtet er. »Und ich habe auch darum gebeten, sich nicht provozieren zu lassen.«

Im sächsischen Reichenbach steigen etwa hundert Stasimänner zu, demonstrativ in feinem Zwirn – seht her, uns geht's gut in der Deutschen Demokratischen Republik! In Dreiergruppen betreten sie die Abteile: Der Erste lässt sich den Ausweis reichen, der Zweite schaut hinein, und der Dritte packt ihn in ein schwarzes Köfferchen.

Als sich der Zug wieder in Bewegung setzt, grüßen Gleisarbeiter mit ihren Schutzhelmen, ein Reichsbahner winkt mit der Dienstmütze. Entlang der Strecke schwenken Menschen weiße Tücher.

Sechs Sonderzüge bringen in dieser Nacht und am kommenden Tag rund 6000 Flüchtlinge in Sicherheit. Von Warschau aus reisen auf die gleiche Weise 809 Menschen in die Bundesrepublik.

Im *Neuen Deutschland* steht anderntags, sie hätten »durch ihr Verhalten die moralischen Werte mit Füßen getreten und sich selbst aus unserer Gesellschaft ausgegrenzt. Man sollte ihnen deshalb keine Träne nachweinen«. Heute weiß man, dass Honecker persönlich den letzten Satz in den Kommentar redigierte. Es ist eine seiner letzten Amtshandlungen.

Am 2. Oktober meldet Botschafter Huber aus Prag nach Bonn, es befinde sich »kein zufluchtsuchender Deutscher aus der DDR mehr in der Botschaft«.

Epilog

Wenige Tage später aber sind wieder rund 5000 Menschen auf dem Botschaftsgelände; auch sie dürfen über die DDR ausreisen. Als in Dresden Tausende den Bahnhof stürmen wollen, um auf die Züge aufzuspringen, werden sie von Polizei und Stasi niedergeknüppelt. Die DDR schließt nun ihre Grenze zur ČSSR und öffnet sie erst wieder am 1. November. Sofort füllt sich die Botschaft ein drittes und letztes Mal. Doch jetzt bringen Sonderzüge die Flüchtlinge direkt in die Bundesrepublik.

Tage wie in Trance

Nicht in Berlin, sondern im fast schon freien Ungarn wurde zum letzten Mal ein Flüchtling am Eisernen Vorhang erschossen. Erst 2004 erzählen Hinterbliebene und Grenzwächter die Geschichte des Architekten Kurt-Werner Schulz, der ein Vierteljahr vor dem Mauerfall fliehen wollte.

Von Jürgen Kremb und Peter Wensierski

Sanft schwingt sich ein mit Rotbuchen und Eschen bewachsener Hügel bis an das Maisfeld herab. Ungefähr 200 Meter ist der holprige Feldweg vom Dorf Répcevis durch den Acker befahrbar, dann wachsen Gras und Gestrüpp immer höher, bis ein Durchkommen ganz von kirchturmhohen Pappeln verhindert wird.

Eine Idylle mit blutiger Geschichte: Hinter dem Pappelhain zog sich bis 1989 der Eiserne Vorhang. Und genau an dieser Stelle, zwischen dem geweißten Grenzstein B 80/3 und B 80/4, streckte eine Kugel zum letzten Mal einen Menschen nieder, der von Osteuropa in den Westen flüchten wollte.

Ausgerechnet in Ungarn, wo der Schießbefehl bereits aufgehoben war, tötete der junge Grenzsoldat Zoltán aus dem Komitat Heves am 21. August 1989 den 36-jährigen Kurt-Werner Schulz vor den Augen seiner Lebensgefährtin Gundula Schafitel und seines Sohnes Johannes – drei Wochen bevor die Grenzsperren für ganz Ungarn aufgehoben wurden.

15 Jahre verschwiegen die Bewohner des kleinen Ortes wie die Grenzwächter, verschwiegen auch die Angehörigen des

Opfers eine Geschichte, die alle Betroffenen gern für immer verdrängt hätten. Vor allem deshalb galt bislang vielen der Berliner Chris Gueffroy als letzter Toter am Eisernen Vorhang. An ihn erinnert ein Mahnmal am Britzer Verbindungskanal. 15 Jahre nach dem Fall der Mauer sprechen erstmals die Zeitzeugen über den fast vergessenen Architekten aus Weimar, der hier starb.

László Nagy ist ein großer, bulliger Mann mit freundlichen Augen. Der Ungar aus Sopron (Ödenburg) am Neusiedler See spricht perfekt Deutsch. Ende der Achtzigerjahre hatte er sich dem Demokratischen Forum angeschlossen. Das sozialistische System hielt er nicht mehr für reformierbar. Es war die Zeit von Glasnost und Perestroika. Überall in Osteuropa gärte es.

Schon Anfang März 1989 hatte der ungarische Ministerpräsident Miklós Németh, ein entschiedener Reformer, in Moskau den sowjetischen KP-Generalsekretär Michail Gorbatschow besucht und dabei eine Grenzöffnung sowie freie Wahlen angekündigt. Németh fragte: »Wie wird sich die Sowjetunion dazu verhalten?« Ohne langes Nachdenken sagte Gorbatschow: »Solange ich hier auf diesem Stuhl sitze, werden wir das Verbrechen von 1956 nicht wiederholen.«

Als der ungarische Außenminister Gyula Horn und sein österreichischer Amtskollege Alois Mock dann am 27. Juni den Grenzzaun zwischen ihren beiden Ländern symbolisch durchtrennten, wusste die ungarische Führung längst: Die Tage des real existierenden Sozialismus sind gezählt. Angespornt von Horns Aktion, wollten die Mitglieder des Demokratischen Forums zeigen, dass die symbolische Grenzöffnung auch praktische Folgen haben kann, sie wollten vom Eisernen Vorhang so viel wie möglich wegreißen.

Also kamen Nagy und seine Freunde auf die Idee, ein Picknick genau auf der Grenze zu veranstalten. Die Teilnehmer sollten um ein Lagerfeuer sitzen, gegrillten Speckbraten essen, Österreicher und Ungarn sollten einfach mal den Traum von einem Europa ohne Grenzen träumen dürfen – die Veranstaltung sollte »Paneuropäisches Picknick« heißen. Das war Ende Juni. Und danach überstürzten sich die Ereignisse.

»Ungarn war wie ein Paradies für mich«, sagt Gundula Schafitel. Sie wuchs in Bad Sulza bei Weimar auf und hatte den Beruf Kinderkrankenschwester gelernt. Sie war groß, blond, hübsch. Seit ihrem 18. Lebensjahr fuhr sie im Sommer nach Ungarn in den Urlaub. Stets hatte sie davon geträumt, dort einen Mann kennenzulernen, den sie heiraten könnte, am besten einen Westdeutschen. »Die DDR, das war nicht meins«, sagt sie.

Aber dann kam ihre große Liebe doch aus dem Osten: An der Hochschule für Architektur in Weimar hat sie im Sommer 1979 den Studenten Kurt-Werner Schulz kennengelernt. Es war Liebe auf den ersten Blick, sie war 21, er 26 Jahre alt.

Schon zwei Monate später zogen die beiden zusammen. In seiner Freizeit fuhr der 1,85 Meter große »Kurti«, wie ihn Freunde nannten, mit Vorliebe Rallyes. Sein ganzes Geld steckte er in einen schwarzen Renntrabi mit Überrollbügel und Alufelgen. Seine Partnerin verdiente genug, um die Familie zu ernähren. 1983 kam Sohn Johannes zur Welt. Es ging ihnen gut.

Nach dem Studium stieg der Architekt Schulz schnell zum stellvertretenden Stadtbaudirektor von Weimar auf. Aber bald gefiel ihm der Beruf nicht mehr. 1987 kündigte Schulz seinen Job und übernahm die Tischlerei seines Schwiegervaters. Im gleichen Jahr erhielt er die Erlaubnis für einen Verwandtenbesuch im Westen. Im Jahr darauf bekam auch seine Lebensgefährtin Gundula die Genehmigung für eine solche Kurzreise.

Für das Paar wurde 1988 zum ganz persönlichen Wendejahr. Sie sahen, wie unbeschwert ihre Freunde im Westen lebten, während sie zurück mussten in den Mief des Honecker-Sozialismus. »Da war uns klar«, sagt Gundula Schafitel heute, »dass wir nicht mehr in den Grenzen dieses kleinen Staates denken und leben wollten.«

Es war wohl ihr Fehler, dass sie nicht an Gorbatschow und den Wandel glaubten. Sie sahen die Veränderungen in Moskau, ihnen war aber stets bewusst, dass bislang noch alle Reformbewegungen im Osten gewaltsam beendet worden waren: in Ost-Berlin 1953, in Ungarn 1956, in Prag 1968, in Polen 1981. »Wenn wieder die Panzer rollen, wollten wir uns nicht fragen müssen, warum wir unsere Chance nicht genutzt haben«, sagt Gundula Schafitel.

Am 17. August 1989 packen sie ihre Sachen. Wie fast jedes Jahr war wieder Urlaub am Plattensee geplant. Doch diesmal schreibt Gundula Schafitel einen Brief an ihre Schwester, der dieser erst Ende August in die Hände fallen sollte. »Wir kommen nicht mehr zurück«, steht darin. »Wir gehen rüber in den Westen.« Johannes nimmt sein Lieblingsspielzeug mit, ein knallrotes Matchbox-Auto aus dem Westen.

Im Morgengrauen des 19. August fahren sie los. Das war auch László Nagys großer Tag. Wegen seiner guten Deutsch- und Englischkenntnisse war er zum Pressechef des großen Paneuropäischen Picknicks ernannt worden. Sogar aus Neuseeland und Japan hatten sich TV-Teams angesagt.

Geplant war, dass um 15 Uhr nachmittags Politiker ein seit gut 40 Jahren nicht mehr benutztes Grenztor bei Sopron öffnen und alle Teilnehmer ungehindert die Grenze passieren können. Doch was ursprünglich als lokales Ereignis gedacht war, hatte längst Gäste von weit her angelockt. Zehntausende DDR-Bürger waren im Land, mehrere hundert kampierten auf dem Gelände der westdeutschen Botschaft in Budapest. Ungarn war der Genfer Flüchtlingskonvention beigetreten und konnte keine Asylsuchenden aus der DDR mehr ausweisen.

Irgendjemand hatte Flugblätter für das Picknick und eine Anfahrtsskizze an die DDR-Bürger verteilt. Ob es übereuphorische Aktivisten des Demokratischen Forums oder Spitzel der Abteilung III/III der ungarischen Stasi waren, »das wissen wir bis heute nicht«, sagt Nagy. »Ich bin aber ziemlich sicher, dass die Regierung uns als Versuchskaninchen benutzte, um zu sehen, wie weit sie gegenüber den anderen Warschauer-Pakt-Staaten würde gehen können.«

Auf jeden Fall versteckten sich vor dem Ereignis mehrere hundert DDR-Bürger in einem Maisfeld vor dem verrosteten Grenztor. Kurz vor 15 Uhr rannten sie los. Die Wachen leisteten keinen Widerstand. Schon gegen 16 Uhr meldeten Agenturen die größte Massenflucht durch den Eisernen Vorhang seit dem Bau der Mauer im Jahr 1961. Gut 750 Männer, Frauen und Kinder waren nach Österreich gerannt.

Als Kurt-Werner Schulz und Gundula Schafitel abends in Budapest ankommen, berichtet ein Freund über die Ereignisse von Sopron. Ohne Umschweife erklärt das Paar, dass es auch flüchten wolle. Der Freund rät zur Geduld, sagt: »Das geht nicht mehr lange gut.« Aber das junge Paar aus Weimar will nicht mehr warten.

Am nächsten Mittag, einem Sonntag, fahren die beiden Richtung Sopron, so dicht wie möglich an die Grenze. »Wir dachten«, sagt Gundula Schafitel, »dass es dort bald wieder einen großen Grenzdurchbruch geben werde.«

Das kleine Dorf Und liegt südlich von Sopron in unmittelbarer Nähe der Grenze zu Österreich. Am Abend des 20. August fällt Oberstleutnant Istvan Diczházi, einem Kommandeur der Grenzwache, kurz vor Sonnenuntergang ein ungewöhnlich aufgemotzter schwarzer Trabi auf, der durch das Dorf fährt. Und liegt im Bereich eines acht Kilometer breiten Streifens, in dem sich nur Anwohner oder Besitzer einer Sondergenehmigung aufhalten dürfen.

Diczházi hält den Wagen an. »Sie dürfen hier nicht rumfahren«, sagt er. Der Grenzer nimmt die Familie mit zu seiner Kaserne, wo die Personalien aufgenommen werden. Die DDR-Bürger, die so offensichtlich in den Westen fliehen wollten, erhalten etwas zu essen.

»Wir waren jetzt wie in Trance, gleichzeitig aufgewühlt vor Angst«, sagt Schafitel. War der Traum vom Westen schon zu Ende? Würde das ungarische Militär die DDR-Botschaft verständigen? Dann wäre ihnen nach der Heimkehr eine Gefängnisstrafe sicher. Nach dem Verhör sagte Oberstleutnant Diczházi: »Sie müssen jetzt wieder nach Hause fahren.« Die Nacht verbringen sie im Auto unweit der Kaserne.

Im Budapester ZK war es als Reaktion auf die Ereignisse von Sopron am Sonntagabend zu einem heftigen Streit zwischen den gemäßigten Sozialisten und den Falken gekommen. Die Konservativen forderten die sofortige Schließung der Grenzen. Der liberale Staatsminister Imre Pozsgay, der die Schirmherrschaft für das Paneuropa-Picknick übernommen hatte, stürmte am Montagmorgen in das Büro des konservativen KP-Generalsekretärs Károly Grósz und brüllte: »Das Einzige, was du noch für das Land tun kannst, ist, sofort abzutreten und zu verschwinden.«

Aber Regierungschef Németh hatte bereits mehrere Tage vergebens versucht, Gorbatschow anzurufen. Sicherheitshalber wurde die Region Sopron, das Stück Ungarn, das sich südwestlich des Neusiedler Sees ins Burgenland wölbt, am Sonntag, dem 20. August, wieder abgeriegelt. Alle 50 Meter stand nun erneut ein Wehrpflichtiger als Wachtposten an der Grenze, ausgerüstet mit Kalaschnikow und Signalpistole.

Als Schulz und seine Lebensgefährtin am frühen Morgen des 21. August 1989 aufwachen, regnet es. Dass die Grenze wieder dicht ist, wissen sie nicht. Auf der Karte, die ihnen ihr Freund in Budapest mitgegeben hatte, sehen sie, dass es bis zum Grenzdorf Répcevis nur noch acht Kilometer sind. Sie fahren los. Am Ortsrand der kleinen Gemeinde können sie die ersten Häuser in Österreich sehen.

Ein Bauer spricht sie an. »Hier nix gut stehen, Kommunisten«, radebrecht er, legt seine Hände wie gefesselt übereinander und winkt dann das Auto in die nahe Einfahrt eines windschiefen Gehöfts.

Bei der Familie verstecken sie sich, bis es dunkel ist. Johannes spielt mit den beiden kleinen Kindern, das Paar aus Weimar kann sich im Schlafzimmer der Eltern ausruhen. Bislang hatten sie ihrem Jungen verschwiegen, dass sie flüchten wollen. Sie befürchten, er könne sich verplappern, sollte die Flucht misslingen und sie erfolglos in die DDR heimkehren.

An diesem Nachmittag reden auch Kurt und Gundula kaum noch miteinander. Sie haben Angst, der andere könne sagen: Es ist zu gefährlich, lassen wir's doch, das Risiko ist zu groß.

Bei Einbruch der Nacht essen sie mit der Familie zu Abend. Schulz schenkt seinem Gastgeber den Schlüssel für den Trabi. Und Gundula Schafitel packt das Nötigste in eine blaue Plastiktasche: die Karten, Wechselwäsche, Pässe, etwas Geld und die Telefonnummer von Freunden im bayerischen Hohenpeißenberg. Johannes kann gar nicht verstehen, dass er sein Lieblingsspielzeug, das rote Matchbox-Auto, bei den Kindern zurücklassen muss.

Der Bauer nimmt die Familie mit hinaus und zeigt ihnen das Maisfeld. Daneben zieht sich ein Weg Richtung Westen. Es hat aufgehört zu regnen, die Sicht ist klar, am Himmel leuchtet der Vollmond. Hinter den Pappeln liegt Österreich.

»Johannes, wir machen jetzt eine Nachtwanderung. Dazu musst du ganz still sein, Kind«, sagt der Vater. Der Sohn gehorcht.

Was dann passiert, kann Gundula Schafitel erst 15 Jahre später schildern: »Wir gingen auf den Pappelwald zu. Da war der Stacheldrahtzaun. Kurt drückte den Zaun runter, dann knallte ein Schuss. Kurt rief: ‹Rennt.› Wir liefen ein paar Meter und warteten im Wald. Ich hörte, dass ein Kampf ausbrach. Dann noch ein Schuss. Mehrmals rief ich meinen Mann. Als er nicht antwortete, lief ich mit Johannes zurück. Dann sah ich, dass Kurt auf dem Boden lag und ein Soldat daneben stand.«

Sie beugt sich nieder, nimmt den Kopf ihres Mannes in den Arm und fühlt, dass alles nass ist. Was dann passierte, weiß sie nicht mehr.

Um 23 Uhr klingelt bei Major Tomás Varga zu Hause das Telefon. Er ist der Kommandant der Grenzwache für den Abschnitt Szira und hat seinen freien Tag genommen. Nun hört er, eine der neuen Grenzwachen habe einen Flüchtling gestellt, es gebe einen Verletzten. Varga nimmt einen Arzt mit zur Grenze.

Etwa 30 Minuten später trifft er am Tatort ein. Am Boden sieht er einen kräftigen jungen Mann, der aus dem Mund und aus einer großen Wunde am Hinterkopf blutet. Der Arzt kann nur noch den Tod feststellen. Einer von Vargas Soldaten kauert geschockt am Boden. Er heißt Zoltán, an seinen Nachnamen will oder kann der Major sich heute nicht mehr erinnern.

Zoltán, ein kleiner, schüchterner Kerl aus der Stadt Herves in Nordungarn, heult. Neben ihm steht eine große blonde Frau, die ebenfalls hemmungslos schluchzt. Ihre Rechte umklammert die Hand eines Kindes. Die beiden werden von einem weiteren Soldaten bewacht.

Es dauert ungefähr eine Stunde, bis ein Militärlastwagen kommt. Der kleine Johannes und seine Mutter müssen aufsteigen. Noch immer hält die Mutter seine Hand so fest, dass es ihm wehtut. Johannes weiß nicht, was los ist. Erst in der Kaserne bekommt er von einem Uniformierten eine Tasse Kakao. Das Kind fragt: »Wann kommt mein Papa?« Der Mann kann Deutsch, er sagt: »Dein Vater kommt nicht mehr, er ist tot.« Inzwischen ist der 22. August 1989 angebrochen, es ist kurz nach ein Uhr morgens.

Der Todesschütze äußert sich erst am nächsten Morgen in der Kreisstadt Köszeg (Güns), wo im Gebäude des Militärstaatsanwalts die Beweisaufnahme stattfindet. Auf dem Flur kann der Sopron-Korrespondent der regierungsnahen Zeitung *Magyar Hirlap* kurz mit ihm sprechen. Zoltán schildert den Tathergang so:

»Ich stand in der Nacht bei Répcevis auf Posten. Plötzlich hörte ich jemanden im Wald. Eine Menschengruppe bewegte sich auf die Grenze zu. Ich forderte sie auf, stehen zu bleiben, schoss eine Leuchtrakete nach oben, damit das Gebiet beleuchtet wird, gab einen Warnschuss ab und lief ihnen nach. Als ich die Gruppe erreicht hatte, waren eine Frau und ein Kind schon durch den Grenzzaun gestiegen.« »Der Mann schlug mich mit einer Tasche nieder. Ich hielt sein Bein fest. Er ging auch zu Boden, und wir rollten unter dem Grenzzaun hindurch auf österreichisches Gelände. Plötzlich versuchte er, mir die Kalaschnikow zu entreißen, die nicht mehr gesichert war. Ein Schuss löste sich, der ihn direkt in den Mund traf.«

Ist das die Wahrheit oder nur die Version des Tathergangs, auf die sich die Offiziere mit den beiden Wehrpflichtigen in der Nacht geeinigt hatten? Zu klären ist das nicht mehr. Schulz ist tot, und die Identität von Zoltán gibt das ungarische Militär nicht preis, aus »Datenschutzgründen«. Eine gemischte österreichisch-ungarische Grenzkommission, die in Köszeg wenig später den tödlichen Zwischenfall untersucht, kommt zu dem Schluss, dass Kurt-Werner Schulz zu Tode kam, als er schon etwa 15 Meter auf österreichischem Gebiet war. Am Ende des gemeinsam verfassten Dokuments heißt es: »Übereinstimmend stellen die beiden Delegationen fest, dass dieses äußerst bedauerliche Einzelereignis die gutnachbarlichen Beziehungen der beiden Länder und die bestehenden Kontakte zwischen den Grenzorganen nicht beeinflussen soll.«

Der Leiter der Militärstaatsanwaltschaft entschuldigt sich noch in der Tatnacht bei Gundula Schafitel für »den Unfall« und verspricht ihr, dass sie sofort die Grenze passieren könne. Da sagt die Frau erstmals Nein in diesen drei Tagen. »Nein, nicht nachts. Ich will gehen, wenn es hell ist.«

Am nächsten Tag um 18 Uhr fährt ein Militärlaster die Frau und ihren Sohn an die Grenze. Nur drei Kilometer nördlich von der Stelle, an der ihr Mann gestorben ist, wird ihr ein Tor geöffnet. »Gehen Sie immer geradeaus, dann kommen Sie nach Lutzmannsburg. Am Ende der Straße ist ein Gendarmerieposten, dort wartet man auf Sie«, sagt ein Soldat.

Gundula Schafitel läuft wie in Trance, immer geradeaus. Und dann sitzt sie in der österreichischen Amtsstube. Neben ihr andere ehemalige DDR-Bürger, die sich freuen, dass ihnen die Flucht gelungen ist. Am nächsten Tag ruft sie ihre Schwester in Weimar an und sagt: »Johannes und ich sind im Westen, aber Kurt ist erschossen worden.« Der Leichnam von Kurt-Werner Schulz wird eine Woche später in die DDR überführt, wo er in seiner Heimatgemeinde Falkenberg im Vogtland beerdigt wird.

Am 25. August reisen der ungarische Ministerpräsident Miklós Németh und Außenminister Gyula Horn nach Bonn und treffen Bundeskanzler Helmut Kohl auf Schloss Gymnich. In der Nacht zuvor hatte Németh mit Gorbatschow telefoniert, der ihn in seinem Reformkurs bestärkte. Mit Kohl werden nun die Möglichkeiten erörtert, wie die inzwischen fast 45 000 DDR-Flüchtlinge das Land verlassen können. Die Politiker einigen sich darauf, dass alle über Österreich ausreisen dürfen.

Außenminister Horn fliegt am 31. August nach Ost-Berlin und teilt seinem Amtskollegen Oskar Fischer diese Entscheidung mit. Die Stimmung ist so gereizt, dass es bei dem Treffen fast zu Handgreiflichkeiten kommt. Am 10. September verkündet Horn, dass alle DDR-Bürger, die sich auf dem Boden Ungarns befinden, nach Österreich ausreisen dürfen.

Gundula Schafitel lässt sich bei Freunden in Aachen nieder und findet bald einen Job als Krankenschwester. Als sie am 9. November 1989 den Fall der Mauer im Fernsehen verfolgt, wünscht sie, dass alles nicht wahr ist, »damit Kurts Tod nicht so sinnlos war«.

Johannes malt jahrelang immer wieder Bilder von einer Urlaubsfahrt. Darauf ist ein umgestürzter Trabi zu sehen. Darüber schreibt er in ungelenker Kinderschrift: »Papa«. Als Gundula Schafitel 1992 ihren heutigen Ehemann kennenlernt, bittet dieser sie, mit dem Jungen zum Kinderpsychologen zu gehen. Doch der Arzt erkennt keine Verhaltensauffälligkeit. Mutter und Sohn haben eine stille Übereinkunft getroffen, über die Nacht vom 21. August 1989 nie mehr zu reden.

KAPITEL 3

9. Oktober 1989: Die Macht der Straße

Mit der Leipziger Montagsdemonstration am 9. Oktober zerbricht die Herrschaft der alten SED-Garde. Die Revolution ist nicht mehr aufzuhalten – und sie bleibt friedlich.

Von Peter Wensierski

Erich Mielke, der Chef des Ministeriums für Staatssicherheit (MfS), weiß es schon seit Monaten: Die größte Gefahr für das SED-Regime geht nicht von Ost-Berlin aus, nicht von Moskau oder den Medien der »BRD«. Das Problem heißt Leipzig, die zweitgrößte Stadt der Republik, vernachlässigt, ausgezehrt, von Maurern wie Ärzten verlassen, von den Herrschenden dem Verfall preisgegeben.

In einem internen Report über das erste Halbjahr 1989 stellen Mielkes Spitzel fest, der Schwerpunkt der politischen Untergrundtätigkeit in der DDR liege in Leipzig. »Disziplinierungen« hätten nicht das gewünschte Ergebnis gezeigt, die Opposition habe sich »flächendeckend« ausgebreitet, die Konflikte vor der Nikolaikirche hätten »sich um ein Vielfaches potenziert«.

Und auch nach dem Sommer muss die Stasi zusehen, wie die Welle des Protests zunimmt. Nach dem Montagsgebet am 4. September versammeln sich rund tausend Demonstranten, zwei Wochen später ziehen 1800 los, und am 2. Oktober zählt die Staatsmacht gut 20 000, die über den Innenstadtring marschieren und »Demokratie, jetzt oder nie« rufen. »Zusammenrottungen« dieser Art, konstatiert die SED-Bezirksleitung frustriert, seien »nicht mehr zu verhindern«.

Die DDR-Führung befindet sich in diesen Tagen in einem Dilemma. Am 7. Oktober will sie den 40. Geburtstag ihres Landes feiern, hohe Staatsgäste sind eingeladen, da verbietet sich der Einsatz von Gewalt gegen die eigene Bevölkerung.

Aber danach? Wenn die Fanfaren verklungen, die Paraden abgenommen, die Bruderküsse ausgetauscht sind? Dann scheint alles möglich, fürchten die Oppositionellen, und ihre Sorge ist berechtigt.

Am Abend vor der nächsten Montagsdemonstration scheint das Regime zum Gegenschlag bereit. Manfred Hummitzsch, der Stasi-Chef von Leipzig, macht seinem Personal klar, dass der Staat die Herausforderung nun annehme. Er spricht von einer »besonderen Situation«, ein »neuer 17. Juni« stehe bevor – also, wie 1953, die blutige Niederschlagung eines Aufstands.

In der Nacht zum 9. Oktober aktualisiert die Stasi ihre Internierungslisten: 103 Leipziger stehen darauf, sie sollen »schlagartig und streng konspirativ« in der Wohnung oder am Arbeitsplatz abgeholt werden. Für Massenverhaftungen sind sogenannte Isolierungslager vorbereitet. An die Außenwachen der Volkspolizeizentrale am Dittrichring werden Maschinenpistolen und Munition ausgegeben, und MfS-Boss Mielke befiehlt, dass seine mit einer Dienstwaffe ausgestatteten Mitarbeiter diese auch stets bei sich tragen müssen.

Kurz zuvor ist im SED-Blatt *Leipziger Volkszeitung* ein Brief des Betriebskampfgruppenkommandeurs Günter Lutz erschienen. Er habe die Nase voll und werde, »wenn es sein muss, mit der Waffe in der Hand«, die »konterrevolutionären Aktionen endgültig und wirksam« unterbinden. Seine Drohung empört die Leipziger. In der Stasi-Zentrale gehen 160 Anrufe und 30 Morddrohungen ein.

Die Veröffentlichung des Briefes wird von vielen als ernst zu nehmende Ankündigung eines Schießbefehls verstanden.

In den Betrieben warnen SED-Genossen die Arbeiter davor, wegen der konterrevolutionären Umtriebe nach 15 Uhr in die Stadt zu gehen. Die Geschäfte werden aufgefordert, um 17 Uhr zu schließen. Bei den Kontakttelefonen der Opposition gehen anonyme Anrufe ein, in denen behauptet wird, man richte sich in Krankenhäusern auf Verletzte ein und habe große Mengen Blutkonserven beschafft.

Unstrittig ist, dass in den Hinterhöfen des MfS und der Volkspolizei gepanzerte Wagen mit Schusswaffen bereitstehen; dass am Hauptbahnhof sechs Lkw mit Räumgittern postiert werden, dazu zwei Wasserwerfer, mehrere Abschussgeräte für Tränengasgranaten und zwei Tanklöschfahrzeuge mit gefärbtem Wasser, die fliehende Demonstranten markieren sollen. Insgesamt warten in Leipzig 3125 Polizisten – zusätzlich acht Hundertschaften Kampfgruppen und 1500 NVA-Soldaten als Reserve – darauf, den Tagesbefehl des Chefs der Volkspolizei, Holm Fritzsche, zu erfüllen: »die dauerhafte Zerschlagung gegnerischer Gruppierungen und Festnahme deren Rädelsführer«.

Des Weiteren sind MfS-Mitarbeiter und 5000 »gesellschaftliche Kräfte« eingesetzt, zumeist SED-Mitglieder, von denen 2000 schon lange vor 17 Uhr die Plätze in der Nikolaikirche besetzen. Die Bereitschaftspolizisten erhalten von ihren Politoffizieren die Losung für den Abend: »Genossen, ab heute ist Klassenkampf. Heute entscheidet es sich – entweder die oder wir.« Aus Ost-Berlin meldet sich MfS-Vize Rudi Mittig; er verlangt dazwischenzugehen, sollte sich ein Demonstrationszug bilden.

Auch die Gegenseite bereitet sich auf den ersten Montag nach den 40-Jahr-Feierlichkeiten vor. Die 18-jährige Kathrin Walther hat die ganze Nacht lang Flugblätter produziert, im Oppositionszentrum bei Pfarrer Christoph Wonneberger in der Juliusstraße. Sie gehört zum inneren Zirkel der Leipziger Dissidentenszene. Kathrin Walther weiß, dass sie permanent überwacht wird, sie hat deshalb »immer ein kleines Päckchen mit Zahnbürste und allem anderen« bei sich, was man so braucht für einen Tag oder eine Nacht in der Zelle. Die Flugblätter, die sie auf mehr als 30 Matrizen getippt hat, rufen zur Gewaltlosigkeit auf, 30 000 Stück liegen bereit.

Ab dem frühen Morgen verteilen Aktivisten das Flugblatt mit der Mahnung »Wir sind ein Volk« auf den Straßen völlig offen an Passanten, inklusive Polizisten und Kampfgruppenangehörigen. Es ist kein Appell zur Wiedervereinigung. »Wir sind ein Volk« wendet sich an die Sicherheitskräfte, die begreifen sollen, dass in Leipzig und im ganzen Land alle in einem Boot sitzen, dass sie womöglich gegen ihre eigenen Kinder und Angehörigen im Einsatz sind: »Gewalt unter uns hinterlässt ewig blutende Wunden. Heute ist es an uns, eine weitere Eskalation der Gewalt zu verhindern. Davon hängt unsere Zukunft ab.« Doch sieht dies der herausgeforderte Staat genauso?

Wie ein totalitäres Regime auf Massenaufläufe reagieren kann, haben die Leipziger Bürgerrechtler wenige Wochen zuvor erlebt. Eine Demonstration in Peking, auf dem Platz des Himmlischen Friedens, endete mit einem Massaker. Hunderte, wenn nicht gar Tausende Menschen starben, als das Militär am 4. Juni die chinesische Demokratiebewegung brutal niederschlug. Und während fast alle Regierungen der Welt den Gewaltexzess verurteilten, sah die DDR-Führung in dem Einsatz nur etwas, »das die Ordnung wiederherstellt«.

Die Geschichte des 9. Oktober von Leipzig beginnt fünf Wochen zuvor. Anfang September sitzen junge Oppositionelle im Hinterhof eines verfallenen Hauses in der Leipziger Mariannenstraße: Katrin Hattenhauer, 20, Conny Fromme,

20, Uwe Schwabe, 27, und Frank Sellentin, 23, haben sich zwischen Sonnenblumen und Mülleimern um einen verwitterten Tisch gruppiert. Zwei Studenten und zwei, denen der Staat das Studium verweigert hat. Junge Menschen, unverheiratet, kinderlos, mit genügend Zeit, politisch zu agieren. Seit gut einem Jahr organisieren sie Aktionen und Demonstrationen, bei denen sie stets die erste Reihe bilden. Auch bei den Friedensgebeten in der Nikolaikirche waren sie dabei und haben – zum Ärger der Kirche – dafür gesorgt, dass es dort immer frecher und politischer zuging.

Doch nun, so haben sie sich vorgenommen, soll der Widerstand aus der Kirche hinausgetragen werden – auf die Straße. Und deshalb haben die vier Dissidenten zwei Amateurfilmer in die Mariannenstraße eingeladen, die ihre Botschaft im Westen verbreiten sollen.

Abwechselnd berichten sie über ihre Aktivitäten, über ihre Umweltdemo entlang des verschmutzten Flusses Pleiße, ihren Protest gegen die Pressezensur oder gegen das Verbot eines Straßenmusikfestivals. Sie sagen, dass sie keine Zukunft mehr für den von greisen Männern geführten Staat sähen und die Zeit reif sei zum Handeln: »40 Jahre Stalinismus sind genug«, zieht Uwe Schwabe Bilanz.

Die Filmaufnahmen sind riskant. Sie werden nicht von akkreditierten Westkorrespondenten gemacht – dafür hätten diese vom DDR-Außenministerium niemals eine Genehmigung erhalten –, sondern von zwei Ost-Berliner Oppositionellen. Siegbert Schefke und Aram Radomski sind mit einer Amateurkamera und zwei Luftmatratzen zum Übernachten im geliehenen Trabi angereist.

Nach einer halben Stunde Dreh im Hinterhof fragen sie noch einmal nach, ob wirklich alle Aussagen im Westfernsehen gesendet werden sollen. Schwabe antwortet knapp, er habe sich vorher genau überlegt, was er sagen wolle. »Beim Protest gegen die Zustände in der DDR« müsse man »endlich Klartext reden«.

Das sehen auch andere Leipziger Bürger so. Als Schefke und Radomski sich von dem Bürgerrechtler Ernst Demele durch die Nachbarschaft führen lassen, filmen sie die verfallenen Fassaden. In der Meißner Straße ist über Nacht die komplette Außenwand eines Gebäudes herabgestürzt. Die Wohnzimmer sind nun von der Straße aus einzusehen.

Arbeitskollegen von Uwe Schwabe, der in einem Altersheim tätig ist, stellen sich vor die Kamera, kritisieren offen den Zustand Leipzigs und die Politik der SED; keiner von ihnen scheut sich, sein Gesicht im Westfernsehen zu zeigen: der Heizer Frank nicht, der Koch Rainer nicht und die Pflegerin Kerstin nicht, die lässig an einem Trabi lehnt und sich fassungslos über den Plan der SED äußert, Leipzig solle sich für die Olympischen Sommerspiele 1996 bewerben: »Hier bricht doch alles zusammen, aber das zeigen sie nicht.«

Die Kassetten mit den Filmaufnahmen bringt der damalige SPIEGEL-Korrespondent Ulrich Schwarz nach West-Berlin zur Redaktion des ARD-Magazins »Kontraste«. Den Beitrag »Frust und Verfall in Leipzig« werden Millionen Zuschauer im Westen und vor allem in der DDR sehen.

Noch am Abend nach den heimlichen Fernsehaufnahmen bereiten die Aufsässigen aus der »Marianne« den nächsten Protest vor. Längst haben sie die Furcht vor dem Sicherheitsapparat der DDR abgelegt. Sie haben den ganzen Einschüchterungskatalog des Unrechtsstaates kennengelernt: Beschattungen, Hausdurchsuchungen, Vorladungen, Ordnungsstrafen und immer wieder »Zuführungen« der Stasi mit langen Verhören. In den Texten von Václav Havel, dem tschechischen Dissidenten und späteren Präsidenten, lasen sie, dass die Angst im Kopf der Menschen das wichtigste Instrument einer Diktatur sei. Und diese Angst klingt mit jeder gelungenen Aktion mehr ab.

Gesine Oltmanns, eine zarte, fast zerbrechlich wirkende junge Frau, die in einem Musikverlag arbeitet und in der WG wohnt, hat Bettlaken zurechtgeschnitten. Gemeinsam mit Hattenhauer und Schwabe bemalt sie die weißen Tücher mit roten und schwarzen Lettern. Am nächsten Tag, dem 4. September, wird in der Nikolaikirche das erste Montagsgebet nach der Sommerpause stattfinden. Wegen der Leipziger Messe sind eine Menge Westjournalisten in der Stadt. Schwabe und seine Mitstreiterinnen rechnen mit vielen Teilnehmern und wollen ihre Losungen nach dem Gebet vor der Kirche öffentlich zeigen – und die Versammelten zu einem Demonstrationszug bewegen.

Es sollen daher Forderungen sein, mit denen sich jeder Passant leicht identifizieren kann. »Reisefreiheit statt Massenflucht«, »Vereinigungsfreiheit« und »Versammlungsfreiheit«. Keine halben Sachen, aber auch nichts Kompliziertes. Weil die Mariannenstraße 46 wie immer von Stasi-Leuten bewacht wird, tarnen sie die Transparente, indem sie diese wie Tücher um ihre Hüften wickeln. Sie ziehen los, die Spitzel des MfS folgen ihnen.

Nach dem Friedensgebet, draußen auf dem Platz vor der Nikolaikirche, entrollen Hattenhauer und Oltmanns ein erstes Laken vor den versammelten Kameras. Es ist nur kurz zu sehen, doch es hat sich gelohnt.

Am selben Abend zeigt die »Tagesschau«, wie ein wütender Stasi-Offizier den jungen Frauen an der Spitze der Demonstranten ein Transparent entreißt, auf dem der Wunsch nach einem »offenen Land« und »freien Menschen« geäußert wird. Im nächsten Moment wird ein weiteres Laken gespannt, und als Sicherheitskräfte eingreifen, sofort noch eines. Dann haken sich die Protestler unter, und ihre erste Reihe marschiert schweigend vorwärts, bis sie direkt einer Polizeikette gegenübersteht.

Ein paar Demonstranten gelingt es, unbehelligt Richtung Hauptbahnhof zu kommen, die anderen werden eingekesselt. Doch ein Startsignal ist an diesem 4. September gesetzt: Der politische Kampfraum in Leipzig ist nicht mehr die Kirche allein, sondern der Platz davor.

Viele Fäden der Leipziger Revolution laufen in Orten wie der Mariannenstraße 46 zusammen, wo seit 1988 eine Wiege des Widerstands steht. So sieht es jedenfalls der örtliche Stasi-Chef Hummitzsch, der dem Haus in internen Berichten attestiert, es sei ein »zentraler Ausgangspunkt öffentlichkeitswirksamer Aktionen«.

Von hier aus gibt es viele Querverbindungen zu anderen Rebellenkreisen in der Stadt. Wenn gerade mal nicht im Hinterhof der »Marianne«, wie Ex-Bewohnerin Kathrin Walther sich heute erinnert, »gelacht, gefeiert, geliebt und gestritten wird«, gibt es noch andere Treffpunkte, etwa Fred Kowaschs illegale Bar in der Henricistraße 5c oder das Hinterhaus des Zahnmedizinstudenten Michael Arnold in der Zweinaundorfer Str. 20a.

In Kowaschs Kneipe sind die Wände von oben bis unten mit dem Strafgesetzbuch der DDR tapeziert, als Zielscheibe für Wurfpfeile dient das Bild eines Volkspolizisten. Im größten Raum ist die Berliner Mauer an die Wand gemalt, mit Wachtürmen und Scheinwerfern, zum Tanzraum führt ein Mauerdurchbruch.

In den Hinterhöfen und -häusern der verfallenen Altbauten trifft sich eine andere Generation als jene, die von der Erinnerung an den 17. Juni 1953 und vom Aufmarsch sowjetischer Panzer traumatisiert ist. Die Widerständler, zumeist zwischen

18 und 25 Jahre alt, stehen dem Regime aus unterschiedlichen Motiven kritisch gegenüber. Es gibt die »Initiativgruppe Leben« (IGL), die Macher mit dem Hang zu öffentlichkeitswirksamen Aktionen; den »Arbeitskreis Gerechtigkeit«, die eher als Strategen und Netzwerker unterwegs sind; es gibt Umweltgruppen, die Hausbesetzer- und die Tramper-Szene und den »Mockauer Keller«, den wichtigsten Treff der Punks im Süden der DDR.

Kathrin Walther gehörte zu den Ersten, die in das heruntergekommene Haus in der Mariannenstraße eingezogen waren. Die Toiletten liegen zwischen den Etagen auf halber Treppe, auf dem Dach wachsen Birken neben umgeknickten Antennen.

Es ist ein offenes Haus, es herrscht ein ständiges Kommen und Gehen von Besuchern aus der ganzen DDR, mit Oppositionellen diverser Richtungen. Während der Aktionen zum Evangelischen Kirchentag im Juni 1989 dient die »Marianne« als Massenunterkunft für etliche der über tausend Teilnehmer von Basisgruppen, die vom offiziellen Programm ausgeschlossen wurden – wie es die SED von der Kirche verlangt hatte. So organisieren die Geächteten einen eigenen »Statt-Kirchentag« in der nahe gelegenen Lukaskirche am Ernst-Thälmann-Platz.

Kathrin Walther gehört als Aktivistin im »Arbeitskreis Gerechtigkeit« zum engeren Zirkel um den evangelischen Pfarrer Christoph Wonneberger. Der 45-Jährige ist Mentor, Motor und Mitstreiter der aufbegehrenden Jugendlichen. Er ist ein Freund klarer Worte und strategisch durchdachter Aktionen. Für die Leipziger Stasi ist Wonneberger eine wichtige Figur des »politischen Untergrundes«. Der Pfarrer steht deswegen ständig unter dem disziplinierenden Druck der Kirchenleitung, die seinetwegen fast wöchentlich vor die örtliche SED-Spitze zitiert wird.

1985 war Wonneberger von Dresden nach Leipzig versetzt worden – und schafft nun für alle des Staates Überdrüssigen in der Nikolaikirche einen zentralen Anlaufpunkt, der mit der Zeit auch die Ausreisewilligen anzieht. Sie füllen die verwaisten Kirchenbänke, treffen hier auf Verständnis und Zuspruch, werden weder diffamiert noch ausgeschlossen.

Es ist nicht die Führung der evangelischen Kirche, die den Oppositionellen ihre Räume öffnet, es sind einzelne Pfarrer, die der Opposition nahestehen. Was Wonneberger und sein Kollege Rolf-Michael Turek von der Markuskirche da treiben, betrachten andere Pfarrer mit Missfallen.

Die beiden stellen sogar ihre Telefone zur Verfügung, die für die Revolutionäre zum wichtigsten Draht in die freie Welt werden. Auf diese Weise gelangen die Informationen zu anderen Oppositionsgruppen und zu Westjournalisten. »Das war unsere Lebensversicherung«, erinnert sich Gesine Oltmanns: »Gerade weil die Telefonate abgehört wurden und die Stasi somit wusste, dass wir mit der Welt in Verbindung standen und die Welt genau verfolgte, was mit uns geschah.«

Ein halbes Dutzend Aktivisten der »Marianne« wechseln sich beim Telefondienst ab – Schwabe, Oltmanns, Sellentin und dessen Freundin Anke Hansmann riskieren für die Übermittlung von »Nachrichten zum Nachteil der Interessen der DDR« eine mehrjährige Freiheitsstrafe. Sie nehmen Anrufe von dpa, SPIEGEL, *taz*, dem ARD-Fernsehen, dem Bundesvorstand der Grünen und von Joachim Gauck entgegen, damals Pfarrer in Rostock. Gauck erkundigt sich nach den Teilnehmerzahlen und Verhaftungen in Leipzig und berichtet von Solidaritätsveranstaltungen in seiner Kirche.

Für den 11. September hat sich der Staat viel vorgenommen. Eine Niederlage wie die Woche zuvor soll sich nicht wiederholen.

Diesmal gibt es keine Messebesucher, keine Westkameras. Nach dem Montagsgebet um 18 Uhr werden gut tausend Teilnehmer vor der Kirche eingekesselt. Die Stasi filmt in die Menge hinein, ein Lautsprecher dröhnt: »Bürger, verlassen Sie den Platz!« Es folgen Pfui-Rufe und Pfiffe, dann setzt eine wahllose Jagd ein. Augenzeugen sehen, wie sich Polizisten mit Schild und Knüppel auf unbeteiligte Hausfrauen oder Rentner stürzen. Einige Stasi-Kräfte halten Fotos in den Händen, um gezielt Personen zu identifizieren. Als Katrin Hattenhauer sich weigert, den Platz zu verlassen, wird sie an ihren langen Haaren von hinten zu Boden gerissen und für Wochen inhaftiert.

Das Vorgehen der Sicherheitsbehörden spricht sich in der Stadt schnell herum. Viele Leipziger haben mit eigenen Augen gesehen, von wem Gewalt ausgeht – also nicht von den angeblichen Rowdys, über die SED-Genossen seit Wochen in Zeitungen und Betrieben berichten, sondern von Polizei und Stasi. Eine Welle von Solidaritätsbekundungen, Protestveranstaltungen, Fürbitten für die Inhaftierten schwappt übers Land. Die Drähte der Kontakttelefone glühen, am Zaun der

Nikolaikirche mahnt ein Plakat: »Wir wollen keinen Dialog mit denen, die unsere Freunde verprügeln und einsperren«.

Der Dissident Michael Arnold bringt in dieser Situation gute Nachrichten. Er berichtet aus Berlin von der Gründung der Gruppe Neues Forum. So etwas will Arnold nun auch in Leipzig etablieren. Im Anmeldungsschreiben des »Neuen Forums Leipzig« an den lokalen SED-Chef lehnt die neue Bürgerbewegung den Alleinvertretungsanspruch der Einheitspartei ab. Aus jungen Protestlern werden Politiker. Ein Treffen von über 80 Vertretern neuer Bürgerrechtsgruppen aus der gesamten DDR findet in Tureks Markuskirche statt.

In den folgenden Wochen geht es Schlag auf Schlag. Zum Montagsgebet am 18. September kommen 1800 Bürger, mehr als je zuvor. Es sind – nach Öffnung der Grenze in Ungarn – weniger Ausreiseantragsteller und mehr interessierte Bürger aus der Leipziger Peripherie. Die zuletzt harte Gangart der Staatsmacht hat sie mobilisiert. Und diesmal kapituliert die Polizei vor der schieren Masse. Am Ende singen die Menschen die »Internationale« und »We shall overcome«, die Hymne der amerikanischen Bürgerrechtsbewegung. Dann rufen sie: »Wir bleiben hier.«

Diese Form des Protests überfordert die Herrschenden. Zwar schickt Erich Honecker am 22. September ein Fernschreiben an alle SED-Bezirkssekretäre, in dem er sie anweist, »feindliche Aktionen« im Keim zu ersticken und die Rädelsführer zu isolieren. Doch welchen Keim soll man bekämpfen, wenn Gewaltlosigkeit gepredigt wird?

Am folgenden Montag ist die Nikolaikirche schon weit vor Beginn des Gebets übervoll. Und Pfarrer Wonneberger setzt zu seiner vielleicht wichtigsten Rede an: »Wenn der Staat selbst Gewalt androht oder anwendet, hat er nicht mit einem Strafverfahren zu rechnen, aber mit den Folgen. Wer Gewalt übt, mit Gewalt droht und sie anwendet, wird selbst Opfer der Gewalt.« Dann macht der Geistliche eine kurze Pause.

»Staatliche Gewalt muss effektiv kontrolliert werden, gerichtlich, parlamentarisch und durch uneingeschränkte öffentliche Meinungsbildung. Die Verfassung eines Landes sollte so sein, dass sie die Verfassung des Bürgers nicht ruiniert. Wer einen Gummiknüppel schwingt, sollte besser einen Schutzhelm tragen. Wer andere blendet, wird selbst blind. Wer andere willkürlich der Freiheit beraubt, hat bald selbst keine Fluchtwege mehr. Wer das Schwert nimmt, wird durchs Schwert umkommen.« Lang anhaltender Beifall. Wenn sie gewaltfrei demonstrierten, gibt Wonneberger seinen Zuhörern auf den Weg, dann seien »Stasi-Apparat, Hundertschaften, Hundestaffeln nur Papiertiger«.

Als die Menschen aus der Kirche auf den Vorplatz geströmt sind, fordern sie in Sprechchören »Freiheit, Gleichheit, Brüderlichkeit«, sie reklamieren »Freiheit für die Inhaftierten« und: »Neu-es Fo-rum zu-la-ssen«. Die Sperrketten der Sicherheitskräfte sind den etwa 8000 Protestlern nicht gewachsen. Anfangs marschieren diese eher zögerlich zum Karl-Marx-Platz, von dort über den Ring zum Hauptbahnhof und weiter zum Kaufhaus »Konsument«.

Ost-Berlin würde gern den Demonstranten mit Härte entgegentreten, kann es aber nicht – wegen des Jubelfestes zum 40. Geburtstag der Republik. Honecker betrachtet Leipzig inzwischen als »Zentrum der Konterrevolution«, sein amtierender örtlicher SED-Chef Helmut Hackenberg räumt ein, dass »ohne den massiven Einsatz polizeilicher Hilfsmittel eine Auflösung derartiger Personenansammlungen von Anfang an und in der Bewegung nicht mehr möglich« sei. Ein Stasi-Abteilungsleiter notiert sich auf einer Dienstversammlung am 30. September die Anweisungen seines Chefs in sein Arbeitsbuch: »Jubiläum behindert uns in den Entscheidungen. Wir können nicht handeln, wie wir wollen, es können nicht alle verfügbaren Mittel eingesetzt werden.«

Vergleichsweise routiniert läuft der Festakt am 7. Oktober ab, trotz Prügeleien am Vorabend. Der sowjetische Führer Michail Gorbatschow landet in Berlin-Schönefeld und sagt dort zu Journalisten: »Gefahren warten nur auf jene, die nicht auf das Leben reagieren.« In der Übersetzung wird daraus der Spruch des Jahres: »Wer zu spät kommt, den bestraft das Leben.«

Doch in vielen Städten lässt die SED hart durchgreifen. In Leipzig etwa versammeln sich 4000 Demonstranten, von denen 210 verhaftet werden und die Nacht in Pferdeställen – meist stehend an der Wand – verbringen müssen. Am nächsten Tag kommen sie frei, und ihre Erzählungen schüren die Wut in der Bevölkerung.

Niemand kennt die genaue Zahl. Vielleicht sind es 70 000 Menschen, die sich am 9. Oktober in der Leipziger Innenstadt versammeln, vielleicht 90 000, womöglich noch mehr. Für die Hardliner in Ost-Berlin, für Honecker und Mielke, sind es jedenfalls zu viele. Als sich die Menschenmassen, wie in den Wochen zuvor, in Richtung Karl-Marx-Platz bewegen, bleiben die bereitstehenden Sicherheitskräfte auf Distanz. Wer soll ihnen auch Weisung geben?

Erich Honecker ist unerreichbar. Egon Krenz, ZK-Sekretär für Sicherheit, reagiert nicht auf den Anruf der Leipziger Einsatzleitung. Auch von Innenminister Friedrich Dickel, der in seinem Berliner Büro Livebilder aus Leipzig sehen kann, kommt keine klare Order. Leipzigs SED-Statthalter Hackenberg muss allein entscheiden. Um 17.53 Uhr ruft er beim örtlichen Stasi-Chef an und legt fest: »Solange es geht, nichts machen.«

Die Reihen auf dem Innenstadtring sind schnell bis zu hundert Menschen breit, junge Leute, Ältere, sogar Familien mit Kindern. Abwechselnd skandieren sie: »Wir sind keine Rowdys«, »Wir sind das Volk«, »Schließt euch an«. Um 18.35 Uhr kapituliert die Einsatzleitung. Hackenberg gibt den Befehl, sich zurückzuziehen und »Eigensicherung« zu betreiben.

Vom Turm der Reformierten Kirche aus sehen die beiden Filmer Schefke und Radomski die Masse unten auf sich zukommen. Sie haben es bis in die Leipziger Innenstadt geschafft – ihre Bilder werden am nächsten Tag um die Welt gehen.

Als Krenz um 19.15 Uhr doch noch in Leipzig anruft, hat der Zug den innerstädtischen Ring schon fast umrundet. Honeckers Stellvertreter im Staatsrat billigt im Nachhinein Hackenbergs Entscheidung. Heute behauptet Krenz, die Befehlslage sei eindeutig gewesen. Die Losung habe gelautet: »Die Sicherheitsorgane greifen nicht an, es sei denn, sie werden angegriffen.«

Um 20.30 Uhr löst sich der Zug selbstständig auf. »Nu sind se rum«, seufzt SED-Mann Hackenberg.

Zwei Stunden später erfährt die Weltöffentlichkeit vom vielleicht entscheidenden Tag für die DDR auf dem Weg zu ihrer Abschaffung. In den »Tagesthemen« der ARD beschreibt Pfarrer Wonneberger per Telefon die friedliche Revolution dieses Abends. Sein Augenzeugenbericht kündet von der Niederlage eines Herrschaftsapparats, der 40 Jahre lang unüberwindbar schien.

Bis zwei Uhr nachts rufen die Westmedien bei Wonneberger an, um zu erfahren, was genau los war. Dann holt der Pfarrer eine Flasche Whisky hervor und stößt mit seinen Freunden aus den Hinterhöfen der Stadt an.

Die Nachrichten und Bilder aus Leipzig wirken auf die SED-Spitze in Ost-Berlin wie ein Schock. Bei der Suche nach Schuldigen gerät der für Agitation und Propaganda verantwortliche Joachim Herrmann ins Visier; auch Wirtschaftssekretär Günter Mittag gilt als Versager. Vor allem aber hadern die Genossen mit Honecker, ihrem gesundheitlich angeschlagenen Generalsekretär. Aber wie kippt man ein lebendes Denkmal?

Egon Krenz, der sich als Nachfolger Honeckers präsentieren möchte, versucht es mit Fernsehbildern. Am 16. Oktober sitzen fünf hochrangige Genossen zum »Operativen Fernsehen« im Lagezentrum des Innenministeriums zusammen. Auf den Monitoren sind Livebilder der Leipziger Montagsdemonstration zu sehen, die Stasi hat überall in der Innenstadt Überwachungskameras installiert. Jetzt sind es schon 120 000 Menschen, die über den Ring ziehen. Sie rufen: »Neues Forum, Neues Forum« und »Gorbi, Gorbi«. Die Bilder wühlen Honecker erkennbar auf. »Jetzt muss man doch etwas tun!«, kräht er. Der NVA-Chef erklärt ihm ruhig, da könne man nichts mehr tun.

Am Morgen des 17. Oktober erscheint Honecker als Letzter im Politbüro. In dem Moment, als er zu reden beginnen will, meldet sich Willi Stoph, der Vorsitzende des Ministerrats. Er erklärt, die Partei wolle den Genossen Honecker von seinen Funktionen entbinden.

Atemlose Stille. Honecker scheint überrascht. Dann redet einer nach dem anderen, aber keiner macht sich für ihn stark. Der 21. Redner ist Egon Krenz. Er erklärt sich bereit, die Führung in Staat und Partei zu übernehmen. Honeckers Miene ist versteinert. Schließlich muss er seiner eigenen Ablösung zustimmen.

Am nächsten Tag geht die Honecker-Ära auf einer hastig einberufenen ZK-Sitzung zu Ende; sie dauert knapp zwei Stunden. Unter dem Applaus von 206 Genossen, mit Tränen in den Augen, verlässt Honecker den Saal.

»Ich kenne die DDR nicht«

Ulrich Schwarz war sieben Jahre lang Korrespondent des SPIEGEL in Ost-Berlin. Zu den SED-Größen hatte er keinen Kontakt, weshalb er stets betonte, nur einen kleinen Ausschnitt des Landes betrachten zu können. Ein Gespräch über mutige Oppositionelle, geheime Informanten und die Überwachung durch die Stasi.

Das Gespräch führten
Alfred Weinzierl und Klaus Wiegrefe

Insgesamt 31 Jahre war Ulrich Schwarz als Redakteur für den SPIEGEL tätig. Und als er 2003 in den Ruhestand ging, zog es ihn von Hamburg aus nicht zurück in seine westfälische Heimat, sondern nach Berlin – sogar nach Mitte, dem ehemaligen Zentrum Ost-Berlins. Von 1976 bis 1978 und von 1985 bis Anfang 1990 war er als Korrespondent in der »Hauptstadt der DDR« akkreditiert. In der Zeit dazwischen hatte die Staatsmacht den SPIEGEL mit einem Bannstrahl versehen. Wohl nicht zufällig erhielt das Magazin seine Akkreditierung in jener Zeit zurück, als in Moskau der neue Kreml-Chef Michail Gorbatschow für eine Politik der Öffnung warb. Wenn Schwarz heute über den Tag des Mauerfalls erzählt, über seine Begegnungen mit Menschen, die viel riskierten, aber auch mit jenen, die ihm das Korrespondentenleben schwer machten, dann kommen in ihm zuweilen Gefühle hoch, die er nach mehr als 25 Jahren längst verschüttet glaubte.

SPIEGEL: Herr Schwarz, die Frage ist unvermeidlich: Wo waren Sie am Abend des 9. November 1989?

Schwarz: Das war ja ein Donnerstag, ich saß in Ost-Berlin am Schreibtisch. Die SPIEGEL-Zentrale in Hamburg plante eine Titelgeschichte über das Geschehen in der DDR, und ich überlegte, was ich diese Woche dazu beitragen kann.

SPIEGEL: Hatten Sie Günter Schabowskis Pressekonferenz im Fernsehen gesehen?

Schwarz: Ich war sogar dort, aber ich realisierte nicht, was Schabowski gesagt hat. Wie die meisten Kollegen habe ich gedacht: Geordnet wie die DDR-Bürger sind, werden sie morgen mit irgendwelchen bürokratischen Sachen anfangen, die Grenze zu öffnen. Von der Pressekonferenz bin ich dann ins Büro gefahren, das war so um sieben oder um acht, und habe angefangen zu schreiben. Auf einmal hörte ich draußen Raketen knallen. Das gab es eigentlich nur, wenn die westdeutsche Fußball-Nationalmannschaft ein Spiel gewonnen hatte. Und dann riefen schon Freunde an: »Was machst Du am Schreibtisch? Die Mauer ist offen.« Ich bin dann zur Heinrich-Heine-Straße gefahren. Das war der Grenzübergang, den ich immer benutzte, und da flanierten die Leute schon. Ich habe korrekt meinen Pass vorgezeigt …

SPIEGEL: … da waren sie wohl einer von wenigen …

Schwarz: … ja, das machte in dem Moment außer mir niemand. Ich bin auf der West-Berliner Seite herumgelaufen und habe mit Ost-Berlinern geredet. Dann bin ich wieder zurück. Und da guckte mich der Grenzbeamte an, so ein Kleiner mit wasserblauen Augen aus Mecklenburg, den ich seit Jahren kannte, mit dem ich aber nie ein Wort gewechselt hatte: »Na, zufrieden, Herr Schwarz?« Ich bin dann zu anderen Grenzübergängen gefahren, morgens um vier war ich wieder zu Hause – und habe meinen Text neu geschrieben.

SPIEGEL: Sie sind noch 25 Jahre später erkennbar ergriffen, wenn Sie das erzählen. Empfanden Sie die Situation damals auch als überwältigend?

Schwarz: Nein, während der Arbeit ging es mir nur darum, möglichst viel aufzusaugen. Das war alles noch nicht richtig fassbar.

SPIEGEL: Wie war die Reaktion in der SPIEGEL-Zentrale in Hamburg?

Schwarz: Sie erinnern sich, wer damals Chefredakteur war? Erich Böhme. Von dem stammen die berühmten Worte »Ich möchte nicht wiedervereinigt werden«. Insofern hielt sich die Begeisterung in der Zentrale in engen Grenzen. Es gab dort Kollegen, die noch Monate oder sogar Jahre später nicht in Ostdeutschland gewesen waren.

SPIEGEL: SPIEGEL-Herausgeber Rudolf Augstein war indes ein Befürworter der Einheit.

Schwarz: Ja, er hat sich später so geäußert.* Aber ich weiß nicht, wie seine Haltung in den Tagen nach dem 9. November war.

SPIEGEL: Hatten Sie den Eindruck, die Situation in Berlin könne noch kippen und in einem Blutbad enden?

Schwarz: Nein, es war in der Nacht vom 9. November nicht bedrohlich. Kein Vergleich zum Abend des 9. Oktober in Leipzig: Dort hatte ich damit gerechnet, dass die Staatsorgane schießen. Als das nicht geschah, war mir klar, das geht nicht mehr so weiter mit dem Regime. Sie können jetzt nicht noch den großen Knüppel rausholen. Dann hätten sie einen Bürgerkrieg.

SPIEGEL: Warum blieb es in Leipzig gewaltlos?

Schwarz: Ich bin damals nach der Demonstration in den Straßen herumgelaufen. Da waren Betriebskampfgruppen-Kom-

* Die Kommentare von Erich Böhme und Rudolf Augstein aus dem Jahr 1989 sind im Anhang ab Seite 347 abgedruckt.

mandeure, die bildeten Trauben mit Passanten. Und einer sagte: »Was hätten wir denn machen sollen? Wir konnten doch nicht schießen. Es sind doch unsere Kinder.«

SPIEGEL: Haben Sie den Mauerfall kommen sehen?

Schwarz: Nein, den hat kein Mensch in meinem Umfeld oder unter den Korrespondenten kommen sehen. Man sah allerdings eine Art revolutionäre Situation. In Leipzig waren aus dem Nichts heraus 70 000 Leute auf die Straße gegangen – unorganisiert. Damit war absehbar, dass etwas passieren muss. Ich hatte mit meiner Familie damals eine USA-Reise im November 1989 geplant, die haben wir dann abgeblasen.

SPIEGEL: Sie waren insgesamt sieben Jahre für den SPIEGEL in der DDR. Welche Mitglieder des Politbüros haben Sie persönlich gesprochen?

Schwarz: Keinen. Am nächsten war ich noch bei Honecker dran, und die Umstände sind bezeichnend. Die SED-Spitze machte jedes Jahr einen Diplomaten-Empfang, zu dem Journalisten zugelassen waren. Man stand hinter einem Seil, vielleicht so zwei, drei Meter von Honecker entfernt. Man konnte sein Gesicht studieren. Mehr war nicht.

SPIEGEL: Wie erklären Sie sich das?

Schwarz: Die haben Korrespondenten, gerade die Westdeutschen als feindliches Ausland angesehen. Wir waren Klassenfeinde, und so wurden wir auch behandelt. Die DDR hat alles versucht, damit wir keine Informationen bekommen. Der beste Korrespondent war für sie derjenige, der gar nichts schrieb über die DDR.

SPIEGEL: Wie viele westdeutsche Korrespondenten gab es in Ost-Berlin?

Schwarz: So ungefähr 20. Und dann noch Reisekorrespondenten, die bei Bedarf mit Sondervisum einreisen konnten.

SPIEGEL: Und Sie hatten alle die gleichen Arbeitsbedingungen?

Schwarz: Ja. Die waren für alle gleich schlecht. Sie mussten sich alles genehmigen lassen. Ich durfte ja als Korrespondent Ost-Berlin nicht verlassen, ohne mich beim DDR-Außenminister abzumelden. Wenn ich nach Rostock oder Dresden wollte, musste ich das 24 Stunden vorher mitteilen. Und dann guckten die, wen ich da wohl besuchen würde und waren präpariert.

SPIEGEL: Präpariert inwiefern?

Schwarz: Dann war die Stasi vor Ort schon präsent. Die haben einen auf Schritt und Tritt verfolgt, flächendeckend überwacht. Und anschließend wurden die Leute, mit denen ich gesprochen hatte, zur Rede gestellt.

SPIEGEL: Wo hatten Sie Ihr Büro?

Schwarz: In einem 18-geschössigen Wohnhaus in der Leninallee, der heutigen Landsberger Allee. Also ziemlich weit draußen, halbwegs Marzahn, aber das war pure Rache. Als der SPIEGEL 1985 sein Büro in Ost-Berlin wieder eröffnete, sollten wir ins Pressezentrum in der Mohrenstraße ziehen. Ich habe damals die Verhandlungen geführt und dem Außenministerium gesagt, das hat keinen Sinn, dort besucht mich nie ein DDR-Bürger. Ich hatte das zuvor getestet.

SPIEGEL: Wie testet man das?

Schwarz: Ich habe so getan, als wäre ich ein DDR-Bürger und bin in das Pressezentrum spaziert. Nach zwei Metern hatte ich rechts und links einen Aufpasser: »Wo wollen Sie hin?« Ich habe daraufhin dem DDR-Außenministerium gedroht, wir verzichten lieber auf eine erneute Zulassung als dass wir uns in der Mohrenstraße einquartieren. Darauf haben sie sich eingelassen, die Rache war eben die Leninallee. Immerhin habe ich durchgesetzt, dass unten im Eingangsbereich ein Schild angebracht wurde: »SPIEGEL-Büro der DDR. 16. Etage«.

SPIEGEL: Sie waren sich bewusst, dass sie auch dort abgehört wurden?
Schwarz: Ich hatte nichts anderes erwartet. Damals kamen die Faxgeräte auf. Das habe ich statt eines Fernschreibers beantragt. Und dann haben sie drei Wochen gebraucht, bis klar war, wie sie es anzapfen konnten. Erst danach haben sie es genehmigt.
SPIEGEL: Aus den Stasi-Akten haben sie später erfahren, dass ein halbes Dutzend Agenten allein auf ihre kombinierten Büro- und Wohnräume angesetzt war. Die Räume waren verwanzt, alle Telefonate mitgeschnitten.
Schwarz: Mir war klar, dass die Stasi immer dabei ist. Aber entweder, Sie vergessen das oder Sie müssen wieder nach Hause.
SPIEGEL: Hatten Sie unmittelbaren Kontakt zur Stasi?
Schwarz: Einmal hat man mich bedroht. Das war sehr geschickt gemacht. Die haben zweimal angerufen. Beim ersten Mal um zwei Uhr nachts. Als ich den Hörer abnahm, war die Leitung tot. Zehn Minuten später – sie wussten, jetzt ist er wach – riefen sie wieder an. Und dann hörte ich nur eine Stimme, ich war ja völlig unvorbereitet (imitiert eine tiefe Stimme): »Leb wohl, leb wohl, leb wohl« – sonst nichts. Ich habe mich ins Auto gesetzt und bin sofort nach West-Berlin ins Hotel gefahren. Da war ich wirklich fix und fertig. Am nächsten Tag habe ich mich dann ein bisschen berappelt und bin ins Außenministerium. Ich habe denen nur gesagt: Wenn so was noch mal passiert, wird der SPIEGEL diesen Vorgang nicht nur veröffentlichen, sondern das Büro auch sofort schließen. Unter solchen Bedingungen werden wir hier nicht weiterarbeiten.
SPIEGEL: Es gab keine weiteren Anrufe?
Schwarz: Nein. Das war 1987, also nicht mehr die DDR der Siebzigerjahre. Honecker stand sehr unter Druck, was die internationale Reputation anging und die Schlussakte der KSZE.

SPIEGEL: Die SED hatte also doch ein Interesse daran, dass Sie berichteten?
Schwarz: Wir sollten nicht berichten, wir sollten anwesend sein. Von 1978 bis 1985 durfte kein SPIEGEL-Redakteur die DDR betreten. Nicht mal privat. Ich weiß, dass damals Kollegen nicht zur Beerdigung ihrer Eltern in die DDR fahren durften. Und irgendwann begriff das Regime, es schneidet sich ins eigene Fleisch. Als der SPIEGEL 1978 ausgewiesen wurde, hat man mich im *Neuen Deutschland* als BND-Agenten gebrandmarkt. Dass sie sich darauf einließen, dass ausgerechnet ich wiederkam, war schon ein Zeichen: Sie hatten inzwischen dazugelernt.
SPIEGEL: Woher haben Sie unter diesen Umständen journalistisch verwertbare Informationen bekommen?
Schwarz: Ich hatte eine Zeit lang eine gute Quelle, das war Hermann von Berg. Er war in der einen Funktion Professor an der Humboldt-Uni, in der anderen war er SED-Funktionär, der viel in deutsch-deutschen Sachen für Willi Stoph unterwegs war. Was Hermann von Berg genau getrieben hat, weiß ich nicht. Mein Vorvorgänger Karlheinz Vater hatte schon einen guten Kontakt zu ihm, mein direkter Vorgänger Jörg Mettke auch. Als ich kam, habe ich dieses Verhältnis übernommen und habe mich mit ihm angefreundet. Berg wusste im Politbüro sehr gut Bescheid.
SPIEGEL: Berg reiste 1986 in die Bundesrepublik aus.
Schwarz: Richtig. Umso wichtiger waren meine Quellen in der Kirche, Bischof Gottfried Forck zum Beispiel. Oder Manfred Stolpe, der hat mich nie geleimt. Und jenseits der Kirche der Anwalt Wolfgang Vogel, der für die DDR den Freikauf von Häftlingen verhandelte, dicht an Honecker dran war und sehr dicht am Politbüro.
SPIEGEL: Was hatte Vogel für ein Interesse, mit Ihnen zu reden?

Schwarz: Das weiß ich nicht. Ich habe immer versucht, alles gegen zu checken und habe ihn nie dabei erwischt, dass er versucht hat, mich zu leimen. Und wenn er Fragen nicht beantworten wollte, dann sagte er: »Das kann ich Ihnen nicht sagen.«

SPIEGEL: Was hat er denn so erzählt?

Schwarz: 1986 wurde der sowjetische Dissident Natan Scharanskij über die Glienicker Brücke gegen einen sowjetischen Spion ausgetauscht, der in den USA einsaß. Da gab es tagelang einen wahnsinnigen Medienrummel vonseiten der Amerikaner. Da habe ich Vogel angerufen und gesagt, es gebe Gerüchte, der Austausch finde morgen oder übermorgen statt. Da antwortete er, morgen sei der Austausch, um 19 Uhr. Er müsse anschließend noch mit dem amerikanischen Botschafter essen gehen. Er bot mir an, übermorgen um zehn in sein Büro zu kommen, dann würde er mir alles erzählen. Das hat er gemacht. Und mir auch erklärt, dass der Austausch Scharanskij nur ein Probelauf sei. Es sei eigentlich darum gegangen, Nelson Mandela von Sowjetseite aus freizukriegen. Ich habe bis heute noch eine sehr gute Meinung von Vogel.

SPIEGEL: Auf welcher Seite stand er?

Schwarz: Als es im Westen Berichte gab, er sei doch ein Stasi-Mann, sagte er zu mir: »Herr Schwarz, was meinen Sie denn, mit wem ich jeden Tag zusammensitze? Wer fällt denn bei uns die Entscheidungen?« Im Herbst 1989 glaubte er, er könne eine Vermittlerrolle zwischen Bonn und Ost-Berlin spielen. Ich habe damals zu ihm gesagt, das glauben Sie doch selber nicht, so ungeschoren kommen Sie da nicht raus. Sie sind im Auftrag Honeckers unterwegs, das wissen Sie doch. Aber da war er blauäugig.

SPIEGEL: Konnten Vogel, Stolpe oder andere Ihnen Einschätzungen zur großen Politik liefern?

Schwarz: Nein. Über die große Politik konnte man mit denen nicht reden. Das musste ich mir aus Zeitungen und anderen offiziellen Quellen zusammenreimen.
SPIEGEL: Wie war die Fehlerquote?
Schwarz: Ich bin heute noch verwundert, dass sie nicht zu hoch war. Ich habe Glück gehabt, und ich war vorsichtig in der Einschätzung.
SPIEGEL: Wie haben Sie denn die Stimmung der Bevölkerung eingefangen? Meinungsumfragen gab es nicht, freie Wahlen auch nicht.
Schwarz: Der spontane Kontakt mit der Bevölkerung, der war einem nicht möglich. Wenn ich mit Leuten im Westen gesprochen habe, habe ich immer gesagt: Ich kenne die DDR nicht, ich kenne nur einen kleinen Aspekt der DDR. Ich musste mich ansonsten auf meinen Bekanntenkreis stützten. Viel Kontakt hatte ich zu der Samariter-Gemeinde von Pfarrer Rainer Eppelmann. Mit solchen Leuten habe ich gesprochen.
SPIEGEL: Barg das nicht das Risiko, die Opposition zu überschätzen?
Schwarz: Mir war klar, dass die Opposition ein kleiner Haufen war und ziemlich bedeutungslos. Das hat sich erst im Herbst 1989 geändert.
SPIEGEL: Dennoch haben Sie nicht nur über Dissidenten geschrieben, sondern sie auch unterstützt.
Schwarz: Ich habe mich immer geweigert, an irgendwelchen Sitzungen von Oppositionskreisen teilzunehmen. Ich habe ihnen gesagt, ich gehöre nicht zu euch, ich beobachte nur. Aber ich habe ihnen in der Tat alles an Literatur besorgt, was sie wollten. Und das war für die ja das Wichtigste. Wir haben in Ost-Berlin jede Woche einen Haufen SPIEGEL verteilt. Und später kamen sie auch aus Leipzig ins SPIEGEL-Büro

und haben mir eine Bücherliste gegeben. Die habe ich dann beschafft.

SPIEGEL: Auf SPIEGEL-Kosten?

Schwarz: Alles. Ich hatte freie Hand. Ich habe für die Samariter-Gemeinde auch mal einen Fernsehapparat gekauft, im Diplomaten-Shop der DDR, damit sie nicht sagen konnten, der sei illegal eingeführt. Drucker zu besorgen, habe ich mich aber geweigert. Alles, was zum Vorwurf geführt hätte, ich würde meinen Status als Korrespondent missbrauchen, habe ich vermieden.

SPIEGEL: Aber Sie haben doch Druckerfarbe für die Untergrundzeitschrift *Grenzfall* transportiert.

Schwarz: Das war so. Ich habe natürlich nicht bei jedem Transport in jedes Paket reingegeguckt. Das habe ich denen auch gesagt, das ist Vertrauenssache.

SPIEGEL: Sie wurden an der Grenze nicht kontrolliert?

Schwarz: Korrespondenten hatten eine Art Diplomatenstatus, wir wurden nicht kontrolliert – außer dem Pass. Und daran haben sich die Grenzer pingelig die ganzen Jahre gehalten.

SPIEGEL: Und in der umgekehrten Richtung, von Ost nach West?

Schwarz: Genauso. Einmal beförderte ich von Robert Havemann ein paar Manuskripte nach West-Berlin. Später habe ich in den Stasi-Akten gelesen, dass die von meinem Besuch bei ihm in Grünheide wussten – und dennoch haben sie mich an der Grenze nicht behelligt. Das hat mich immer sehr irritiert, dass sie die Regeln so genau befolgt haben.

SPIEGEL: Sie haben sogar die Filmaufnahmen der ersten großen Leipziger Montags-Demonstration in den Westen geschmuggelt.

Schwarz: Das war natürlich schwer illegal. Ich bin mit dem Zug nach Leipzig gereist, weil das Außenministerium allen

Korrespondenten verboten hatte, an diesem Tag nach Leipzig zu fahren. Und mit meinem Nummernschild wäre ich sofort aufgefallen. Ich habe versucht, mich unauffällig zu kleiden, nichts zu tragen, was es in der DDR nicht gab. Nach der Ankunft am Nachmittag habe ich Leute besucht, die ich aus Kirchenkreisen kannte, und war dann abends um sechs vor der Kirche, als die Demonstration loszog und bin mit zum Ring gegangen, wo ich Siggi Schefke traf …

SPIEGEL: … einen Dokumentarfilmer aus der Dissidentenszene.

Schwarz: Schefke war mit seinem Kumpel Aram Radomski da. Ich habe den beiden vorgeschlagen: Wenn alles vorbei und gut gegangen ist, dann gehen wir ins Interhotel, ich lade euch zum Essen ein. Und als wir uns dort trafen, haben sie mir eröffnet, was sie bei sich hatten und was sie getrieben hatten während der Demo.

SPIEGEL: Die beiden haben von der Spitze der Reformierten Kirche aus den Protestzug gefilmt – der als Dokument des friedlichen Aufbegehrens der Bürger um die Welt ging.

Schwarz: Als sie hörten, ich sei mit dem Zug gekommen, boten sie mir an, in ihrem Trabi mit nach Ost-Berlin zurückzufahren. Das habe ich dann auch gemacht. Aber erst riet ich ihnen, mir das Filmmaterial zu geben. Ich sagte: »Wenn wir unterwegs kontrolliert werden, ist es mein Material. Und das ist was anderes. Mich können sie rauswerfen, aber sonst nichts, ihr seid die nächsten 20 Jahre in Bautzen.«

SPIEGEL: Am nächsten Tag liefen die Bilder in der ARD.

Schwarz: Ich bin direkt in den Westen, habe dort übernachtet, bin morgens in die Redaktion von »Kontraste« gefahren und habe die Kassette abgegeben. Ich habe mich aber weiter nicht gekümmert. Es war nicht meine Baustelle, ein reiner Freundschaftsdienst.

SPIEGEL: Sie kennen den berühmten Satz von Hanns Joachim Friedrichs, Journalisten sollten sich mit keiner Sache gemein machen, auch nicht mit einer guten?

Schwarz: Ich weiß, ich weiß.

SPIEGEL: Was entgegneten Sie da?

Schwarz: In der DDR galt das nicht. Friedrichs hätte es auch nicht durchgehalten. In der DDR konnten Sie als neutraler Korrespondent nicht arbeiten. Dann hätten Sie sich auf das offizielle Programm einlassen müssen. Und darüber hinaus nichts gehabt.

SPIEGEL: Sie haben die DDR-Führung sogar erfolgreich erpresst. Es geht um den Vikar Reinhard Lampe, der sich mit einem Plakat mit der Aufschrift »Jesus stirbt an der Mauer im Kopf« angekettet hatte. Sie haben angeboten, auf eine Berichterstattung zu verzichten, wenn Lampe freikommt, was dann ja auch geschah.

Schwarz: Ich hatte durchaus mal eine Diskussion mit einem Kollegen, der auf dem Standpunkt stand, man müsse immer berichten. Aber wenn es um Menschen ging, war mir das alles schnuppe. Meine Unterstützung für die Bürgerrechtler lief auf der privaten Ebene. Und beim Transportieren war ich ja auch vorsichtig. Außer bei Literatur, da habe ich gedacht, das hat was mit Pressefreiheit zu tun und mit Meinungsfreiheit, da setzt du dich über alles hinweg.

SPIEGEL: Und wenn man Sie ausgewiesen hätte?

Schwarz: Hätte ich mich nicht beklagen können. Andererseits war ich der festen Überzeugung, das werde so schnell nicht wieder passieren. Die DDR wollte den SPIEGEL nicht zum zweiten Mal hinauswerfen. Da brauchten die schon einen handfesten Grund.

SPIEGEL: Der Transport von solchen Filmaufnahmen wäre …

Schwarz: … ja, das wäre ein Grund gewesen. Das ist ja richtig.

SPIEGEL: Was hatten Sie für einen Blick auf die Dissidenten, die bis zum Revolutionsjahr 1989 viel riskierten?

Schwarz: Also, ich habe sie für mutig gehalten, und zwar deswegen auch für mutig, weil es aussichtslos war, was sie da trieben.

SPIEGEL: Wo nahmen die ihre Kraft her?

Schwarz: Ja, das möchte ich auch wissen. Das weiß ich nicht. Die wenigsten jedenfalls aus religiösen Gründen.

SPIEGEL: Zumal sich in den letzten Jahren der DDR ja auch explizit kirchenferne Oppositionskreise entwickelten.

Schwarz: Ich habe beide Lager kennengelernt. Natürlich gab es die oppositionellen Pfarrer wie Eppelmann. Die hatten es leichter, weil die Kirche eine Art Schutzraum bot. Aber Eppelmann hatte auch viel Ärger mit seinen Kirchenoberen, weil die sagten: »Du gehst zu weit oder halten Sie sich zurück!« Aber sobald die Staatsmacht anrückte, haben die Oberen sich vor ihre Pfarrer gestellt. Insofern waren die Kirchenmänner besser dran als Leute wie Ralf Hirsch, der mit der Kirche nichts zu tun hatte. Eines darf man bei der Betrachtung der Opposition jedoch nicht außer Acht lassen: Die Jahre ab 1985 waren nicht zu vergleichen mit den Siebzigerjahren, geschweige denn mit den Sechzigern. Ich möchte nicht behaupten, dass das Regime toleranter war, aber es war klüger.

SPIEGEL: Weniger brutal?

Schwarz: Auch weniger brutal. Es gab kaum Verhaftungen. Es gab noch Festnahmen. Nach ein paar Tagen waren die aber wieder draußen.

SPIEGEL: Wie würden Sie die Rolle der westlichen Medien beurteilen? Einige haben sich wie Sie als Umsturz-Helfer betätigt, andere nicht.

Schwarz: Also jetzt wird es ein bisschen heikel. Sagen wir mal so: Viele Korrespondenten in der DDR, nicht alle, haben sehr milde geurteilt.

SPIEGEL: Der Korrespondentenjob war attraktiv. Sie mussten keine Steuern zahlen. Eine Ausweisung war mit deutlichen finanziellen Einschnitten verbunden.

Schwarz: Das stimmt. Möglicherweise hat das den Blick in dem einen oder anderen Fall getrübt. Aber ich erinnere mich auch an Michael Schmitz vom ZDF oder Karl-Heinz Baum von der *Frankfurter Rundschau*. Von denen weiß ich, dass auch sie Dinge für die Opposition über die Grenze geschafft haben.

Die unbemerkten Helden

Im sächsischen Vogtland kämpft
eine Stadt um ihren Platz im Geschichtsbuch.
Denn im Herbst 1989 wurde die Staatsmacht zuerst
in Plauen bezwungen – und nicht in Leipzig.

Von Stefan Berg

Die Gedenktafel auf dem Plauener Theaterplatz ist schulterhoch, eingefasst in polierten Stahl, die Schrift hellgrau in Schiefer. »An dieser Stelle«, so ist zu lesen, »begann am 7. Oktober 1989 die erste Großdemonstration auf dem Gebiet der ehemaligen DDR. Das war der Anfang der Veränderung unserer Welt.« Ein großer Satz, und nicht mal übertrieben.

Die Plauener kennen den Satz, und sie glauben an ihn. Außerhalb von Plauen weiß indes niemand von dieser historischen Tat, Passanten laufen meist achtlos an der Tafel vorbei. 20 Jahre nach der Wende tun sich ehemalige DDR-Bürger noch immer schwer mit dem Marketing in eigener Sache.

Leipzig soll demnächst ein Freiheitsdenkmal erhalten, Berlin eines für Einheit und Freiheit. Plauen aber steht im vereinten Deutschland für nichts oder allenfalls für »Plauener Spitze«.

Mehrfach hat sich deshalb Ralf Oberdorfer, der Oberbürgermeister der unbekannten Heldenstadt, mit der Bitte an Berlin gewandt, etwa an Bundestagspräsident Norbert Lammert, man möge den Beitrag Plauens zur Revolution von 1989 vor dem Vergessen bewahren und den Bau eines Denkmals unterstützen. Doch aus der Hauptstadt kam nur die Antwort, das sei Sache des Freistaats Sachsen.

Nun sind sie es leid im sächsischen Vogtland. Nun wollen sie kämpfen um ihren Platz im Geschichtsbuch. »Es geht uns um Anerkennung«, sagt Oberdorfer, um historische Wahrheit, die Zivilcourage Einzelner und die Gefühlslage einer Stadt mit knapp 70 000 Einwohnern, deren glücklichster, bedeutendster, mutigster Tag im Rest der Republik bis heute nicht registriert worden ist.

Und Siegmar Wolf ist ihr Kronzeuge. Der Plauener Handwerksmeister war wahrscheinlich der erste Demonstrant im Herbst 1989, der sich traute, ein Transparent hochzuhalten.

Es war am Sonnabend, dem 7. Oktober 1989, zwei Tage vor der ersten großen Montagsdemonstration in Leipzig. Die SED feierte den »40. Jahrestag der DDR«, und Wolf, damals 30 Jahre alt, beging dieses Datum, indem er ein Bettlaken mit der Aufschrift »Reisefreiheit, freie Wahlen und vor allem Frieden« unter seine Jacke stopfte und ins Stadtzentrum marschierte, wo die Genossen sich beklatschten, Tausende Bürger aber genau gegen diese Selbstbeweihräucherung protestieren wollten.

Irgendwann zwischen 14 und 15 Uhr fasste Wolf all seinen Mut zusammen, stellte sich auf eine große Plastik am Theater und zog sein Transparent heraus. Die Leute jubelten, die Stasi staunte. »Das war die größte Aufregung meines Lebens«, erinnert sich Wolf.

Siegmar Wolf ist in Plauen geblieben und führt ein Sanitärfachgeschäft. Er ist ein gefragter Mann, als Handwerksmeister sowieso, doch mehr noch als Figur der DDR-Geschichte. Die Plauener Bürger nutzen ihn als Trumpf für die Denkmalsansprüche ihrer Stadt. Und Bürgermeister Oberdorfer erklärt, warum das Bedürfnis nach Anerkennung unter den Menschen so stark ist.

Plauen war einst eine Stadt des Bürgerstolzes, eine reiche Stadt, sogar mit einem amerikanischen Konsulat. 1912 lebten hier knapp 130 000 Einwohner, sie war Zentrum der Textilindustrie und des Maschinenbaus. Nach Plauen, so erzählen die Älteren, seien die Leute aus dem fränkischen Hof gekommen, weil einfach mehr los gewesen sei. Die Industriebetriebe wurden der Stadt 1945 jedoch zum Verhängnis, »pro Quadratkilometer fielen hier mehr Bomben als in Dresden«, erklärt Oberdorfer. Nicht mal in diesem Ranking scheint Plauen in der öffentlichen Wahrnehmung der Spitzenplatz vergönnt.

Statt in der Mitte Deutschlands fand sich Plauen nach der Teilung im grenznahen Gebiet wieder, im DDR-Bezirk Karl-Marx-Stadt. Die elektrifizierte Eisenbahnverbindung endete in Reichenbach, die Autobahn war so kaputt, dass den hoppelnden Trabbis auf dem Weg nach Plauen die Auspuffrohre abfielen. Die Versorgung war schlechter als an vielen anderen Orten des neuen Staats, Bauarbeiter samt Material wurden abgezogen – in die Messestadt Leipzig oder in die »Hauptstadt der DDR«, wo sächselnde Einkäufer, die nach Ketchup und Ananasdosen fragten, hämisch mit »ah, Besuch aus der DDR« begrüßt wurden.

Nur in einem Punkt durften sich die Plauener privilegiert fühlen: 28 Kilometer von Hof entfernt, genossen sie den störungsfreien Empfang aller Westsender. Ein Lied der (West-) Gruppe Insterburg & Co. trübte allerdings auch diese Freude. Eine Zeile traf mitten ins Herz: »Ich liebte ein Mädchen in Plauen, da bin ich bald abgehauen.«

So fraß sich der Ost-Frust fest in der Sachsenseele. Manchmal entlud er sich, dann schlug die Stasi zu. Unzählige Spitzel setzte sie auf einen Jugendclub an. Das »Malzhaus«, Treffpunkt der Folk- und Blues-Szene, wurde 1982 auf Anweisung des Geheimdienstes unter dem Vorwand geschlossen, es sei baufällig.

Die Anzahl der Ausreiseanträge junger Leute stieg danach sprunghaft an. Auch die offiziell angegebene Zahl der Neinstimmen bei den Pseudowahlen in der DDR hatte Rekordniveau, lag über drei Prozent. Von diesem Spitzenwert weiß außerhalb der Stadt natürlich niemand.

Getreu dem Motto »Ruinen schaffen ohne Waffen« verfiel Plauen, und irgendwann wären die Gründerzeitbauten wahrscheinlich ganz hinüber gewesen, hätten nicht die Bürger dem SED-Regime ausgangs der Achtzigerjahre den Garaus gemacht. »Es lag etwas in der Luft«, erinnert sich der langjährige Plauener Superintendent Thomas Küttler an den Sommer 1989. Vielen Mitbrüdern galt Küttler als »Schwarzer«, als Außenseiter, als politischer Sonderling. Erschrocken reagierten sie, als er auf einer Kirchenversammlung für das Jahr 1989 das Motto vorschlug: »40 Jahre sind genug!«

Im Mai 1989 fanden in der DDR wieder sogenannte Wahlen statt, Kommunalwahlen mit Einheitslisten der Nationalen Front. Aber diesmal war etwas anders: Diesmal beschlossen Menschen in vielen Städten, der Stimmenauszählung beizuwohnen, auch in Plauen flog so der Schwindel auf. Handwerker Wolf war einer der Wahlbeobachter, beteiligte sich an einem Protestbrief an den Staatsrat. »Ich hab überlegt, ob ich meinen Namen druntersetze«, erinnert sich Wolf, und dann habe er gedacht: Ja! Jetzt ist Schluss mit dem Versteckspiel. Das war äußerst riskant in Plauen, wo keine Westkorrespondenten ihre schützende Hand über unbekannte Regimekritiker hielten.

Während in Berlin prominente Bürgerrechtler im Sommer 1989 noch Pläne für einen erneuerten Sozialismus ausheckten, hatten die Vogtländer mit der DDR längst abgeschlossen. In der ersten Hälfte des Jahres stellten mehr als 2000 Plauener Ausreiseanträge. Drei Tage vor dem »Republik-Geburtstag«

belagerten Hunderte Bürger den Bahnhof der Stadt: Sie bejubelten die »Ausreiser«, jene Botschaftsflüchtlinge, die mit Sonderzügen aus Prag über Plauen nach Hof gefahren wurden – bis die »Sicherheitsorgane« die Demonstranten abdrängten. In mehreren Betrieben registrierte die Stasi Beifallskundgebungen für die Flüchtlinge – und etwas, das es zuletzt 1953 gegeben hatte: Arbeitsniederlegungen.

Es folgte der 7. Oktober: Mit ein paar hundert »Störern« hatte die Stasi gerechnet, aber nicht mit 15 000 Leuten in einer Stadt von damals 74 000 Einwohnern. Wolf stellte sich mit seinem Bettlaken vor die Massen, ein anderer zückte eine DDR-Fahne, aus der er Hammer, Zirkel und Ährenkranz geschnippelt hatte. Die Menge skandierte: »Stasi raus« und »Gorbi, Gorbi«.

Die Sicherheitsorgane wehrten sich mit zwei Feuerlöschzügen, die sie zu Wasserwerfern umfunktioniert hatten. Pflastersteine, Bierflaschen flogen, bis einer der beiden Wasserwerfer seinen Dienst versagte und der andere zurückgezogen wurde. Um ein Haar hätten die Menschen das Rathaus gestürmt, in dem sich der SED-Bürgermeister verschanzt hatte. Noch am selben Tag wurde der zuständige Polizeichef abgesetzt. »Es war eindeutig der erste Sieg des Jahres 1989 über die Staatsmacht«, urteilt der Historiker Ilko-Sascha Kowalczuk.

Doch es war ein Sieg unter Ausschluss der Öffentlichkeit. »Es gab keine Fernsehbilder«, ärgert sich Küttler noch heute. Der frühere Superintendent verhandelte damals mit Polizei und SED, rief die Massen zur Gewaltfreiheit auf und bat den Bürgermeister zum Gespräch mit dem Volk. Am folgenden Sonnabend demonstrierten die Plauener wieder. Aber eine Samstagsdemo in einer Stadt, die kaum jemand kennt, kann schwer mithalten mit einer Montagsdemo, von der das Westfernsehen Bilder hat.

Plauen hielt auf seine Weise die Nase vorn, bereits am 12. Oktober gab es eine Art Runden Tisch – aber da hatten die wortgewandten Berliner Oppositionellen längst die Deutungshoheit über den gesellschaftlichen Aufbruch gewonnen. Viele von ihnen verachteten die sächselnden Aufständischen, die so schnell nach der Wiedervereinigung riefen. »Wir waren mit unserem Wunsch nach Einheit politisch nicht korrekt«, erinnert sich Küttler.

Emeritus Küttler wohnt inzwischen in Leipzig, er gönnt der Metropole den Ruhm als »Heldenstadt«. Aber er findet, es müsse »endlich etwas geradegerückt werden«. Die Sache mit dem Denkmal wurmt ihn sehr.

Die Plauener sammeln nun für ihr eigenes Monument. Und inzwischen finden sie es sogar gut, weder Steuergelder noch ein staatliches Zeugnis aus Stein zu bekommen. In Berlin streitet man, wie das Einheits-Denkmal aussehen soll, alle möglichen Gremienmenschen reden mit. In Plauen gibt es keinen Streit, sondern ruhige Gespräche mit einheimischen Künstlern. Das hat viele Vorteile.

Nur einen Nachteil: Es könnte sein, dass vom künftigen Denkmal außerhalb von Plauen kaum jemand Notiz nehmen wird.

KAPITEL 4

4. November 1989: »Vorwärts nach hinten«

In Ost-Berlin gehen Hunderttausende auf die Straße. Die Demonstration zeigt, dass die vom neuen Parteichef Egon Krenz ausgerufene »Wende« gescheitert ist. Hilflos und überfordert müssen die Genossen zusehen, wie das Volk ihnen die Macht abnimmt.

Von Konstantin von Hammerstein

Am Mittag des 4. November 1989 wird der Dramatiker Heiner Müller dabei beobachtet, wie er im Café Espresso einen Schnaps hinunterstürzt. Er muss seine aufgerauten Nerven beruhigen. Vor dem »Haus des Reisens«, an der nordöstlichen Ecke des Berliner Alexanderplatzes, steht ein zusammengezimmertes Holzpodium auf der Ladefläche eines Lkw. Dort soll Müller gleich reden. Er ist aufgeregt.

Mit seiner sozialistischen Brutalo-Architektur zählt der Alex zu den hässlichsten Plätzen der westlichen Hemisphäre. Um diese Jahreszeit pfeift meist ein eisiger Wind über das kahle Betonplateau, doch heute ist der Platz schwarz vor Menschen. Keiner weiß, wie viele gekommen sind, die Schätzungen reichen von mehreren Hunderttausend bis zu einer Million. Es ist die größte genehmigte Protestdemonstration in der Geschichte der DDR.

Am Morgen ist das Kommando der Landstreitkräfte in Potsdam-Geltow vorsorglich in Alarmbereitschaft versetzt worden. Bewaffnete Geheimpolizisten haben vom Marx-Engels-Platz bis zum Brandenburger Tor Posten bezogen, um einen Sturm auf die Mauer zu verhindern. Im Palast der Republik hält sich eine ideologische Eingreifreserve der Partei bereit. Stasi und die Berliner SED-Organisation haben dafür gesorgt, dass im Demonstrationszug zuverlässige »gesellschaftliche Kräfte« mitmarschieren.

Und doch stehen die Machtverhältnisse an diesem Tag kopf. Die Parteiführer sind es gewohnt, den vorbeidefilierenden Massen von der Ehrentribüne huldvoll zuzuwinken. Heute aber müssen sich die Mitglieder des Politbüros im Gebäude des Zentralkomitees verschanzen. Von den Fenstern aus sehen sie zu, wie Hunderttausende an ihnen vorbeimarschieren und Meinungs- und Pressefreiheit fordern, freie Wahlen, Reisefreiheit und die Abschaffung aller Privilegien der SED-Nomenklatura. Die Genossen haben Angst.

Dabei entwickelt sich unten auf der Straße der Protestzug zu einem fröhlichen Happening. Einige singen »So ein Tag, so wunderschön wie heute«. Die Menschen halten ihre selbst gedichteten Losungen hoch, die sie am Abend zuvor auf Bettlaken gepinselt haben: »Demokratie auf dem Papier, darauf scheißen wir« oder »Die Zeit ist abgelaufen, uns für dumm zu verkaufen«. Am vergitterten Eingang des Staatsratsgebäudes hat einer ein Schild angebracht: »Nicht füttern«. Ein Bühnenbildner hält ein riesiges Plakat hoch, auf dem ein grinsender Egon Krenz mit Schlafmütze im Bett zu sehen ist: »Großmutter, warum hast du so große Zähne?«

Das Café Espresso, in dem die Redner auf ihren Auftritt warten, liegt in einem abgesperrten Areal, das als Versammlungs- und Rückzugsort dient. Der Bürgerrechtler Jens Reich wird später berichten, dort habe sich an diesem Tag die »bunteste Gesellschaft versammelt, die die DDR jemals hervorbringen konnte«: Schriftsteller, Schauspieler, Wissenschaftler, Spione, Oppositionelle, Künstler, Journalisten, Pastoren, Bonzen.

Auch Jan Josef Liefers, Jungschauspieler am Deutschen Theater, wartet dort auf seinen Einsatz. Ein großer, gut aussehender älterer Herr kommt auf ihn zu, zeigt auf einen kleinen Tisch mit Kaffee und Gebäck und bietet Liefers ein Stück Pflaumenkuchen an. Es ist Markus Wolf, von 1952 bis 1986 der Spionagechef der DDR. Später wird die Bürgerrechtlerin Marianne Birthler beobachten, wie der pensionierte Generaloberst neben der Autorin Christa Wolf sitzt, angeregt in ein Gespräch vertieft. Die beiden duzen sich.

Birthler ist irritiert. Wie passt das zusammen: die schöne Rede der Schriftstellerin über die Befreiung der Sprache in diesen Revolutionstagen und ihre Vertrautheit mit dem Stasi-Mann? Aber vieles passt an diesem Tag nicht zusammen. Warum verteidigt der Wittenberger Prediger Friedrich Schorlemmer, eine der bekanntesten Stimmen der Opposition, den neuen SED-Generalsekretär Krenz?

Und warum dürfen mit Chefspion Markus Wolf und dem Berliner Parteiboss Günter Schabowski zwei der prominentesten Vertreter der untergehenden Macht zu jenen Menschen sprechen, die doch gegen diese Macht auf die Straße gehen?

Bevor Schabowski auf das Podium klettert, klapst ihm Schorlemmer aufmunternd auf die Schulter. »Ich steig ja nicht aufs Schafott«, murmelt der SED-Mann, der fünf Tage später Weltgeschichte schreiben wird, als er mit einem einzigen verstammelten Satz die Berliner Mauer öffnet.

Noch glaubt Schabowski, sich an die Spitze der Protestbewegung stellen und die »Wende«, die sein Chef Krenz bei seinem Amtsantritt wenige Tage zuvor ausgerufen hat, für die SED reklamieren zu können. Minuten später wird er eines Besseren belehrt. Millionen sind dabei, als Schabowski öffentlich gedemütigt wird. Das DDR-Fernsehen überträgt die Demonstration entgegen den eigenen Planungen live. Die

Entscheidung haben die Mitarbeiter getroffen, ohne ihre Vorgesetzten zu fragen.

Schabowskis seifige Wende-Rede – »Wir lernen unverdrossen« – geht in einem gellenden Pfeifkonzert unter: »Aufhören, aufhören!« Der Moderator Henning Schaller vom Maxim-Gorki-Theater muss dem bedrängten Genossen beispringen. Ausgerechnet Schaller, der von der Stasi als »politisch-negativ« eingeschätzt wird.

»Ich stand neben ihm und konnte den plötzlichen totalen Verfall seiner Gesichtszüge beobachten«, so wird Jens Reich diesen Moment später beschreiben: »Das war für ihn das Ende. Er resignierte. Ein Politiker wie Helmut Kohl steckt massenhafte Pfiffe weg und schreibt sie dem ›Pöbel‹ und mangelnder Vorbereitung der Demonstration seitens der Jungen Union zu. Aber für einen Marxisten war dies das Ende: Das Volk geht auf die Straße. Das war die Petrograder Revolution von 1917, jetzt war es aus.«

An diesem 4. November 1989 haben viele dieses Gefühl. »Es ist«, ruft der Schriftsteller Stefan Heym den Demonstranten zu, »als habe einer die Fenster aufgestoßen nach all den Jahren der Stagnation, der geistigen, wirtschaftlichen, politischen, den Jahren von Dumpfheit und Mief, von Phrasengedresch und bürokratischer Willkür.«

Marianne Birthler, die mittags noch mit weichen Knien auf das Podium gestiegen ist, sitzt abends, als die Kehrmaschinen kreuz und quer über den mittlerweile leeren Alex fahren, mit ihrem Freund an einer Bushaltestelle, und beide sind sich sicher: »Das waren die Gesichter von Menschen, die ihre Angst hinter sich gelassen haben. Diese Leute wollen nicht mehr zurück, sie haben ihre Kraft gespürt, verlangen mehr.«

Die gescheiterte Wende

Mit der großen Demonstration in Berlin ist die Macht nun auf die Straße übergegangen. Das macht das Besondere dieses Datums aus. Die Volksbewegung hat die politische Initiative übernommen, die SED schaut den folgenden Ereignissen nur noch zu. Der 4. November leitet die letzte Phase ihres Machtverfalls ein, der durch den Fall der Mauer fünf Tage später besiegelt wird.

Die drei Wochen zwischen dem Amtsantritt des neuen Generalsekretärs Egon Krenz am 18. Oktober und der Grenzöffnung am 9. November entscheiden das Schicksal der Staatspartei. In diesen wenigen Tagen, in denen sich die politischen Ereignisse wie im Zeitraffer verdichten, wird aus den bisherigen Unruhen endgültig eine Revolution, und das verhasste SED-Regime kollabiert.

Dass er als Generalsekretär eine Fehlbesetzung ist, beweist Egon Krenz schon an seinem ersten Arbeitstag. Am Abend des 18. Oktober wendet er sich im DDR-Fernsehen zum ersten Mal direkt an die Menschen. Die Einschaltquote ist gigantisch: fast 40 Prozent. Doch schon sein erster Satz – »Liebe Genossinnen, liebe Genossen« – zeigt, dass er nichts verstanden hat.

Es ist die gleiche Ansprache, die er am Nachmittag vor dem Zentralkomitee gehalten hat. Wort für Wort, inklusive des merkwürdigen letzten Satzes: »Ich danke euch.« Krenz hat erfolgreich seinen politischen Ziehvater Erich Honecker aus dem Amt geputscht, aber nun reicht die Kraft nicht mehr, um eine Rede an das Volk vorzubereiten. Sein Fernsehauftritt wird »zum Selbsttor«, wie er später einräumt.

Aber inhaltlich hat der Neue ja auch wenig zu bieten. Die SED, die bislang hilflos den Ereignissen hinterherhinkt, will sich jetzt an die Spitze der Bewegung setzen. Man werde eine »Wende einleiten« und die »politische und ideologische Offensive« wiedererlangen, kündigt Krenz an. Damit benutzt er zum ersten Mal den Begriff, der später zur Chiffre der friedlichen Revolution in der DDR wird. Das Wort von der »Wende«, urteilt der Historiker Ilko-Sascha Kowalczuk, ist »eine geschichtspolitisch bis in die Gegenwart nachwirkende Umdeutung dessen, was Gesellschaft und Staat in diesen Tagen und Wochen erlebten«.

Die Reaktionen auf den neuen Parteichef sind verheerend. Überall in der DDR gehen Zehntausende auf die Straße, um gegen den neuen Generalsekretär zu protestieren. Dass nun ausgerechnet der Hauptverantwortliche für die Fälschungen der Kommunalwahlen im Mai an die Spitze der Partei gerückt ist, können die Menschen nicht fassen. »Zu dumm zum Addieren – aber ein ganzes Land regieren«, heißt es auf Flugblättern.

Der Liedermacher Wolf Biermann, den die SED 13 Jahre zuvor ausgebürgert hat, fasst die Stimmung im Land auf seine Weise zusammen. Krenz, dieser »versoffene FDJ-Veteran, der Jubelperser des Politbüros, der optimistische Idiot, das ewig lachende Gebiss«, sei »der mieseste aller möglichen Kandidaten«, lästert er und prophezeit: »Es geht also erst mal mächtig vorwärts nach hinten.«

Eine Botschaft immerhin ist neu. Die Partei, versichert Krenz in seiner Jungfernrede, lasse sich von der »festen Überzeugung leiten, dass alle Probleme in unserer Gesellschaft politisch lösbar« seien. Stasi-Chef Erich Mielke realisiert sofort, was das bedeutet. Auf Staatsfeinde aus den »antisozialistischen Sammlungsbewegungen« könne man nun bedauerlicherweise nicht mehr so reagieren, wie es »diese Kräfte« eigentlich verdienten, erläutert er am 21. Oktober vor 74 Generälen und

Obersten die neue Linie, an die sich alle zu halten hätten, »bis zur letzten Konsequenz«.

Auch der alternde Innenminister Friedrich Dickel folgt widerwillig dem neuen Kurs. »Ich würde am liebsten hingehen und diese Halunken zusammenschlagen, dass ihnen keine Jacke mehr passt«, wütet der frühere Spanien-Kämpfer zwar vor den Chefs der Volkspolizei über die »weiße Brut« der Konterrevolutionäre, »dieses faschistische Kroppzeug«. Aber die Zeiten hätten sich leider geändert: »Schießen, liebe Genossen, und dass die Panzer dann vor der Bezirksleitung stehen und vor dem ZK, das wäre noch die einfachste Sache. Aber solch eine komplizierte Situation nach 40 Jahren DDR?«

Offene Gewalt gegen Regimegegner ist ab sofort nur noch in Ausnahmefällen zulässig, doch gleichzeitig wird die Beschnüffelung des politischen Gegners ausgeweitet. Nun gehe es darum, in die oppositionellen Gruppen »verstärkt auch solche IM einzubauen, die Einfluss auf die Richtung des Vorgehens solcher Gruppierungen ausüben können«, ordnet Mielke an.

Hilfreich sei dabei, »dass sich diese Gruppierungen – sie verstehen sich ja als Sammelbecken – weitgehend geöffnet haben und ihre Arbeitsweise praktisch keinen konspirativen Charakter trägt«. Das stimmt. Die offene, wenig hierarchische Struktur der DDR-Oppositionsgruppen macht sie anfällig für Unterwanderung, immunisiert sie aber zugleich gegen politische Kaperungsversuche durch Einzelne.

Auch die »Dialogpolitik«, die Krenz ausgerufen hat, erweist sich als Rohrkrepierer. Die führenden Genossen, die nun in die Betriebe geschickt werden, um für die sozialistische Sache zu argumentieren, sind überfordert. Als Funktionäre sind sie es gewohnt, Anweisungen entgegenzunehmen und weiterzuleiten. Noch nie in ihrem politischen Leben haben sie argumentieren müssen. Jetzt, wo es darauf ankommt, können sie es nicht.

Der Historiker Hans-Hermann Hertle zitiert in seinem Buch »Der Fall der Mauer«* aus einem Bericht der SED-Bezirksleitung Berlin, der den Dialog des 79-jährigen Politbüro-Mitglieds Alfred Neumann mit einem Arbeiter des Berliner Reichsbahnausbesserungswerks widergibt:

Arbeiter: Du hast seit Jahren nichts bewegt. Es müssen Leute ran, die etwas bewegen, und nicht solche, die schon 80 sind und schon jahrelang nichts mehr gekonnt haben. Hör auf, und setz dich zur Ruhe. Du hast genug geleistet.

Neumann: Das Alter spielt keine Rolle. Ob alter oder junger Esel – Esel bleibt Esel.

Arbeiter: Wenn bei uns einer 60 wird, dann wird er vom Medizinischen Dienst obligatorisch untersucht, ob er für seinen Arbeitsplatz noch die Voraussetzungen hat. Wirst du auch medizinisch untersucht?

Neumann: Die Jugend läuft ja weg, wir müssen bleiben.

Arbeiter: Die Jugend rennt, weil ihr sie nicht mehr versteht. In komplizierter Lage muss man Konsequenzen ziehen. Du hast seit Jahren nichts bewegt. Hör doch auf. Ihr müsst im Politbüro aufgefrischt und verjüngt werden.

Neumann: Wir hören nicht auf. Das Alter ist nicht entscheidend. Adenauer wurde auch gewählt, als er fast 90 war, und Ludendorff war 87.

Arbeiter: Wir lassen uns nicht mehr verarschen. Ich bin Arbeiter und mach meine Arbeit. Du hast deine zu machen. Ich habe dafür Rechenschaft zu legen. Tu du es auch.

* Hans-Hermann Hertle, *Der Fall der Mauer. Die unbeabsichtigte Selbstauflösung des SED-Staates*, Opladen 1999.

Die Offensive des Parteichefs fährt auch an einer anderen Front fest. In Verkennung der Stimmung im Volk versucht die SED, den Oppositionsgruppen die Straße streitig zu machen. In Schwerin will die Parteiführung ein Signal gegen die Leipziger Montagsdemonstrationen setzen. Als das Neue Forum für den 23. Oktober zu Protesten im Stadtzentrum aufruft, setzt die SED-Bezirksleitung eine Großkundgebung im Alten Garten an – zum selben Termin.

Die Stasi meldet, 5000 »gesellschaftliche Kräfte« seien mobilisiert worden: »klassenbewusste Arbeiter, mutige Agitatoren und Propagandisten der Partei«. Mit Bussen werden sie als Claqueure aus dem ganzen Bezirk nach Schwerin gebracht, doch nicht alle wollen sich so schamlos instrumentalisieren lassen. Einzelne »Kämpfer«, berichtet die Stasi resigniert, hätten »politisch-ideologisch kapituliert«.

Viele der SED-Funktionäre erscheinen zum »Dialog« auf der Straße sicherheitshalber mit Dienstpistole. Das nun folgende Desaster können sie aber nicht verhindern. Als der SED-Bezirkssekretär zu seiner inhaltsarmen Kurzansprache ansetzt, antworten ihm die Demonstranten zunächst mit einem gellenden Pfeifkonzert. Dann löst sich die offizielle Kundgebung klammheimlich auf – um sich der Demonstration des Neuen Forums anzuschließen. Das Volk hat sich entschieden.

Ende Oktober breitet sich die Protestbewegung auf das ganze Land aus. Längst gehen die Menschen auch in der Provinz auf die Straße. In der letzten Oktoberwoche zählt das Ministerium für Staatssicherheit (MfS) 540 000 Teilnehmer an 145 Demonstrationen. Der Erste Sekretär der SED-Bezirksleitung Potsdam kabelt an die Kreisleitungen seines Bezirks, die Dialogstrategie der Parteiführung sei gescheitert: »Mit solchen Massendialogen, die der Gegner von vorneherein beherrscht und bei denen unsere Funktionäre durch emotionsgeladene Massen aufgerieben werden, ist Schluss zu machen.«

Die treuen Parteikader verstehen die Welt nicht mehr. Am 24. Oktober schneidet ein Techniker heimlich die Sitzung der SED-Volkskammerfraktion mit und spielt das Tonband der Opposition zu. Es ist ein beispielloses Dokument der Hilflosigkeit, das in den folgenden Tagen in der Ost-Berliner Gethsemane-Kirche vorgespielt wird.

»Beim Anhören des Bandes stellt sich eindrucksvoll das Bild einer führenden Partei dar, die vollständig erledigt ist«, kommentiert die Untergrundzeitung *telegraph*: »Ein Schweriner erzählt lallend, wie er in den Fünfzigerjahren plündernde Bauern mit seiner Dienstpistole zurückgeschlagen habe, eine Leipziger Genossin, die das Sentimentale vertritt, glaubt das Vertrauen der Bevölkerung durch die Wiederherausgabe des Kinderbuches ›Vorwärts Egon‹ neu beleben zu können.«

Ende Oktober fordert die friedliche Revolution die ersten Todesopfer. Heillos überfordert und resigniert erschießen sich Funktionäre mit der Dienstwaffe, erhängen sich oder greifen zu Tabletten. Noch mehr enden im Suff. Insgesamt bringen sich in den Revolutionsmonaten etwa 50 Funktionäre um, darunter drei Erste Sekretäre von SED-Kreisleitungen, mehrere hohe Stasi-Offiziere, die stellvertretende Chefin des Freien Deutschen Gewerkschaftsbundes und der Bauminister.

Das Reisegesetz

Die »Wende« des Egon Krenz treibt immer mehr Menschen aus ihrem Land. Die Zahl der Ausreiseanträge nimmt Tag für Tag um etwa tausend zu. Das MfS meldet Ende Oktober 188 180 Anträge; der Staat genehmigt mehr denn je, »zur

Verringerung des von diesem Potenzial ausgehenden Drucks auf die staatlichen Organe und zur Abwendung außenpolitischen Schadens für die DDR«, wie es in einer Vorlage für das Politbüro heißt.

Die Situation ist dramatisch. 50 000 Menschen haben die DDR in den ersten neun Monaten illegal verlassen, die Zahl der Grenzdurchbrüche schnellt nach oben, immer weniger Menschen akzeptieren, dass der Staat sie einsperrt. Das Innenministerium klagt, nur »unter Aufbietung aller physischen und psychischen Kräfte« gelinge den »Genossinnen und Genossen des Pass- und Meldewesens« noch die Bewältigung ihrer Aufgaben.

Schon in seiner Antrittsrede hat Krenz angekündigt, »einen Gesetzentwurf über Reisen ins Ausland vorzubereiten«. Doch die zuständige Arbeitsgruppe unter der Führung von Wolfgang Herger, dem Abteilungsleiter für Sicherheitsfragen im Zentralkomitee, steht vor zwei unlösbaren Problemen. Wie verhindert man das Ausbluten der Republik im Fall einer großzügigeren Reiseregelung? Allein für das laufende Jahr wird der Produktionsausfall durch Abwanderung auf zwei Milliarden Ostmark geschätzt.

Auch das zweite Problem hat es in sich: Sollen die Reisenden, die in die DDR zurückkehren wollen, nicht auf die Barmherzigkeit ihrer Gastgeber angewiesen sein, müssen sie mit Westgeld ausgestattet werden. Doch Devisen sind in der DDR so rar wie Bananen.

Die Experten rechnen durch, wie viel es kosten würde, wenn man die entsprechenden Auslandsreiseregelungen der sozialistischen Bruderländer übernehmen würde. Das Ergebnis dieser Berechnungen ist ernüchternd. Das ungarische Modell würde 3,9 Milliarden, das tschechische 4,7 Milliarden »Valutamark« kosten. Unbezahlbar.

Am Ende entscheidet sich das Politbüro für die Discount-Variante: den Bürgern einmal im Jahr 15 Mark West gegen 15 Mark Ost einzutauschen. Allein das würde sich auf 400 Millionen Valutamark summieren. »Pinkelgeld«, spotten die DDR-Bürger, weil die 15 Westmark gerade für den Kaffee unterwegs und die letzten Buskilometer zum Zielort reichen würden.

Als der angekündigte Entwurf des Reisegesetzes am 6. November veröffentlicht wird, reagiert die Bevölkerung empört. Wenige Wochen zuvor wäre das Gesetz noch eine Sensation gewesen, jetzt kritisieren selbst SED-Funktionäre die Regelung, die den Bürgern gerade einmal 30 Tage pro Jahr im Ausland gewährt und der Obrigkeit jederzeit vorbehält, die Reisen zu verbieten, wann immer der »Schutz der öffentlichen Ordnung« es erfordert.

»In 30 Tagen um die Welt, ohne Geld«, höhnen die Menschen bei der Montagsdemonstration in Leipzig. Und bestätigen damit Alexis de Tocqueville, den großen konservativen Denker, der 1856 über die Französische Revolution festgestellt hatte: »Das Leiden, das man geduldig als unausweichlich ertragen hat, wird unerträglich, wenn seine Beseitigung plötzlich denkbar erscheint.«

Der Bankrott

Bereits einen Tag nach dem Amtsantritt des neuen Generalsekretärs versucht die DDR-Führung, ein wenig Dampf aus dem Kessel zu lassen. Am 19. Oktober beschließt der Ministerrat, die miserable Versorgungslage kurzfristig durch Importe und Bereitstellungen aus der Staatsreserve zu verbessern.

Südfrüchte, Schokolade, eine Million Jeans aus Syrien, zwei Millionen Kaffeefiltertüten, 100 000 Sanitärarmaturen, Batterien, Autoreifen, 2360 zusätzliche Trabis, 600 000 Uhren,

Geschirr, 2000 Farbfernseher, Kühlschränke, Waschmaschinen, Kohlebadeöfen, Videorekorder, Taschenrechner, Motorräder, Brillen und fünf Millionen Rasierklingen werden zusätzlich an die Geschäfte geliefert.

Es ist pure Kosmetik. Dass die wirtschaftliche Lage der DDR katastrophal ist, wissen die Mitglieder des Politbüros seit Langem. Dass der SED-Staat in Wahrheit ökonomisch am Ende ist, erfahren sie am 31. Oktober. Eine Kommission unter Leitung von Gerhard Schürer, dem Chef der Staatlichen Plankommission, legt ihnen eine schonungslose »Analyse der ökonomischen Lage der DDR mit Schlussfolgerungen« vor.

Die Schlussfolgerungen sind dürftig, die Analyse aber ist eine Bankrotterklärung: »Im internationalen Vergleich der Arbeitsproduktivität liegt die DDR gegenwärtig um 40 Prozent hinter der BRD zurück ... Die Verschuldung im nichtsozialistischen Wirtschaftsgebiet ist ... auf eine Höhe gestiegen, die die Zahlungsfähigkeit der DDR infrage stellt.« Die Investitionen in die Mikroelektronik seien ein Milliardengrab, erklärt die Kommission, die Verkehrsinfrastruktur sei vernachlässigt worden, die Konzentration auf den Wohnungsneubau führe dazu, dass die Altbauten verrotten, der »Verschleißgrad« in der Industrie liege teilweise bei über 60 Prozent, die Sozialpolitik werde durch westliche Kredite finanziert.

Die Verschuldung liege so hoch, schreibt Schürers Expertenrat in einer als »Geheime Kommandosache« deklarierten Zusatzinformation, dass die DDR international als zahlungsunfähig gelten würde, wenn die Daten bekannt würden. Üblich sei eine Schuldendienstrate von nicht mehr als 25 Prozent, die DDR aber liege bei 150. Die Lage werde sich im kommenden Jahr sogar noch verschärfen. Allein ein »Stoppen der Verschuldung würde im Jahr 1990 eine Senkung des Lebensstandards um 25 bis 30 Prozent erfordern und die DDR unregierbar machen«.

Erlösung von diesem Übel erwartet sich die Schürer-Truppe vom Klassenfeind in Bonn. Es sei unerlässlich, »mit der Regierung der BRD über Finanzkredite in Höhe von zwei bis drei Milliarden Valutamark über bisherige Kreditlinien hinaus zu verhandeln«. Zwar schließe die DDR »jede Idee von Wiedervereinigung mit der BRD oder der Schaffung einer Konföderation aus«, aber man könne der BRD ja anbieten, dass sie den Schaden in Höhe von etwa hundert Milliarden Mark begleiche, der »unserem Land in der Zeit der offenen Staatsgrenze laut Einschätzung eines Wirtschaftsinstituts der BRD« entstanden sei.

Und noch etwas: Als »Zeichen der Hoffnung« könne man doch 1995 prüfen, »ob sich die Hauptstadt der DDR und Berlin (West) um die gemeinsame Durchführung der Olympischen Spiele im Jahre 2004 bewerben sollten«.

Letzte Hoffnung Moskau und Bonn

Am Abend nach der Politbürositzung landet Krenz mit einer Sondermaschine der Interflug im Moskauer Schneeregen. Vier Stunden lang trifft er sich am nächsten Tag mit Michail Gorbatschow. Ausführlich schildert er dem sowjetischen Parteichef die Lage der DDR-Wirtschaft. Der gibt sich erstaunt und fragt nach, »ob diese Zahlen exakt seien. So prekär habe er sich die Lage nicht vorgestellt«.

Doch von den Sowjets ist keine Hilfe zu erwarten. Ihnen geht es noch viel schlechter. Das Land wird im vierten Jahr von Glasnost und Perestroika von einer schweren Versorgungskrise gepeinigt, zu Almosen an die bedrängten Bruderstaaten sieht sich die sozialistische Führungsmacht außerstande. So gibt Gorbatschow dem Genossen Krenz am Ende nur einen bescheidenen Rat mit auf den Weg: Man müsse »jetzt in allgemeiner Form einen Weg finden, um der Bevölkerung mitzuteilen, dass man in den letzten Jahren über seine Verhältnisse gelebt habe«.

Und auch in der anderen Frage, die Krenz umtreibt, bekommt er keine Gewissheit. Wie steht Gorbatschow zu einer möglichen Wiedervereinigung Deutschlands? Der KPdSU-Generalsekretär antwortet ausweichend und verweist auf die angeblich skeptischen Amerikaner. Krenz notiert: »Interessant, denke ich, sie reden mit den USA über die deutsche Einheit, nicht aber mit der DDR.«

Von Moskau ist keine Hilfe zu erwarten, aber vielleicht von Bonn? Diesen Part übernimmt Alexander Schalck-Golodkowski, als Leiter des geheimen Bereichs für Kommerzielle Koordinierung zuständig für den inoffiziellen Handel mit dem kapitalistischen Ausland. Am 24. Oktober trifft sich der Stasi-«Offizier im besonderen Einsatz« im Bonner Kanzleramt mit Rudolf Seiters und Wolfgang Schäuble, den Vertrauten von Kanzler Helmut Kohl.

Vorsichtig tasten sich beide Seiten ab. Schalck kündigt weitgehende Reformen an, macht aber deutlich, dass an der Führungsrolle der SED und der sozialistischen Ordnung nicht gerüttelt werden solle. Der unbegrenzte Reiseverkehr, wie ihn die DDR anstrebe, werde teuer werden, sodass im Interesse der Menschen »für einen Ausgleich der zusätzlichen ökonomischen Belastungen gemeinsame Lösungen gefunden werden« sollten.

Seiters und Schäuble signalisieren, dass man über finanzielle Zuschüsse für die neue Reiseregelung nachdenken könne, doch ansonsten vertrösten sie ihren Gast. Sie haben Zeit, das SED-Regime nicht. Als Schalck am 6. November erneut anreist, hat sich seine Verhandlungsposition weiter verschlechtert.

Dieses Mal geht er aufs Ganze. Die DDR sei bereit, in den nächsten zwei Jahren »objektgebunden langfristige Kredite ... bis zur Höhe von zehn Milliarden« Mark aufzunehmen, bietet er an. Nun wissen Seiters und Schäuble, dass die ökonomische Lage in der DDR dramatisch sein muss.

Zwei Tage später ist es der Kanzler selbst, der im Bundestag die Bedingungen für »eine völlig neue Dimension unserer wirtschaftlichen Hilfe« nennt. Für die SED sind sie unerfüllbar: Verzicht der Partei auf ihr Machtmonopol, die Zulassung unabhängiger Parteien und freie Wahlen.

Der 9. November

Seit neun Uhr tagt im Ministerium des Inneren in der Ost-Berliner Mauerstraße eine kleine Arbeitsgruppe: zwei Obristen des MfS und zwei hohe Offiziere des Innenministeriums. Die Spezialisten sollen eine knifflige Aufgabe lösen. Die Parteiführung hat sie beauftragt, eine Regelung für alle DDR-Bürger zu finden, die das Land für immer verlassen wollen. Die Vorgabe ist absurd: An alle, die nur kurz in den Westen wollen, ist nicht gedacht worden.

Und so legen sie den bisherigen Entwurf – »Unverzügliche Visaerteilung für ständige Ausreisen« – beiseite und formulieren eine Regelung über »Privatreisen nach dem Ausland«, die ohne »Vorliegen von Voraussetzungen« beantragt werden sollen. Wer ins Ausland reisen will, egal wie lange, muss dann nur noch ein Visum beantragen.

Seit dem Morgen ist auch das Zentralkomitee zu einer Klausurtagung zusammengekommen. Mittags, in der Raucherpause, liest Krenz den Entwurf der Experten einigen zufällig anwesenden Mitgliedern des Politbüros vor, die ihn abnicken. Dann geht die Vorlage in den Ministerrat.

Gegen 16 Uhr ergreift Krenz im ZK-Plenum das Wort, um ein Problem anzusprechen, »das uns alle belastet: die Frage der Ausreisen ... Was wir auch machen in dieser Situation, wir machen einen falschen Schritt«. Schabowski, der Pressesprecher des neuen Politbüros, ist nicht anwesend, als Krenz die neue Regelung vorliest.

Er taucht erst kurz vor der Pressekonferenz wieder auf, die er am Abend geben soll. Krenz drückt ihm die neue Reiseregelung in die Hand. »Ich bin ins Pressezentrum gefahren und habe mir das Papier nicht mehr durchgelesen«, wird Schabowski wenige Monate später sagen. Da hat er bereits Weltgeschichte geschrieben. Indem er unabsichtlich am Abend des 9. November die Berliner Mauer öffnete.

»Es lag etwas in der Luft«

Der britische Historiker Timothy Garton Ash
über den Fall der Berliner Mauer, den Niedergang
des sowjetischen Imperiums und das Modell
der samtenen Revolution

Das Gespräch führten
Dietmar Pieper und Klaus Wiegrefe

SPIEGEL: Herr Garton Ash, es gibt Ereignisse, die haben sich so tief in das kollektive Gedächtnis eingeprägt, dass die Zeitgenossen noch Jahrzehnte später genau wissen, was sie am Tag des Geschehens gemacht haben. Wie erlebten Sie den Abend des 9. November 1989?

Garton Ash: Ein Student hier auf der Straße in Oxford kam auf mich zu und erzählte, in Berlin sei etwas los. Ich habe dann sofort den Fernseher eingeschaltet. Am nächsten Tag flog ich nach Berlin-Tegel und fuhr in den Osten. Ich werde nie vergessen, wie ich über den Potsdamer Platz durch die Mauer kommend den Westteil der Stadt betrat, herzlich begrüßt von West-Berlinern, die mich für einen Ossi hielten und mir einen Stadtplan überreichten.

SPIEGEL: Kam der Mauerfall für Sie überraschend?

Garton Ash: Selbstverständlich. Ich hatte zwar seit langer Zeit vorausgesehen, dass das sowjetische Imperium – wie alle anderen Imperien – zerfallen würde. Aber dass die Mauer auf diese Weise, mit solcher Spontaneität und Wucht auf dem Schutthaufen der Geschichte landet, war für mich nahezu unvorstellbar.

SPIEGEL: Obwohl der langjährige SED-Chef Erich Honecker Wochen zuvor gestürzt worden war?

Garton Ash: Es lag sicher etwas in der Luft. Günter Schabowski, Egon Krenz und wie sie alle hießen sprachen von mehr Reisefreiheit. Aber das Besondere waren ja plötzlich nicht mehr irgendwelche Zugeständnisse, sondern die Menschenmassen, der Jubel, das Revolutionäre. Für meine Generation – und das wissen die unter 30-Jährigen heute oft nicht – war der Eiserne Vorhang so etwas wie die Alpen, quasi ein Teil der physischen Landschaft Europas. Dass die Mauer friedlich verschwinden würde, erschien fast ausgeschlossen.

SPIEGEL: Sie haben die Revolutionen von 1989 mit der Französischen Revolution genau 200 Jahre zuvor verglichen. Ist das nicht übertrieben?

Garton Ash: Nein, die Französische Revolution hat die europäische Landkarte grundlegend verändert, und das haben auch die Revolutionen von 1989. Alle reden heute von 9/11, wie die Amerikaner den 11. September 2001 bezeichnen. Aber vorher gab es einen anderen 9/11 – allerdings in der europäischen Schreibweise, nämlich den 9. November 1989, und der definiert unsere Gegenwart immer noch grundlegender als der Fall der Zwillingstürme in New York.

SPIEGEL: Der große Revolutionshistoriker François Furet hat den Vergleich mit der Französischen Revolution zurückgewiesen, weil vom Zerfall des Ostblocks keine neue Idee ausgegangen sei.

Garton Ash: Jürgen Habermas sprach mit Blick auf 1989 von der »nachholenden Revolution«: Die Menschen kämpften für etwas, was es anderswo – in Westeuropa – schon gab. Trotzdem hat auch 1989 eine eigene Botschaft. Die Umstürze in Prag oder Ost-Berlin stehen für ein neues Modell, nämlich die samtene Revolution: friedlich, evolutionär, sich selbst begrenzend. Der polnische Oppositionelle Adam Michnik hat ja gesagt, wir haben aus der Geschichte gelernt, dass diejenigen, die die Bastille stürmen, am Ende selbst Kerker errichten. Die Revolutionen von 1989 waren insofern auch eine Antwort auf die Französische Revolution. Denn diese begann mit Gewalt und endete in Gewalt.

SPIEGEL: Bislang hat das Modell aber wenig Nachahmer gefunden.

Garton Ash: Das stimmt nicht. In Südafrika hat man sich daran orientiert, als die Transformation ausgehandelt wurde. Auch in Serbien hat man beim Sturz des Milosevíc-Regimes 2000 der gemäßigten Revolution nachgeeifert. Zwar erwies sich die serbische Variante als nicht ganz so samten. Die Eier, mit denen die Demonstranten geworfen haben, waren tiefgefroren und damit hart wie Stein. Aber insgesamt hielt sich die Gewalt der Straße sehr in Grenzen.

SPIEGEL: Wann hat sich für Sie das Ende des Ostblocks abgezeichnet?

Garton Ash: Im August 1980. Der Streik der Arbeiter auf der Danziger Lenin-Werft begann, und das Warschauer Regime ließ nicht schießen.

SPIEGEL: Aber 1981 wurde doch das Kriegsrecht verhängt …

Garton Ash: … ja, aber es stellte sich dann heraus, dass auch mit Hilfe von polnischen Panzern dieses Land nicht zu normalisieren war. Nach dem Ungarn-Aufstand 1956 und der Niederschlagung des Prager Frühlings 1968 gelang es den Machthabern, mit Hilfe sowjetischer Panzer zur diktatorischen Normalität zurückzukehren. In Polen erwies sich das als unmöglich.

SPIEGEL: Die meisten Ostdeutschen trieb 1989 der Wunsch nach Reisefreiheit und westdeutschem Lebensstandard auf die Barrikaden. Was wollten die Polen?

Garton Ash: Wenn Sie so fragen, muss ich einfach antworten: Freiheit. Das Wirtschaftliche war nicht das Primäre. Später sprach man von der Rückkehr nach Europa, vom Westen, von Demokratie und nahm an, das sei ein Paket, das sei alles gemeinsam zu haben, inklusive einer florierenden Marktwirtschaft.
SPIEGEL: Warum gelang den Polen 1989 als Ersten, was allen anderen Aufstandsversuchen im Ostblock zuvor versagt blieb?
Garton Ash: Die samtenen Revolutionen sind das letzte Stadium eines großen historischen Lernprozesses, der mit dem ostdeutschen Aufstand 1953 begann und dessen weitere Stationen Ungarn 1956 und Prag 1968 darstellen. Aufgrund dieser Erfahrungen setzten sich die polnischen Aufständischen selbst gewisse Grenzen. Arbeiter, Intellektuelle, Kirche vereinbarten eine gemeinsame Strategie, den kommunistischen Staat von unten zu ändern. Sie waren bereit, dafür mit den Machthabern zu verhandeln und mühsame Kompromisse einzugehen. Nehmen Sie Bronislaw Geremek, später Europa-Abgeordneter. Der hatte es sofort kapiert, damals auf der Lenin-Werft: »Wir verhandeln, wir müssen auch den Machthabern etwas geben.« Die Führung der Solidarność hat die Stellung der sowjetischen Militärs nie in Frage gestellt.
SPIEGEL: Dennoch wäre am Ende alles gescheitert, wenn die Machthaber in Ost-Berlin, Warschau oder Prag wie einst ihre Vorgänger gehandelt hätten.
Garton Ash: Es hat natürlich auch einen Lernprozess der Herrschenden gegeben.
SPIEGEL: An wen denken Sie auf deutscher Seite? Doch nicht an Egon Krenz?
Garton Ash: Doch, durchaus. Krenz hatte nicht diese Härte und diesen revolutionären Glauben, um im November 1989 wirklich durchzugreifen. Er war sozusagen schon mindestens zu einem Drittel verwestlicht.

SPIEGEL: Woran ist der Sozialismus gescheitert?

Garton Ash: Das ist eine gewaltige Frage, und ich kann nur einige Elemente nennen. Die Anthropologie des Kommunismus stimmte weder vorn noch hinten. Die Menschen sind eben nicht alle Engel. Natürlich ist es eine faszinierende Idee, das Paradies auf Erden zu errichten.

SPIEGEL: Deren Anziehungskraft freilich immer schwächer wurde.

Garton Ash: Ja, weil die Wirklichkeit dem Traum nicht entsprach. Dann ist natürlich die Konkurrenz zum Westen zu nennen. Nicht nur im Wirtschaftlichen, sondern auch hinsichtlich der Lebenschancen, des Lebensgefühls, selbst im Sozialen fiel der Osten zurück. In den Sechzigerjahren hat man sogar im Westen noch an die Konvergenz der Systeme geglaubt, in den Achtzigerjahren war das Versagen offenkundig.

Zum Weiteren: Es waren ideologische Regime, die von der öffentlichen Lüge und vom semantischen Monopol – wie bei George Orwell beschrieben – lebten. Dieses Monopol wurde durchbrochen.

SPIEGEL: Durchs Fernsehen?

Garton Ash: Am Anfang durch den Samisdat; am Ende durchs Fernsehen. 1989 erlebten wir die ersten Fernsehrevolutionen der Geschichte. In der DDR kam ein weiterer Effekt dazu: Das Westfernsehen vermittelte den Ostdeutschen ein geschöntes Bild der Bundesrepublik. Wenn die meisten DDR-Bürger die realen Probleme gekannt hätten, wären sie wahrscheinlich etwas vorsichtiger gewesen.

SPIEGEL: Sie achten die wirtschaftlichen Faktoren erstaunlich gering. Gerhard Schürer, der Chef der Plankommission, kam im Herbst 1989 zu dem Schluss, dass der Lebensstandard in der DDR um fast ein Drittel gesenkt werden müsse, wenn man den offenen Staatsbankrott vermeiden wolle.

Garton Ash: Das ist nicht zu bestreiten. Ich wende mich nur gegen die Interpretation, das Materielle sei entscheidend gewesen.

SPIEGEL: Und wie deuten Sie dann den so rasch und heftig aufkommenden Ruf der Demonstranten nach der West-Mark?

Garton Ash: Die D-Mark war mehr als eine Währung, sie war ein Kürzel für eine ganze Lebensweise, die man begehrte. Ich finde es herablassend, wenn man meint, die DDR-Bürger wollten nur den Wohlstand, sie wollten auch Freiheit.

SPIEGEL: Sie haben einige Jahre in Ostdeutschland gelebt, wie empfanden Sie das SED-Regime?

Garton Ash: Vor allem als Diktatur, was damals im Westen keine Selbstverständlichkeit war. Außerdem als mies, eng, kitschig, spießig. Und gleichzeitig habe ich in Thüringen und anderswo ein älteres, ein geistiges Deutschland gefunden, das es in der Bundesrepublik nicht mehr gab. Das hat mich fasziniert.

SPIEGEL: Wie erklären Sie sich dieses Nebeneinander von diktatorischer Enge und intellektueller Tiefe?

Garton Ash: Es war der paradox konservative Charakter des real existierenden Sozialismus. Außerdem fordern Diktaturen immer den Geist heraus.

SPIEGEL: Die großen Dissidenten wie Václav Havel oder Bronislaw Geremek waren Tschechen oder Polen. Warum hat die ostdeutsche Opposition keinen Bürgerrechtler dieses Formats hervorgebracht?

Garton Ash: Robert Havemann hätte eine solche Figur werden können, aber er war 1989 schon tot. In der Kirche gab es vergleichbare Männer, etwa Bischof Albrecht Schönherr, der aus der Bekennenden Kirche, also dem Widerstand gegen Hitler, kam, und nun zu den inneren Gegnern der DDR zählte. Ansonsten galt: Die deutschen Havels waren alle im Westen, ausgereist in die Bundesrepublik.

SPIEGEL: Sie nennen nicht die typisch deutsche Perfektion des Repressionsapparats als Grund?

Garton Ash: Die DDR war Frontstaat, und der Apparat reagierte deshalb sicherlich sehr hart. Aber es war ja nicht so, dass sich

Der Untergang des Sowjetimperiums

14. August 1980
Beginn des Streiks in der Danziger Lenin-Werft.

17. September 1980
Gründung der Gewerkschaft Solidarność in Danzig.

13. Dezember 1981
General Wojciech Jaruzelski verhängt das Kriegsrecht in Polen.

11. März 1985
Michail Gorbatschow wird Generalsekretär der KPdSU.

21. Januar 1989
Ungarns Kommunisten verzichten auf ihre verfassungsmäßig garantierte Führungsrolle.

6. Februar bis 5. April 1989
Verhandlungen am Runden Tisch zwischen Regierung und Opposition (Leitung: Lech Walesa) in Warschau.

2. Mai 1989
Ungarn beginnt mit dem Abbau der Befestigungen an der Grenze zu Österreich.

4. Juni 1989
In Polen gewinnt das »Bürgerkomitee« die Parlamentswahl. Jaruzelski wird im Juli Präsident; Tadeusz Mazowiecki (Solidarność) wird im August erster nichtkommunistischer Ministerpräsident.

19. August 1989
Etwa 500 Ostdeutsche nutzen das »Paneuropäische Picknick« zur Flucht aus Ungarn nach Österreich.

11. September 1989
Öffnung der Grenze zwischen Ungarn und Österreich

jeder DDR-Bürger täglich vor der Stasi gefürchtet hätte. Es gab viel Duckmäusertum, das sich nicht durch die Stasi erklären lässt. Man sollte nur im Übrigen die Repression in Polen oder Ungarn nicht unterschätzen. Ich erinnere nur an die

25. Oktober 1989
Der Sprecher des sowjetischen Außenministeriums, Gennadij Gerassimow, verkündet die Sinatra-Doktrin in Anlehnung an Frank Sinatras Welterfolg »I did it my way«: Die kommunistischen Staaten dürfen über ihren politischen Weg selbst entscheiden.

9. November 1989
Demonstranten erzwingen die Öffnung der Berliner Mauer.

29. Dezember 1989
Wahl Václav Havels zum Präsidenten der Tschechoslowakei.

11. März 1990
Litauen erklärt sich für unabhängig.

30. März 1990
Estland erklärt sich zur eigenständigen Republik.

4. Mai 1990
Lettland deklariert seine Unabhängigkeit.

3. Oktober 1990
Deutsche Wiedervereinigung.

8. Dezember 1991
Ukraine, Weißrussland und Russland gründen die Gemeinschaft Unabhängiger Staaten.

25. Dezember 1991
Gorbatschow tritt als Präsident der UdSSR zurück.

26. Dezember 1991
Abgeordnete des Obersten Sowjets lösen die UdSSR auf.

Ermordung des Priesters Jerzy Popieluszko durch polnische Geheimdienstler 1984.

SPIEGEL: Fünf Jahre danach regierte in Warschau ein nichtkommunistischer Ministerpräsident, in Ungarn tagte der Runde Tisch, nur in der DDR tat sich wenig. Warum kam die Wende später als anderswo?

Garton Ash: Ich hatte lange Jahre Einreiseverbot und durfte erst im Sommer 1989 wieder die DDR besuchen. Ich traf Gerd Poppe und andere Dissidenten und erinnere mich sehr gut, wie sie alle beteuerten, dass eine Entwicklung wie in Polen unmöglich sei, geschweige denn die Öffnung der Mauer.

SPIEGEL: Ein verständliches Fehlurteil?

Garton Ash: Es war ja klar, wenn die DDR zusammenbricht, bricht das ganze äußere sowjetische Imperium zusammen. Auf deutschem Boden also würde das letzte Gefecht toben. 1989 war auch das Jahr des Massakers auf dem Platz des Himmlischen Friedens in Peking. Niemand in der DDR wusste, wie die sowjetischen Truppen sich verhalten würden.

SPIEGEL: Die blieben, anders als bei den Aufständen im Ostblock zuvor, in ihren Kasernen. Warum hat Michail Gorbatschow nicht mit der gleichen Härte reagiert wie seine Vorgänger?

Garton Ash: Gorbatschow ist eine faszinierende Figur, weil sich in ihm Realismus und Traumtänzerei mischten, und beides war nötig. Sein Realismus nährte die Einsicht, dass es so nicht weitergehen konnte. Die Illusion lag in seinem Glauben, dass man 1989 noch mit einem Reformkommunismus – einem Sozialismus mit menschlichem Antlitz – erfolgreich sein und Osteuropa halten könne. Gorbatschow wollte quasi den Prager Frühling nachholen. Von dieser Illusion haben wir alle profitiert.

SPIEGEL: Viele Ewiggestrige in Russland werfen ihm vor, das Imperium verraten zu haben.

Garton Ash: Gorbatschow hat geglaubt, die so genannte Sinatra-Doktrin (siehe Kasten Seite 148/149) lasse sich auf Ost- und Mitteleuropa beschränken, gelte aber nicht für die Sowjetunion. Also Selbstbestimmungsrecht für Polen und Ungarn, nicht aber für Balten oder Ukrainer. Das war sein großer Fehler – und ein großes Glück für Europa.

SPIEGEL: Was war Gorbatschows Ziel?

Garton Ash: Als Sowjetpatriot hat er kühl kalkuliert. Seine Berater sind schon Mitte der Achtzigerjahre zu dem Schluss gekommen, dass Osteuropa in seiner damaligen Form auf der Soll- und nicht der Habenseite zu verbuchen sei. Gorbatschow wollte aus dem Minus ein Plus machen: ein reformiertes Osteuropa als Brücke zum Westen, insbesondere zu Westdeutschland, um die Sowjetunion zu modernisieren, wie einst Peter der Große. Das war die entscheidende Aufgabe, die sozialistischen Satellitenstaaten erschienen als Nebenschauplatz.

SPIEGEL: Und Helmut Kohl hat Gorbatschow mit deutscher Wirtschaftskraft geködert?

Garton Ash: Denken Sie an den Besuch Gorbatschows in Bonn im Sommer 1989. Die damalige deutsche Gorbi-Manie hat auf den Russen, einen gefühlsbetonten Menschen, einen unglaublichen Eindruck gemacht. Und was wurde nicht alles vereinbart: technische Kooperation, wirtschaftliche Zusammenarbeit. Außerdem hat Helmut Kohl, so erzählt er es, am Ufer des Rheins zu Gorbatschow gesagt, so wie das Wasser den Rhein unwiderstehlich hinunterfließt, so wird auch die deutsche Geschichte in der Einheit münden.

SPIEGEL: Das hat den Sowjetführer beeindruckt?

Garton Ash: Na ja, als ich Gorbatschow danach fragte, hatte er nur eine vage Erinnerung: Irgend so etwas habe Helmut gesagt. Aber der Gesamteindruck auf dieser Reise – und das war sicherlich Kohls Werk – war entscheidend für seine Reaktion im November.

SPIEGEL: Wäre ohne die berühmte Pressekonferenz von Günter Schabowski am frühen Abend des 9. November die Mauer stehen geblieben?

Garton Ash: Eine Maueröffnung im Sinne von mehr Reisefreiheit hätte es gegeben, einen Mauerfall nicht. Und das ist ein Riesenunterschied. Die Emotionen jener Nacht haben die ganze Welt beeindruckt, auch die politischen Führer. Hier haben Freudentränen Geschichte gemacht.

SPIEGEL: Wie wäre es denn bei einer bürokratisch organisierten Grenzöffnung weitergegangen?

Garton Ash: Es wäre vermutlich alles viel langsamer gekommen. Und der Faktor Tempo war entscheidend. Denn wie Helmut Kohl immer – und zu Recht – sagt: Das Fenster zur deutschen Einheit war nur eine kurze Zeit offen, aufgrund der Lage in der Sowjetunion. Ein langsamerer Prozess hätte insofern wahrscheinlich nicht zum gleichen Ergebnis geführt.

SPIEGEL: Wie hoch schätzen Sie rückblickend die Gefahr eines militärischen Eingreifens der Sowjetunion ein?

Garton Ash: Nicht sehr hoch. Die sowjetischen Führer um Gorbatschow wussten nicht, was sie machen sollten, sie wussten aber, was sie nicht machen wollten. Und der damalige US-Präsident George Bush agierte klug und zurückhaltend, was beweist, dass ein Bush durchaus staatsmännisch handeln kann. Die amerikanische Politik hat entschieden zur Einheit beigetragen.

SPIEGEL: Manche sehen in Bush sogar den eigentlichen Vater der Einheit.

Garton Ash: Der Erfolg hat bekanntlich viele Väter, und die deutsche Einheit auch. Ich glaube zunächst einmal, die Rolle Kohls ist gar nicht zu überschätzen. Ein anderer westdeutscher Politiker hätte möglicherweise die Chance nicht so entschlossen ergriffen. Dazu kam seine persönliche Gipfeldiplomatie, sein Vertrauensverhältnis zu Gorbatschow, der auf Deutschland als Träger der Modernisierung Russlands hoffte. Auch der Papst, die ostmitteleuropäischen Dissidenten und natürlich die Ungarn, die den Eisernen Vorhang zerschnitten, sind Mitväter der Wiedervereinigung gewesen. Bush senior war aber ein wichtiger Onkel der deutschen Einheit.

SPIEGEL: Herr Garton Ash, wir danken Ihnen für dieses Gespräch.

Volten im Wendejahr

Der Bundesnachrichtendienst hat umfangreiche Akten zum Mauerfall freigegeben. Über Gorbatschows Gespräche mit Honecker wussten die Geheimdienstler bestens Bescheid, der Mauerfall hingegen traf sie völlig unvorbereitet.

Von Klaus Wiegrefe

Es hätte ein echter Coup sein können: Erich Honecker haut in den Westen ab, und der Bundesnachrichtendienst (BND) weiß es als Erster. Es ist der 7. November 1989, zwei Tage vor dem Mauerfall. Der BND meldet dem Kanzleramt: Der einige Wochen zuvor gestürzte SED-Führer habe »am 6. 11. seine Schwester in Wiebelskirchen/Saarland besucht« und sei »dann zur ärztlichen Behandlung in die Schweiz weitergereist«.

Wenig später folgt die Ernüchterung: Der Geheimdienst hat es nicht nur als Erster gewusst, sondern auch als Einziger. Die Meldung ist falsch, in Wirklichkeit sitzt Honecker in Wandlitz und nimmt den Untergang der DDR übel.

Honecker und der BND – das ist eine Geschichte des Hörensagens, des Wissens und der Falschinformation. Im September '89 zum Beispiel unterrichten die Geheimen in einer »Express-Meldung« das Bonner Kanzleramt, der Staatsratsvorsitzende sei am 13. des Monats verstorben, das Begräbnis sei für den 24. geplant. So hatten es die Amerikaner ermittelt, so stand es in *Bild*, und so kolportierte der BND den vermeintlichen Knüller – wenn auch mit der Anmerkung, am Inhalt der Meldung seien »erhebliche Zweifel« angebracht. Zu Recht: Honecker sollte noch bis 1994 leben.

Künstlerpech? Unfähigkeit? Oder die üblichen Schrammen, die sich holt, wer im Halbdunkeln über fremdes Terrain stakst? Was taugt der Dienst? Darüber wird seit seiner Gründung gestritten. Und wie effizient die westdeutsche Aufklärung auf dem Gebiet der DDR war, vermochten nicht mal Insider seriös einzuschätzen. Umso erstaunlicher, dass der BND zahlreiche Akten zu einem Großereignis der Nachkriegsgeschichte deklassifiziert hat: dem Mauerfall 1989 und dem Ende der DDR.

Ausgerechnet der ob seiner Geheimniskrämerei bei Wissenschaftlern und Journalisten berüchtigte BND setzt sich damit international an die Spitze der historischen Aufklärung, weit vor den sowjetischen KGB, die amerikanische CIA oder den britischen MI6, die ihre Dossiers zum Wendejahr '89 weiterhin unter Verschluss halten.

Es sind Tausende Seiten, die im Bundesarchiv in Koblenz vorliegen. Sie bilden zwar nur einen Teil der BND-Papiere zum Untergang des SED-Staats – die Akten zur DDR-Wirtschaft, zur Stasi oder zur Auslandsspionage sind noch verschlossen –, doch auch so lässt sich abschätzen, was der Geheimdienst wusste, etwa über die Nationale Volksarmee der DDR (fast alles), von der Stimmung an der SED-Basis (ziemlich viel), vom Geschehen im Politbüro (fast nichts).

In dem Dokumentenschatz finden sich neben absurden Falschmeldungen auch spektakuläre Materialien. Etwa jene Aufzeichnungen aus der ersten Jahreshälfte 1990, die von Hans Modrow handeln, damals Regierungschef der DDR und heute Vorsitzender des Ältestenrats der Linken.

Im BND hatte der Reformbefürworter lange einen guten Ruf. »Der war unser Held«, erzählt Dieter Gandersheim, in der Wendezeit beim Dienst für die »Gesamtlage« zuständig. Doch dann reiste Modrow nach Moskau, um sich am 30. Januar mit Kreml-Chef Michail Gorbatschow abzustimmen. Die Wirtschafts- und Währungsunion stand vor der Tür und die SED vor dem Machtverlust.

Nach BND-Erkenntnissen bot Modrow seinem Gastgeber das Letzte an, was die Partei noch zu bieten hatte: die Stasi. Zunächst ging es um die Hauptverwaltung Aufklärung, zuständig für Auslandsspionage, dieses »effizient arbeitende« Spionageinstrument, das derzeit »kaum genutzt« werde; dies könne er »weitestgehend zur Verfügung« stellen, zitiert der Dienst den DDR-Chef. Allerdings müssten die Sowjets die Übernahme der materiellen Basis sichern, vulgo: die Gehälter zahlen. Aber dafür würden sie ja auch etwas bekommen, so Modrow laut BND-Bericht: »Es seien nach wie vor alle wichtigen Aufklärungsbereiche abgedeckt«, insbesondere in der Bundesrepublik.

Aber auch die 260 000 hauptamtlichen und inoffiziellen Mitarbeiter der Stasi, welche die SED-Diktatur nach innen absicherten, wollte der Ost-Berliner Regierungschef den Dokumenten zufolge dem KGB vermachen. Nach BND-Erkenntnissen lockte er mit dem Hinweis, das »dicht geknüpfte Agenten- und Informantennetz (erfasse) weitestgehend das Parteien- und Oppositionsspektrum in der DDR«. Der Dienst notierte: »Gorbatschow zeigte sich interessiert.«

Modrow sagt dazu heute: »Nichts von dem ist wahr.« Die BND-Informationen seien »eine glatte Lüge«. Viele BNDler hingegen glauben, dass der KGB Stasi-Leute zumindest teilweise übernommen hat.

Wenn es um den Zustand und die Zukunft der DDR ging, ließ sich aus den Gesprächen des Kreml-Chefs generell Interessantes ableiten. Eine Aufzeichnung, die der BND am 5. Juni

1989 ans Kanzleramt und ausgewählte Ministerien schickte, bezieht sich auf ein wegweisendes Gespräch zwischen Gorbatschow und Honecker aus dem Vorjahr. Gorbatschow wollte damals sowjetische Truppen aus der DDR abziehen, Honecker protestierte. Doch der Moskauer Regent blieb laut BND-Akten hart: »Jedes Land trage für seine innere Sicherheit die alleinige und ausschließliche Verantwortung: Unter seiner Führung werde die Sowjetunion nicht intervenieren, um eine Partei bzw. Obrigkeit vor unzufriedenen Massen zu schützen.«

Deutlicher konnte die Weltmacht die Breschnew-Doktrin kaum widerrufen, der zufolge sich niemand im roten Imperium vom real existierenden Sozialismus verabschieden durfte. Die sowjetische Bestandsgarantie für die DDR war abgelaufen – mindestens ein Jahr vor dem Mauerfall.

Solche Einsichten dürften das Rätsel lösen, woher Kanzler Helmut Kohl und Außenminister Hans-Dietrich Genscher 1989 die Zuversicht nahmen, dass Moskau die Wende geschehen lassen würde.

Die jetzt zugänglichen Papiere stammen aus Haus 103. Der dreistöckige Betonkasten mit den Stahlgittern vor den Fenstern steht im hinteren Teil des BND-Geländes in Pullach bei München. Dort saßen, zumeist in Einzelbüros, die Auswerter der Abteilung 3; ungefähr 30 von ihnen kümmerten sich um den ostdeutschen Arbeiter-und-Bauern-Staat.

Sie mussten beurteilen, was Spione und Abhörer von jenseits des Eisernen Vorhangs anschleppten oder was die Lektüre des *Neuen Deutschland* an Interpretationen zuließ. Der Glamourfaktor ihres Jobs ging gegen null, nur gelegentlich gab es eine Dienstreise nach Washington. Nie konnten die Auswerter einen Agenten treffen (dafür waren die Beschaffer zuständig), nie durften sie in den Ostblock reisen – zu gefährlich. Und eine Pistole hatten sie auch nicht.

Das Konvolut der freigegebenen Dokumente setzt Mitte der Achtzigerjahre ein. Der BND genoss unter den westlichen Diensten seinerzeit den Ruf, die DDR besonders gut zu kennen. Doch Hans-Georg Wieck, der 1985 den Chefposten übernommen hatte, erzählt heute, in ersten Besprechungen hätten Mitarbeiter behauptet, das SED-Regime sitze »fest im Sattel« und die DDR-Bevölkerung habe die Einheit abgeschrieben. So sahen es damals auch Spitzenpolitiker aller Bonner Parteien.

Der CDU-Mann Wieck kam aus dem Auswärtigen Amt und hatte als Botschafter in Moskau den grauen sozialistischen Alltag erlebt. Von der herrschenden Meinung hielt er wenig – und mehr davon, systematisch Hinweise darauf zu suchen, was die Ostdeutschen über ihre Regierung und die deutsche Frage wirklich dachten.

Am liebsten wäre Wieck die DDR-Urlauber an den Stränden des ungarischen Plattensees oder in den Bars an der Schwarzmeerküste Bulgariens angegangen. Aber das fanden seine Sicherheitsexperten zu riskant. Stattdessen suchten die Geheimdienstler aus Pullach das Gespräch mit DDR-Wissenschaftlern, Kombinatsleitern und Privatreisenden, die im Westen zu Besuch weilten, oder sie machten sich an Übersiedler und Flüchtlinge heran. Alles natürlich inkognito.

So gab es beim BND Spezialisten für das Plaudern in der Eisenbahn, zumeist Frauen mittleren Alters, intern »Zugbefragerinnen« genannt. Andere Agenten nutzten die Hotelbar, gaben sich als Journalist, Versicherungsvertreter oder gar Meinungsforscher aus, plauderten über den FC Magdeburg und erkundigten sich – nach dem dritten Bier –, was der Besucher denn so von der deutschen Einheit halte.

Ungefähr 600 Interviews kamen auf diese Weise pro Halbjahr zustande, wurden ergänzt durch Kenntnisse, die der

Dienst aus abgehörten Telefonaten oder Briefen erhielt; der BND öffnete routinemäßig Schreiben aus der DDR in die Bundesrepublik. Alles Material für Analysen über die Lage in der DDR.

Dazu zählen kluge Einschätzungen, etwa über die doppelt destabilisierende Wirkung von Westreisen. Honecker ließ ab 1986 die Ostdeutschen vermehrt in die Bundesrepublik reisen. Wie der Dienst herausfand, waren die Menschen nach der Rückkehr zunächst überwältigt von ihren Eindrücken aus Hamburg oder Stuttgart; bald jedoch folgten Wut und Resignation über die Zustände in der Heimat und schließlich depressive Phasen mit wochenlangen Krankmeldungen. Westreisende waren für die SED zumeist verloren. Und jene, die nicht reisen durften, grollten ebenfalls der Staatspartei – ob der Benachteiligung.

Auch die regelmäßigen BND-Berichte über die »psychopolitische Lage in der DDR« spiegeln eine interessante Facette deutsch-deutscher Wirklichkeit. In einem Dokument vom Februar 1986 ist zu lesen, dass »der Gedanke an die deutsche Nationalität in der DDR-Bevölkerung tief verwurzelt« sei und allenfalls eine Minderheit den SED-Staat uneingeschränkt bejahe. Eine Einschätzung, die sich in den folgenden Jahren wenig ändern sollte.

Nicht auszuschließen ist freilich, dass mancher BND-Informant recherchierte, was der konservative Chef hören wollte. Anlass zu solchem Misstrauen gibt eine Studie, die in diversen BND-Berichten erwähnt wird. Sie soll vom Ost-Berliner »Institut für Internationale Politik und Wirtschaft« (IPW) stammen und 1988 im Auftrag der SED-Führung erstellt worden sein. Demnach befürworteten sehr viele Ostdeutsche die Einheit, nur etwa jeder Zehnte unter der arbeitenden Bevölkerung lehnte sie ab.

Das Problem dieses Befunds: Es gibt die Studie offenbar nicht. In den DDR-Archiven wurde sie jedenfalls nicht gefunden. Und der damalige Leiter des IPW, Max Schmidt, sagt, er habe ein derartiges Dokument nie gesehen; solche Forschungen hätten auch nicht zu den Aufgaben seines Instituts gezählt.

In anderen Fällen meldete der BND nachweislich Falsches – zog daraus aber die richtigen Schlüsse. So schätzte der Dienst Anfang 1989 die Zahl der Ostdeutschen, die einen Ausreiseantrag gestellt hatten, auf bis zu 1,5 Millionen. Das beruhe auf »nachrichtendienstlichen Informationen zuverlässiger Quellen«. Der BND sah eine große Ausreisewelle bevorstehen, was ja auch stimmte. Nur: Nicht 1,5 Millionen, sondern 113 500 Ostdeutsche hatten zu diesem Zeitpunkt die Ausreise beantragt. Da sei man SED-internen Manipulationen aufgesessen, sagt Wieck.

Der gebürtige Hamburger zählte zu jenen BND-Präsidenten, die gelegentlich dem Kanzler vortragen durften. Meist dauerten die Vieraugengespräche mit Kohl 20 Minuten, anschließend ging es in großer Runde weiter, und da Kohls Frau Hannelore von privaten DDR-Reisen Eindrücke mitbrachte, die sich mit den Geheimdiensterkenntnissen deckten, war die Stimmung zeitweise durchaus aufgeräumt.

Wieck hatte ja auch gute Nachrichten für den daheim in der Kritik stehenden Kanzler: Etwa als der BND am 12. Juli 1989 meldete, dass die Ostdeutschen ihn auf einmal schätzten. Sie sähen in ihm nicht mehr den revanchistischen Erzreaktionär, sondern einen pragmatischen Deutschland-Politiker.

Die Meldung muss den Kanzler und seine Getreuen beim Dienst gefreut haben, denn der zuständige Auswerter vermerkte handschriftlich: »Eine stimmungsmäßig besonders aussagefähige Meldung, deren Inhalt große Aufmerksamkeit erregt hat. (...) An solchen Stimmungsaspekten besteht größtes Interesse.« Die gern verbreitete Behauptung, Kohl habe die BND-Berichte prinzipiell ignoriert, lässt sich durch manchen Aktenvermerk aus dem Kanzleramt schlicht widerlegen.

Andererseits: Was der Dienst im Spätsommer 1989 nach Bonn meldete, war wenig kohärent. Am 21. August beobachtete der BND »eine Art Endzeitstimmung in weiten Bevölkerungsteilen« der DDR. Gut zwei Wochen später hieß es dagegen, immer noch würde »ein großer Teil der Bevölkerung dem Regime loyal bzw. resignativ begegnen oder es zumindest akzeptieren«.

Immerhin deuteten die Pullacher die Massenflucht über Ungarn treffend als Katalysator. Der Exodus habe »Teile der in Resignation und Lethargie verfallenen Bevölkerung regelrecht reaktiviert«. Die Menschen seien »konfliktbereiter und auch veränderungswilliger« geworden. Das stimmte – nur brauchte es für diese Analyse keinen Geheimdienst; das ließ sich auch im SPIEGEL nachlesen.

Wie fast alle westlichen Beobachter unterschätzte der Geheimdienst die Wirkung der Bürgerrechtsbewegung. Diese finde »fast keine Resonanz in der Bevölkerung«, schrieb Wieck Ende September nach Bonn. Die Sicherheitsorgane der DDR hätten die Lage im Griff.

Über ein dichtes Netz von Funkaufklärstationen entlang der deutsch-deutschen Grenze konnte der BND Telefonverkehr abhören. »Laus-Material« nannten die Geheimen die so gewonnenen Informationen, darunter waren auch Berichte der SED-Kreisleitungen an die Parteizentrale. Von »tiefsitzendem Unbehagen« an der Basis, »Orientierungslosigkeit und Vertrauensverlust in die Führung« berichtet der BND im Mai des Wendejahres. Im Herbst der DDR registrierte der Dienst dann »Misstrauen und Resignation nicht nur unter den einfachen Genossen, sondern auch unter den Funktionären der Grund-, Kreis- bis in die Bezirksorganisationen«.

Und dennoch bezweifelte der BND lange, dass die SED-Führung die Macht friedlich abgeben würde. Erst am 3. November – längst gingen die Ostdeutschen zu Hunderttausenden auf die Straße – meldete der DDR-Chefauswerter, Deckname »Schönbeck«, die SED müsse »eventuell doch das jetzt noch zäh verteidigte Machtmonopol zur Disposition« stellen.

Wie unterschiedlich die Qualität der BND-Quellen war, zeigt sich gerade in jenem Moment, als der zweite deutsche Staat faktisch implodierte. Über die Nationale Volksarmee wusste Pullach gut Bescheid, auch aus dem Zentralkomitee, dem Außen- und dem Innenministerium der DDR flossen Informationen in den Westen. Nur zum engeren Zirkel des Politbüros, wo die Entscheidungen heranreiften, hatten die BND-Agenten – etwa ein Dutzend waren es wohl in Top-Positionen – keinen Zugang gefunden.

Den Geheimdienst hielt das freilich nicht davon ab, munter über Interna der SED-Spitze zu berichten. Manches stimmte, manches nicht. Was auch damit zusammenhängen dürfte, dass die Stasi wohl fast alle Geheimdienstzuträger umgedreht hatte, wie der BND heute selbst einräumt.

Wahrheit und Desinformation zu trennen war in dieser Gemengelage ein schwieriges Unterfangen. Im Juli etwa hatte Erich Honecker in Bukarest den Gipfel des Warschauer Pakts vorzeitig verlassen müssen. Der BND berichtete von einer »harmlosen Insuffizienz« des 76-Jährigen, die man auch vor Ort hätte behandeln können. Die Schlussfolgerung: Der politisch isolierte SED-Chef sei nicht aus Gesundheitsgründen heimgereist, sondern um sich dem »unangenehmen Klima der Tagung (zu) entziehen«.

Doch Honecker war wirklich schwer krank und musste an der Gallenblase operiert werden. Und die Performance des BND wurde nicht besser: Im August meldete Wieck nach Bonn, Honecker leide an Bauchspeicheldrüsenkrebs, einer unheilbaren und besonders bösartigen Krankheit. Wenn das wahr gewesen wäre, hätte Honecker das Jahr 1989 kaum überlebt.

Es waren unruhige Zeiten, in der DDR und bei den Aufklärern in Pullach. Kaum war Honecker Ende September ins Politbüro zurückgekehrt, berichtete Wieck, es liege ein »Hinweis aus kompetenter Quelle« vor, wonach der SED-Generalsekretär Reformen in der DDR einleiten werde. Gorbatschow habe Honecker unter Druck gesetzt. Da hatte Ulrich Schwarz, damals SPIEGEL-Korrespondent in Ost-Berlin (siehe Gespräch ab Seite 105), bereits geschrieben, dass »die politischen Tage Erich Honeckers gezählt« seien.

Zwei Wochen später hatte der BND wieder Anschluss gefunden an die tatsächliche Entwicklung jenseits der Mauer. Der Dienst rechnete mit »personellen Konsequenzen an der Spitze der SED, in die möglicherweise Honecker selbst einbezogen wird«.

In der Tat forderten die Genossen im Politbüro den greisen und altersstarren Honecker am nächsten Tag, dem 17. Oktober, zum Rücktritt auf. Noch am gleichen Abend räumte der gebürtige Saarländer seinen Schreibtisch.

Die BND-Spitze erfuhr von der Entwicklung durch ein abgefangenes Telefonat, das zwei Spitzengenossen am folgenden Morgen führten: Die Ehefrau – vom BND-Auswerter mit »A« bezeichnet – saß in Ost-Berlin und war informiert, der Gatte (»B«) befand sich in Rostock und begriff nur langsam. Noch musste das Zentralkomitee am Nachmittag dem Sturz Honeckers zustimmen, und die Genossin war in Sorge:

A: *Du wirst es wahrscheinlich noch nicht wissen. Ich will aber am Telefon nicht Klartext reden. Man kann sich profilaktisch (sic!) für heute Abend eine Flasche Sekt oder Wein hinstellen. (Spricht vorsichtig, jedes Wort abwägend, wissend)*

B: *Aha.*

A: *Es wird etwas zu feiern geben.*

B: *Gut.*

A: *Schön Aktuelle (Kamera – K. W.) gucken.*

B: *Ja, ok.*

A: *Alles neu.*

B: *Gut. Wir sind hier eifrig dran. Aber sind natürlich etwas abgenabelt.*

A: *Ja eben, deshalb. Ich denke, das wird euch – also unbedingt und versucht mal auch tagsüber, aehm, wirklich alles und ganz gravierend.*

B: *Ich habe heute früh schon gehört, da war gestern das mit den Studenten in der …*

A: *Nein, nein. Ich meine wirklich alles und ganz gravierend. (Spricht langsam, eindringlich, klingt glaubhaft)*

B: *Gut.*

A: *Also, ich buchstabiere jetzt mal Führung. Fahrzeug, Überfall, Heinrich, Richard, Udo, Nordpol, Gustav.*

B: *Ok, Liebste.*

A: *Gänsehaut. Hoffentlich geht es gut.*

B: *Ja. (…)*

A: *Schätzchen, weil du ja so darunter gelitten hast, und ich dachte, das muss ich dir ganz, ganz schnell mitteilen.*

B: *Ok, Schatz.*

Dokument eines Machtwechsels in einer Diktatur. Abends konnten A und B dann die Korken knallen lassen. Die Ära Honecker war zu Ende.

Der Nachfolger hieß Egon Krenz, seit Jahren Honeckers Kronprinz. Auch beim BND war er stets als einer der Top-Favoriten für die Nachfolge des SED-Generalsekretärs gehandelt worden, Krenz wurde als »flexibel und pragmatisch« eingeschätzt. Aber was bedeutet das, wenn täglich mehr Menschen auf die Straße gehen und ein Ende der SED-Diktatur verlangen?

Das Personendossier zu Krenz wurde vom BND nicht freigegeben. Nur ein Detail lässt sich aus den im Bundesarchiv vorliegenden Unterlagen entnehmen, und wenn denn stimmt, was dort steht, fällt kein gutes Licht auf Krenz. Er soll sich nach dem Tod seiner Mutter 1975 persönlich dafür eingesetzt haben, die Einreisegenehmigung für seine Halbschwester – die in der Bundesrepublik lebte – zu verzögern, sie sollte nicht an der Beerdigung in der DDR teilnehmen können – was Krenz dementiert. Das sei eine »Fehlinformation«; er habe zu der Verwandten seit 1957 keinen Kontakt mehr gehabt und nicht gewusst, ob sie »überhaupt zur Beerdigung kommen wollte«.

Politisch kam Krenz beim BND erstaunlich gut weg. »Der war ein bisschen unser Hoffnungsträger«, erinnert sich Gandersheim. Lange glaubte der BND, es sei Krenz' Verdienst, dass Polizei, Betriebskampfgruppen, Stasi und NVA bei der großen Leipziger Demonstration am 9. Oktober nicht auf die Menschenmenge geschossen haben. Doch der Honecker-Nachfolger spielte dabei keine Rolle.

Auch rechnete der BND dem neuen SED-Generalsekretär die Öffnung der Mauer am 9. November zu. Dabei hatte die Parteiführung etwas ganz anderes geplant als das freudige Chaos in der Nacht der Nächte. Die Ostdeutschen sollten nach einer Übergangszeit in einem geordneten Verfahren in den Westen reisen dürfen. Als Gnadenakt von oben gewährt, mit polizeilich erteilter Genehmigung und natürlich der Möglichkeit, diese jederzeit zu versagen.

Politbüro-Mitglied Günter Schabowski erweckte jedoch in seiner legendären Pressekonferenz am Abend des 9. November den Eindruck, man könne sofort rüber. Prompt versammelten sich Tausende Ost-Berliner vor den Grenzübergängen und forderten lautstark deren Öffnung. Die verunsicherten und weisungslosen Grenzer gaben schließlich nach.

Und der BND berichtete am 10. November 1989 nach Bonn: »Um ein Abflauen des Flüchtlingsstromes zu erreichen, hat die SED am Abend des 9.11. überraschend ihre Westgrenzen geöffnet, was zahlreiche Deutsche zum Besuch im jeweils anderen Teil Deutschlands nutzten (…). Diese geradezu sensationelle Maßnahme ist als bisher radikalster Schritt von Krenz zu werten, mit dem er das Vertrauen der Bevölkerung zu gewinnen sucht.« Niemand von den damals Verantwortlichen des BND mag heute mehr behaupten, der Dienst habe rund um den 9. November im Leistungszenit gestanden.

Als die Mauer fiel, waren Kohl und Genscher gerade in Warschau auf Staatsbesuch – und ahnten nichts. Geheimdienstchef Wieck weilte in Washington auf Dienstreise. Von der Öffnung der Mauer erfuhr er im Hotelzimmer, via Fernsehen. Er rief sofort in Pullach an. Dort hatten sich einige DDR-Experten vor der Mattscheibe versammelt. Ihrem Chef gestanden sie: »Wir sind auch überrascht worden.« Diese Meldung hat gestimmt. Ganz sicher.

KAPITEL 5

9. November 1989: Das Puzzle der Einheit

Im Langsam-Land DDR ging am Ende alles ganz schnell: Die Nachricht von der Maueröffnung kam der Maueröffnung zuvor. Und plötzlich versammelten sich Tausende Menschen an den Grenzübergängen nach West-Berlin.

Von Stefan Berg

Mauerfall fand ich immer ein unzutreffendes Wort. Genau wie Wende – als hätten sich alle kurz umgedreht. Mauerfall klingt so, als hätte sie sich selbst fallen lassen und die Menschen hätten dabei zugeschaut wie bei einer Kunstaktion. Die Mauer fiel aber nicht, sie wurde eingerannt.

Ich bin mitgerannt in dieser Nacht.

Es hatte geklopft an meiner Tür.

Wie? Noch mal raus? Ja.

Meinste? Los. Jaa.

Also: erst mal runter vom Hochbett. Anziehen. Spinnen die? Warte. Mach mal lauter! Wie? Echt? Jaaaaa.

Wirklich? Jaaaaaaaaaaa.

Los. Rüber? Rüber.

Menschen über Menschen auf der Invalidenstraße nach drüben. Ein Durcheinander von aufgeregten Leuten und Lichtkegeln in Berlin, aus denen Reporter die Nachricht verbreiten. Wir sind Teil einer Veränderung, die wir einen Tag zuvor noch für unmöglich gehalten hätten.

Günter Schabowski hatte diesen Zettel vorgelesen, der allem, was folgte, den Anschein eines großen, finalen Missverständnisses gab. Ich hatte hinten in dem Raum gestanden, Redakteur einer Kirchenzeitung, die natürlich nicht über Pressekonferenzen der SED berichtete. Meine Neugier hatte mich dorthin gebracht. Die Genossen der Parteiführung saßen in dem Saal leicht erhöht und trugen die immer gleich grauen Anzüge und das Parteiabzeichen, im Volksmund »Bonbon« genannt. Schabowski, nicht ahnend, dass er hier eine Art Abschiedsvorstellung gab, mit einem Mischmasch aus Berlinisch und Bonzenjargon: »Nich wa, Jenossen?« Noch einmal blickte er auf den ominösen Zettel, den ihm jemand mitgegeben hatte. »Das tritt nach meiner Kenntnis … ist das sofort … unverzüglich.« Schabowski quetschte diesen Halbsatz aus sich heraus wie den letzten Rest Zahnpasta aus der Tube. Und so kam es dann ja: Die DDR war auf einmal alle.

Mir war in diesem Moment nicht klar, was »Schabes« Worten folgen sollte. Regierte und Regierende trennte viel, aber sie einte in diesem Herbst eine gewisse Ahnungslosigkeit. In dem einstigen Langsam-Land DDR ging nun alles rasend schnell. So schnell, dass die Meldung von der Maueröffnung der Maueröffnung zuvorkam.

Abends saß ich in meiner Wohnung in der Oderberger Straße, die an dem Ende, an dem man heute mit Sonnenbrille und Bierflasche in den Mauerpark »zum Chillen« schlendert, zugemauert war und bewacht wurde.

Es klopfte. Zwei Freunde kamen herein.

Einer von beiden war Wochen zuvor in den Westen ausgereist. Wir hatten ihn auf dem Dach unseres Hauses verabschiedet und wieder einmal das Gefühl gehabt, im Stich gelassen worden zu sein.

Nun war er hier. Einer aus dem Osten, der es in den Westen geschafft hatte, kam in den Osten. Das war ein unschlagbarer

Beweis für die Dimension der Veränderung. Die Menschen lösten sich so von der DDR wie der Putz von der Fassade meines Hauses. Nun kam einer der Abgefallenen zurück. Wahnsinn.

Also liefen wir los, Oderberger Straße, Kastanienallee, zum Grenzübergang Invalidenstraße, der nur noch ein Übergang war und an dem sich verwirrte Grenzsoldaten mit ihrer Überflüssigkeit abfanden. So viel Leben auf einmal im Todesstreifen.

Sekt statt Blut.

Böllern statt Ballern.

Umarmungen statt Festnahmen.

Wir wurden mitgerissen, wir liefen und liefen orientierungslos durch West-Berliner Straßen, immer in der Furcht, gekniffen und wieder im alten Ost-Berlin wach zu werden. Aber nein. Das war Wirklichkeit, echt. Aus einer Telefonzelle wollten wir einen West-Berliner Freund anrufen, der sich sein Leben lang ärgern wird, diesen Moment verpennt zu haben. Er hörte das Klingeln nicht.

Ein tiefer Atemzug ging damals durch das Land. Das tat gut nach einem Leben im Flüster-Reich. Im Psst-nee-frag-lieber-nicht-Staat, der knapp ein Jahr später, schneller, als ich erwartete, zum Lautstärke-Land gehören sollte, zum Land der strahlenden Kinderschokoladen-Gesichter und des Dufts der großen freien Welt.

Die Mauer eingerannt. Warum ist immer nur von der einen Mauer die Rede? Es gab Hunderte Mauern, die zum Einstürzen gebracht werden mussten, vor dem und nach dem 9. November 1989. Mauern des Schweigens durchzogen dieses Land, diese Stadt, diese Familien, meine Familie, mich. Und je länger alles her ist, desto bewusster wird es mir: Die Abrissarbeiten sind noch nicht abgeschlossen.

Es gab eingemauerte Hoffnungen, Stein auf Stein. Angst war der Mörtel, der alles zusammenhielt, unsere ausgesprochene und noch mehr unsere unausgesprochene Angst. Ein Todesstreifen der Wortlosigkeit umgab diese Mauern. Panzersperren, errichtet um unsere Träume. Manchmal wussten wir nicht einmal mehr, worüber wir schwiegen. Wir hatten sogar Mauern um einzelne Wörter gezogen: Grenzverletzer. Mauerschützen. Deutschland. Todesstreifen. Diagnose: Spaltungsirre.

Wie konnten wir diesen Krieg nur Frieden nennen? Nur wenige sprachen es aus. Sie wurden für Störenfriede oder Sonderlinge gehalten, kalte Krieger, Ruhestörer.

Unser Reden war so gespalten wie unser Land, das endlich, nach 28 Mauerjahren, das dazu passende Wort fand und schrie: Wahnsinn. Die Lautstärke der Nacht, in der wir gemeinsam die Mauer einrannten und jeder Einzelne mindestens eine eigene niederriss, sollte all diese Ängste vertreiben. Wahnsinn. Ein Volk in der Schrei-Therapie.

Ich weiß nicht, wann ich zum ersten Mal von der Mauer erfuhr, die drei Jahre älter war als ich. Ich erinnere mich, dass viele Straßen meiner Kindheit an einer weißen Wand endeten, an der Warnschilder standen und manchmal Uniformierte unsere Ausweise kontrollierten – und wir unsere Worte. Unsere Wege endeten hier und viele unserer Sätze. Meine Grundschule befand sich unmittelbar am Grenzgebiet. Der Schulgarten, in dem wir Radieschen pflanzten, lag in Hörweite der kläffenden Grenzhunde und in Sichtweite der Grenzsperren. Im Nachhinein stellt sich ein gewisses Mitleid mit den Lehrern ein, die angesichts dieser Kulisse tatsächlich den Versuch unternahmen, uns von den Vorzügen des Sozialismus zu überzeugen.

Ich erinnere mich daran, dass der Westen den Osten unterirdisch durchkreuzte. Es gab Schächte, auf denen wir den Westen hören konnten, wie er da durchrauschte: Die S-Bahn fuhr von West-Berlin nach West-Berlin. Die Eltern blieben stehen mit uns und hörten ihre Hoffnungen dahinsausen. Von wo nach wo? Und warum? Mein Vater wusste, hinter welchen Wänden am U-Bahnhof Alexanderplatz Gänge und Treppen zu anderen U-Bahn-Linien führten; sie waren zugemauert.

Es gab eine Art Geisterbahn. Kurz hinter dem S-Bahnhof Schönhauser Allee, in dessen Nähe mein Vater den Krieg überlebt hatte und seine Mutter, meine Großmutter, lebte, nahm die S-Bahn Tempo auf. Diese Linie führte von Ost nach Ost. Aber wo hindurch? Der Zug fuhr los zwischen Häuserreihen wie durch eine Schlucht, einen Häuser-Canyon. Dann zog er eine große, lang gestreckte Kurve ins Freie, er raste und rumpelte, und man musste sich gut festhalten, so umwerfend war die Fahrt. Die Bahn fuhr durch den Mauerstreifen, links und rechts stand eine weiße Wand, standen Türme, Grenzsoldaten, Lastwagen. Sollten wir das alles sehen, zur Abschreckung?

Der Zug fuhr mit Höchstgeschwindigkeit. Die Gespräche verstummten. Vater flüsterte, nachdem er die üblichen Kontrollblicke geworfen hatte, und erzählte von Notbremsungen und Menschen, die aus den Fenstern geklettert seien, und anderen, die sich an die Kletterer geklammert hätten. Die Notbremsen würden seitdem auf diesem Streckenabschnitt abgeschaltet.

Vaters Sätze endeten meist mit dem Wort »Schweine«, dann schluckte er, schaute zur Seite, und ich schwieg in die Trauer seines geteilten Lebens. Pankow, S-Bahnhof, die Fahrt mit der Geisterbahn der Teilung war beendet. Man stieg aus und tat so, als wäre alles normal.

Zu Hause beugten wir uns über ein Puzzle aus Ravensburg und fügten die Prachtstraße West-Berlins zusammen: Kurfürstendamm, Café Kranzler, Kaiser-Wilhelm-Gedächtnis-Kirche. Teilchen für Teilchen bauten wir einen Teil der Stadt nach, der uns versperrt war. Ob sie sich im schönen schwäbischen Ravensburg vorstellen konnten, wie wir da in einer Ost-Berliner Wohnung saßen und uns davonpuzzelten aus der Grauzone in die Farbenwelt? Mutter schwärmte vom »Ku'damm«, legte die Puzzle ihrer Jugend. Da sei sie langgelaufen, und dort, der Zoo Palast, und um die Ecke … hier ein Jazzkonzert und dort habe sie mit dem Bruder …

Ja, wo war eigentlich ihr Bruder?

Abgehauen, drüben, ihr jüngerer Bruder, rechtzeitig vor dem Mauerbau. Und sie hier, zurückgelassen mit Mutter und Großmutter und den Albträumen der Kindheit, mit den Bildern vom brennenden Berlin, mit den Bildern von siegestrunkenen

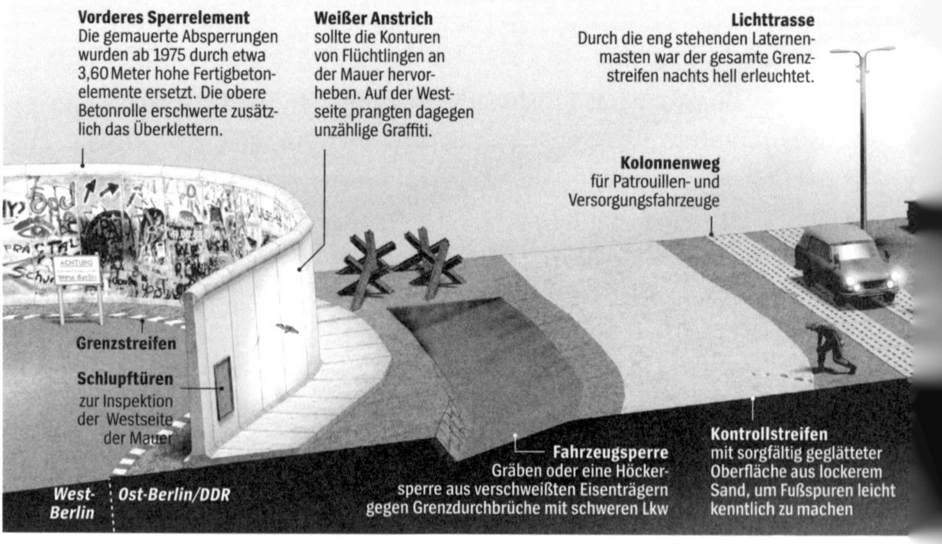

Russen, die nun Sowjetmenschen waren, unsere »Freunde«; zurückgelassen mit der täglich schwindenden Hoffnung, der Vater werde zurückkommen aus der Gefangenschaft. Ich weiß nicht, wann ich zum ersten Mal von ihrem geflohenen Bruder, meinem Onkel, erfuhr, der nun bei Bonn lebte.

Weiterpuzzeln, Café Kranzler, nicht fragen nach der eingemauerten Erinnerung. Achtung, Sperrgebiet. Mutter legte

die Teilchen mit leuchtenden Augen, ich puzzelte gelangweilt. Hätten die Verwandten nicht ein Schlachtschiff schicken können, tausend Teile Abenteuer? Als der Ku'damm zusammengelegt war, wurde er behutsam mit einer dünnen Schicht Klebstoff überzogen, sodass man ihn nie wieder teilen konnte. So hing der Westen an der Wand in einer Wohnung in Ost-Berlin. Ein glänzendes Mahnmal für die deutsche Einheit, ein kleines deutsch-deutsches Gemeinschaftswerk.

Dafür, dass unsere Wohnung im Osten lag, war erstaunlich viel Westen drin. In der Küche gab es einen Schrank, in dem Süßigkeiten aus den Westpaketen gebunkert wurden. Wenn ein Paketzettel kam, dann rissen wir uns darum, wer das Paket abholen dürfe. Wenn wir in der Post eintrafen, spekulierten wir, welches wohl unseres sei. Das große dahinten? Rekord waren vier Pakete an einem Tag. Wir trugen die Pakete stolz von der Post nach Hause, eine kleine Prozession, mit der West-Ikone unterwegs durchs Ostreich. Rein in unser Mietshaus, vorbei an der Wohnung, in der ein Volkspolizist wohnte, der kein Westpaket bekommen durfte.

Hihi. Der Idiot.

Selber schuld.

Dann mussten wir warten, bis Vater nach Hause kam, der jeden Tag mit einem Zug um West-Berlin herumfahren musste, um zur Arbeit in der Fabrik zu gelangen. Endlich war er da. Ganz dicht, schien es mir, konnten die drüben auch nicht sein. Warum war ihr Kaffee so hart wie Presskohle? Damit es zischt beim Öffnen?

Wenn die Kontrolleure richtig fies waren, dann öffneten sie die Schokoladentafeln der Marke Sprengel, in denen die Fußballbilder von Ernst Huberty steckten. Ich glaube, da spürte ich zum ersten Mal, dass an diesem System etwas ganz systematisch schieflief. Was ist das für ein Staat, in dem sie vor bunten Fußball-Sammelbildchen Schiss haben? Aber wir bekamen viele Pakete, und irgendwann hatte ich die Serie von Ernst Huberty komplett. Es war ein erster kleiner Sieg über das System.

Westbesuch war wie eine Naturerscheinung. Er tauchte unerwartet auf, und ebenso unerwartet verschwand er wieder auf unbestimmte Zeit im unbekannten Hinter-der-Mauer-Land. Eine ältere Dame, zu der ich Tante sagen sollte, stellte sich mitten ins Zimmer und sagte: Gleich werdet ihr staunen. Dann häutete sie sich. Sie zog ihr Kleid aus, unter dem ein zweites zum Vorschein kam, das äußere Kleid war ein Geschenk für Mutter. Und wie wir staunten. Ein älterer, überaus freundlicher Herr funkelte lustig mit den Augen, zog seinen Pullover hoch, schnallte seinen Gürtel auf, und ein dickes grünes Fußballbuch kam zum Vorschein. Später schickte er mir meine erste Lindenberg-Platte, die wir wieder und wieder gegenüber in der Wohnung des Pfarrers abspielten. Fenster auf, und dann beschallten wir unsere Straße: »Neulich war ich mal wieder in Amerika-aha …« So wurde – Paket für Paket – nicht nur unsere Wohnung exterritorial, sondern auch unser Denken.

Das war Ausreise ohne Ausreisen.

Wir freuten uns über jeden Westbesuch, wir schnupperten an den Klamotten der Gäste, berührten deren Jacken an der Flurgarderobe mit Ehrfurcht, rochen den Westen, sogen ihn ein und dachten nicht darüber nach, was die Eltern empfänden, die uns derlei nicht zu bieten hatten, weil sie einfach nicht zum richtigen Zeitpunkt in derselben Stadt umgezogen waren. Hilfspaketempfänger zu sein ramponiert auf Dauer die

Würde. Dankbarkeit wird irgendwann auch nur eine Form von Unterwerfung.

Mit dem sicheren Gefühl des Kindes für Peinlichkeiten stellte ich eine Frage nicht: Warum seid ihr nicht auch gegangen? Ich bin mir nicht sicher, ob ich die Frage überhaupt stellen wollte. Oder ob diese Frage im großen Teich der ungefragten Fragen unterging. Im Schweigemeer. Mit dem sicheren Gefühl des Jugendlichen für Provokation fand ich irgendwann Gefallen daran, schlecht über »drüben« zu reden und nicht nur schlecht über unser »hüben«. Konnte man denn sein Leben als Gegenleben führen, zu allem, was einen umgibt? Wo alles schlecht war, wie konnte man da selber gut sein? Und wie sich selbst gut finden?

Ich begann die Mauern zu spüren, die nicht zu sehen waren. Die Mauer, mit der sich Eltern vor Enttäuschungen schützten und deshalb Hoffnungen erst gar nicht zuließen. An dieser Mauer standen Sätze wie Grabsprüche: Es hat ja doch keinen Zweck. Oder: Das ändert sich nie. Auf dieser Mauer standen die Todesdaten ihrer Hoffnung: 1956, 1961, 1968. Und das Datum des Tages, an dem der Vater meines Vaters nach dem 17. Juni 1953 für lange Zeit hinter einer Gefängnismauer verschwunden war.

Die Mauer hatte einen Teil des Lebens meiner Eltern in ein unerreichbares Niemandsland verbannt, das sie mit den eigenen Kindern nicht teilen konnten. Ich glaube, sie haben viele Tränen vor uns verborgen. Ein Tränenpalast reichte da nicht. Es musste irgendwo eine gigantische Staumauer geben, eine Staumauer, hinter der ein Tränenmeer voll- und voller lief, 28 Jahre lang. Bis es in dieser einen Nacht mit einem mal leergeheult wurde. Wahnsinn.

Neben der unübersehbaren weiß getünchten gab es eine unsichtbare Mauer. Sie wurde nicht an einem Tag, sondern in vielen Schulstunden errichtet, und viele Lehrer waren dafür verantwortlich, die als geistige Grenzposten Wache schoben. Wie an der sogenannten Staatsgrenze selbst gab es in der Schule Sicherungsanlagen und Warnschilder und Kontrollgänge. Zu diesem Grenzregime gehörte die Kennzeichnungspflicht der Schüler in den Klassenbüchern. Hinter meinem Namen stand ein I wie Intelligenz, nicht ein A wie Arbeiterklasse, die ja laut Verfassung die herrschende war. Zählte ich also zu einer beherrschten Klasse?

Beim Fahnenappell wurden die wenigen Schüler, die nicht der sozialistischen Pionierorganisation angehörten, in eine der hinteren Reihen geschoben. Sie sollten unsichtbar sein. So wurde auch ich halstuchlos abgeschoben, was mir allerdings die Möglichkeit bot, Informationen über wichtige Dinge – etwa Fußballergebnisse – ungestört auszutauschen.

Aber auch kleine Schikanen können wirksam sein. Ich ging oft mit einem Gefühl des Bedrücktseins in die Schule, immer in dem Wissen, nicht richtig dazuzugehören. Und immer mit dem Empfinden, etwas verschweigen zu müssen: meine Zugehörigkeit zu der Gattung der Christen etwa, der ja das Aussterben vorhergesagt wurde, weil das kommunistische Diesseits so paradiesisch werden würde, dass niemand mehr auf ein himmlisches Jenseits hoffen müsse.

Mein wichtigstes und deshalb sehr ernstes Gespräch über die Mauer musste ich mit 17 führen. Im Wehrkreiskommando. Ich trug lange Haare, Jeans, Parka, kurz: meine Weltanschauung zur Schau. Vor mir saßen Offiziere, deren Bedeutung sich in glänzenden Sternen auf ihrer graugrünen Uniform manifestierte. Ob ich bereit zum Dienst bei den Grenztruppen sei. »Nein.« »Warum?« Die Wut der Offiziere war groß, aber deren Sterne waren mir schnuppe. Ich verwies auf meine Verwandten im Westen. Ich könne nicht … »Verlangt irgendwer, dass Sie auf Ihre Verwandten schießen?« Oje, wie laut ist der denn? Ist hier jemand schwerhörig?

Es folgten Belehrungen über den antifaschistischen Schutzwall und Hinweise auf die Grenze zwischen den USA und Mexiko, an der es auch Tote gab, aber ich war nicht umzustimmen. Ich kam nur noch zu Halbsätzen, aber diese hatten eine erstaunliche Wirkung auf die Offiziere. Der Farbton ihrer Gesichter glich sich ihrer Weltanschauung an. Sie liefen rot an, knallrot.

Dann eben nicht an die Grenze.

Stempel. Aktenvermerke. Raus!

Niemand musste zur Grenze, niemand musste an die Mauer, niemand musste schießen. Man musste nur einmal, ein einziges verdammtes Mal »Nein« zum richtigen Zeitpunkt sagen und »Ja« zu sich selbst, und so konnte man klarmachen, wo die ganz persönliche Schmerzgrenze verläuft. Wo das Sperrgebiet ist, in das die Genossen nicht reindürfen. Wenig später entschied ich mich – wie mein Bruder zuvor –, Bausoldat zu werden. Das war Armeedienst ohne Waffe.

So wie jedes Absurde das Komische in sich trägt, hatte auch die Bewachung der Mauer komische Momente, filmreif komische Momente. Als Redakteur der Kirchenzeitung musste ich regelmäßig zu einer Druckerei, die im Grenzgebiet stand, direkt am Mauerstreifen, nicht weit vom Checkpoint Charlie. Man brauchte einen Passierschein für das Grenzgebiet, nur dann durfte man hinein in die Druckerei, in die hohen Räume, in denen grüne und laut rasselnde Setzmaschinen standen.

Aus dem ölig riechenden Fabrikgebäude konnte man in den Westen blicken, direkt zu einer Aussichtsplattform gegenüber, von der die Westler in den Ostkäfig schauen konnten. Manchmal wurden auf Kommando die Vorhänge an den großen Fenstern zugezogen. Ein Mann, der tatsächlich mit Nachnamen Rötlich hieß und einen Anzug wie Lino Ventura trug, erklärte den Druckern dann, auf der BRD-Seite plane man eine Grenzprovokation. Also verdunkeln.

Herr Rötlich überwachte, wie die Vorhänge zugezogen wurden, und gab später Entwarnung und der Arbeiterklasse die freie Sicht auf den Kapitalismus zurück. Herr Rötlich kontrollierte die Kellerräume der Druckerei auf illegale Wühltätigkeit von Ost nach West. Herr Rötlich hütete den Schlüssel zu der Tür, hinter der eine Leiter stand, die man brauchte, um eine defekte Glühbirne oder eine flackernde Leuchtstoffröhre in der Deckenbeleuchtung auszutauschen. Decke, Glühbirne, Leiter… Das könnte ein Trick sein, der Beginn eines Grenzdurchbruchs. Herr Rötlich hielt die Holzleiter immer fest beim Glühbirnenwechsel, als wäre er angeleimt am Holz, so wie wir an der DDR.

Meine Mutter war die Erste aus unserer Familie, die »reisen« durfte, womit natürlich Westreisen gemeint waren. Die Reisegenehmigungen wurden in den letzten DDR-Jahren weiterhin willkürlich erteilt, aber wenigstens großzügiger. Ihr Bruder wohnte nun seit Jahrzehnten bei Bonn, und niemand von uns konnte sich vorstellen, wie er dort lebte.

Von der Fahrt kam eine Frau zurück, die auf mich den Eindruck machte, sie habe sich im Rheinland auf härtere Drogen als den dort üblichen Wein eingelassen. Wie leise die Züge sind… Wie schön dies und das und überhaupt alles da war… Die Farben… Das habt ihr noch nicht gesehen…

Und die Waren in den Läden ... Der Rhein, wunderschöner Fluss ...

Ein Zustand der Verzückung hatte meine Mutter offenbar ihres Verstandes beraubt. Die Freude hielt allerdings nur begrenzt, schon allein weil sich die Großgruppe der Hiergebliebenen nicht richtig mitfreuen konnte – sondern die Schwärmerei eher ertrug.

Die Freude der Heimgekehrten schlug alsbald um in einen umso größeren Frust, weil der Kontrast zwischen dem dort Erlebten und dem hier Möglichen und Unmöglichen eben zu groß war. Und weil ungewiss war, ob die »Organe« den nächsten Reiseantrag wieder wohlwollend bearbeiten würden. Die Hoffnung der Regierenden auf ein zufriedeneres Volk erfüllte sich jedenfalls nicht. Der Druck blieb im Kessel: Dosierte Freiheit bleibt eben Unfreiheit.

Eine meiner vielen Mauern fiel mit 18 oder 19 Jahren und mithilfe einer Flasche Cognac. Die Rheinländer – Onkel und Tante – waren da, und erstmals die beiden Söhne, also meine Vettern, etwas jünger als ich. Wir sahen uns ähnlich, waren ähnlich groß, ich trug deren abgelegte Sachen, Jeans mit Schlag, lässig fallende Pullover; ich war die Ostausgabe von ihnen.

Die beiden Jungs waren so entschlossen wie ich, den Cognac niederzumachen, den Mutter für fünf D-Mark zur Beköstigung des Westbesuchs im Intershop erstanden hatte. Schluck für Schluck retteten wir die Welt, lachten, vergaßen hüben und drüben, redeten über die Eltern und über Fußball natürlich, wo ich – schon weil die Kontrolleure nicht alle Fußballbilder beschlagnahmt hatten – durchaus kompetent war. Irgendwann lallten wir, und ich fiel in den Tiefschlaf, es war mein erster gesamtdeutscher Rausch, obwohl an Gesamtdeutschland nicht zu denken war.

Später hat mir einer der beiden Vettern erzählt, wie seltsam für sie diese erste Reise ins Grauland war, das mit ihrem Leben am Rhein so wenig zu tun hatte. Die Mauer war für sie bis dato ein Ding aus dem Fernsehen, mehr nicht. Und er erzählte, wie unangenehm es war, bestaunt zu werden und befragt. Und wie ihnen von ihren Eltern vorher eingeschärft worden war, an der Grenze nichts zu sagen, damit es ja keinen Ärger gab.

Mein Vetter hat mir erzählt, dass er es gar nicht für möglich gehalten habe, wie wir lebten. Diese Kohlendreckhaufen vor den Häusern. Die Mauer, begriff ich, war auch für die Westdeutschen eine Zumutung, sofern sie sich ihr näherten.

Später haben wir über die Eltern geredet, über die Dinge, über die man nicht sprach zu Hause, über Mauern, die fallen, Mauern, die man einreißen kann, und Spuren, die immer bleiben werden. Auch darüber, dass meine Eltern der Versuchung widerstanden und nicht ihre Westverwandtschaft verleugnet hatten, weshalb mein Vater nie Karriere machen konnte in dem Werk für Mikroelektronik. Wer Westkontakte hatte, dem waren Wege versperrt. Aus Furcht vor Geheimnisverrat.

Mein Vetter und ich sprachen auch darüber, dass sein Vater immer Angst hatte, wenn er in den Osten fuhr, weil er ja damals abgehauen war. Die Angst hatte auch in ihm Wurzeln geschlagen, in meinem Onkel, der für mich immer der fröhliche Rheinländer mit der Spendierhose aus Cord war und der regelmäßig große blaue 100-D-Mark-Scheine bei uns ließ, die in den Tauschanzeigen der DDR als »blaue Fliesen« bezeichnet wurden: »Suche Lada, biete blaue Fliesen.«

Als in Bonn Spione aufgeflogen waren, erzählte mein Vetter, habe sein Vater erst mal auf DDR-Reisen verzichtet. Irgendwann war der Onkel mit seinen Ministeriumskollegen nach

Ost-Berlin gefahren, hatte mit ihnen das sowjetische Ehrenmal in Berlin-Treptow besucht und die dort angebrachten russischen Stalin-Sätze laut vorgelesen, er hatte ja in der DDR Russisch gelernt. Er sei etwas seltsam angeschaut worden, berichtete er später.

So wie wir den Westen im Osten lebten, so lebte also der Osten in ihm im Westen weiter. Deutschland war geteilt, aber aneinandergekettet.

Im Sommer 1989 durfte ich das erste und einzige Mal durch den Grenzübergang gen Westen, von Ost nach West durch den Tränenpalast, an dem ich auch geheult hatte, wenn Besuch aus dem Westen wieder gehen musste. Ich fuhr zum geteilten Bahnhof Friedrichstraße, in dem man auf der Ostseite hörte, wie auf der Westseite, hinter einer großen Sichtblende, die Züge fuhren. Wie einfach es war, durch die Mauer zu gehen! Ich brauchte nur den Pass, in dem ich wie ein Spießer aussah. Aha, zeigen Sie mal her: In Ordnung. Dann wurde ich gewarnt: Passen Sie bloß uff, da isses gefährlich!

Als Redakteur der Kirchenzeitung durfte ich in die USA fliegen, zu einem Kongress des Weltkirchenrats. Es dauerte nur wenige Minuten, dann war ich in West-Berlin, das Ost-Berlin erstaunlich ähnelte. Und ich war froh, auf Dinge zu stoßen, die nicht so gut funktionierten, weil mir die Glorifizierung des angeblich gelobten Landes stank. So begann meine erste S-Bahn-Fahrt in West-Berlin mit der Bitte, auszusteigen und von Dingsda nach Dingensda den Schienenersatzverkehr zu benutzen.

Die Bahnhöfe waren schmutzig, das West-Berliner Pflaster war nicht anders als das von mir bislang betretene. Der Berliner Tonfall hinterließ nicht den Eindruck, dass 28 Jahre an dem bereits von Theodor Fontane beschriebenen landestypischen Un-Charme irgendetwas geändert hätten. Ein Leben im zweifellos freieren Teil der Stadt war kein Garant für gute Laune.

Neben dem mauligen Tonfall stieß ich auf andere, überraschend vertraute Dinge: Auch hier lebten Menschen, die ihre Freizeit freiwillig zwischen Bahngleisen verbrachten, sofern dort Platz für eine Hollywoodschaukel und einen Quadratmeter Rasen war, von dem aus sie ungestört ihren Bauch den Sonnenstrahlen und Blicken Dritter aussetzten. Autos wurden auch hier vorzugsweise im weißen Unterhemd gewaschen.

Ich flog von Tegel über New York bis San Antonio, wo eine Studentin spanischer Abstammung mit mir in einem gigantischen Cabrio über gigantische Straßen fuhr und einen Schreianfall bekam, als ich ihr erzählte, dass man bei uns zehn Jahre auf ein Auto warten müsse. Sie fuhr mit ihrem offenen Pontiac und mit mir in ein Problemviertel, obgleich ich das Wort noch nicht kannte. Dort wehten zu meiner Verwunderung an übelsten Papphäusern amerikanische Fahnen. In 14 Tagen passierte mehr als in fünf DDR-Jahren zusammen. Und doch zog es mich zurück in die rundherum abgesicherte, vertraute kleine Welt, in die Hauptstadt der DDR, aus der der Fernsehturm herausragte, als wäre er das eine Ende der Erdachse.

Als ich fristgemäß und voller Bilder im Kopf zurückkam, war ich erstaunt, dass nicht alle mit meiner Rückkehr gerechnet hatten. Erst in Ost-Berlin erfuhr ich, dass mich ein ausgereister Freund abfangen und von der Rückreise abhalten wollte. Er hatte in Tegel am falschen Ausgang gestanden. Das war im Sommer 1989.

Ja, ich wollte zurück. Ich sagte damals immer, ich wollte »denen« – womit ich die Bonzen meinte – doch dieses Land nicht überlassen.

Auch in der Nacht der Nächte wollte ich zurück. Irgendwann, nach trunkenen Stunden im Westen, beschlich mich die Sorge, man könnte uns einfach den Rückweg versperren, die Grenztruppen könnten sich ihres Auftrags besinnen, die Staatsführung könnte sich doch zum finalen Kampf gegen die »Konterrevolution« entschließen, die Schlagbäume, Panzersperren, Stacheldrähte, Selbstschussanlagen, dieses ganze Mordinstrumentarium könnte noch einmal zum Einsatz kommen. Ja, das war die Angst, die von mir Besitz genommen hatte. Frei war ich noch lange nicht. Eine Mauer war durchlässig geworden, aber es gab noch genügend Mauern in uns.

Ich dachte damals, dass aus der DDR noch etwas Vernünftiges zu machen sei. Ich brauchte einige Zeit, um »Deutschland« selbstverständlich zu finden.

Das Wort Wiedervereinigung kam mir am 9. November 1989 nicht in den Sinn. Wieso »wieder«? Ich bekam etwas dazu. Chancen, Freiräume, von denen die Eltern zu träumen schon aufgehört hatten. Vor allem die Freiheit, heute die eigenen Kinder zu ermutigen, weil hinter den Jahreszahlen 1953, 1956, 1961, 1968 nun mit dicker, unauslöschlicher Farbe die Zahl 1989 steht.

Unsere Welt, unser Leben, unser Land.

Ich habe meine Lektion gelernt: Es gibt Dinge, die können sehr hart sein für einen Menschen. Eine Mauer oder eine unheilbare Krankheit. Aber du darfst ruhig auf ein Wunder hoffen. Und auf die Wirkung der Schrei-Therapie.

Wenn ich heute das Wort »wiedervereinigt« höre, dann denke ich an unsere Familie. Mein Vetter und ich haben festgestellt, dass wir uns dieselben Fragen als Kinder verkniffen haben. Vielleicht fragten wir deshalb nicht, weil wir mit unserem so viel leichteren Leben nicht nach dem so viel schwereren Leben fragen wollten.

Ja, unsere Familie ist nun wiedervereinigt. Meinen Vetter und mich verbindet eine unzertrennliche Freundschaft, die vor langer Zeit mit einer Pulle Cognac begann. Wenn wir uns heute sehen, nennen wir uns aus Spaß Vetter oder Vetter-Freund. Aber wir wissen, dass wir eigentlich Brüder sind.

Ja, wiedervereint: Meine Eltern bekamen etwas zurück, einen Teil ihres Lebens. Aber die Versöhnung mit dem eigenen Leben ist auch nicht leicht. Meinem fröhlichen Onkel gelang sie nicht. Das Haus in der Oderberger Straße, in dem ich wohnte, ist jetzt hübsch verputzt. Aber in den Seelen von uns gibt es noch immer Risse.

Die Fußballbilder habe ich in ein selbst gefertigtes Album geklebt. Es liegt irgendwo unter einem Stapel Bücher. Das Puzzle vom Ku'damm hängt nicht mehr an der Wand in der Wohnung, in der ich groß wurde und in der meine Eltern noch wohnen. Ich muss sie mal fragen, wo es geblieben ist.

Die Nacht der Wildschweine

Zwischen Euphorie und Gewalt – wie drei Kommunisten am 9. November 1989 die Berliner Mauer zum Einsturz brachten

Von Cordt Schnibben

Ein großer Plan, ein Komplott oder nur Schusseligkeit? Was ist der Grund, warum Berlin am 9. November 1989 zwischen Gewalt und Euphorie schwebte? Drei Kommunisten waren es, die der wankenden DDR den Rest gaben – getriebene Akteure in einer Mauerkomödie.

Gerhard Lauter, inzwischen grauhaarig, spricht mit der gleichen Präzision und Zurückhaltung eines studierten Kriminalisten über diesen historischen Tag wie vor 25 Jahren. Damals war er der Leiter der Passabteilung der DDR. »Eine Episode« nennt er den 9. November, eine Episode, in der er neben Günter Schabowski eine Hauptrolle spielte. Er formulierte am Vormittag des 9. November den Zettel, der die Mauer am Abend einstürzen und die Nachkriegsordnung in Europa zusammenkrachen ließ. In der Nacht wurde er zum Informationszentrum einer führungslosen Macht.

Es ist wie mit dem Tod von John F. Kennedy, dem 11. September in New York oder dem Schuss auf Benno Ohnesorg – Ereignisse, die dem Lauf der Welt eine neue Richtung geben, produzieren immer Mythen, Fragen und Legenden. Welchen Umständen ist es zu verdanken, dass kein einziger Schuss fiel in den stundenlangen Auseinandersetzungen an den Grenzübergangsstellen? Warum waren die Grenzer nicht vorbereitet auf den Ansturm? Was waren die wahren Absichten der DDR-Führung an diesem 9. November? Waren die Geheimdienste – BND, CIA, KGB – wirklich so vollkommen ahnungslos? Hatte Gorbatschow Krenz die Maueröffnung befohlen? War die legendäre Pressekonferenz mit Schabowski eine Inszenierung? War der Zettel mit der neuen Reiseregelung, den Schabowski hervorholte und vorlas, war der ihm tatsächlich vom KGB zugesteckt worden?

Gerhard Lauter hat Antworten auf diese Fragen, er ist der Kronzeuge für die Vorgänge im Innenministerium der DDR.

Schabowski weiß, wie es ihm und seinen Genossen aus dem Politbüro passieren konnte, dass die wertvollste Immobilie ihrer Republik umgetreten wurde wie ein morscher Lattenzaun.

Und dann ist da noch Harald Jäger, damals Oberstleutnant der Staatssicherheit, an jenem 9. November der stellvertretende Leiter der Passkontrolle an der Grenzübergangsstelle Bornholmer Straße – wo die Schlagbäume zuerst hochgingen in dieser Nacht.

Jäger öffnete – ohne Befehl, ohne Kompetenz – am 9. November eine halbe Stunde vor Mitternacht den Schlagbaum am Berliner Grenzübergang Bornholmer Straße und verhinderte so, dass dieser Tag in einer blutigen Konfrontation endete. Der Stasi-Offizier brach die Regeln eines Systems, das ihn geprägt hatte, er maßte sich an, in den Gang der Dinge einzugreifen. Das taten an diesem Tag auch Günter Schabowski und Gerhard Lauter. Sie funktionierten nicht mehr. Ohne voneinander zu wissen, waren die drei Kommunisten Komplizen eines Komplotts gegen die DDR, von morgens neun Uhr bis nach Mitternacht griff das, was sie taten, ineinander wie das Werk von Verschwörern. Wenn einer von ihnen an diesem Tag anders gehandelt hätte, als er es tat, wäre der 9. November nicht als der Tag des Mauerfalls in die Geschichte eingegangen. Aber sie handelten nicht aus freiem Entschluss, sie waren Getriebene, die handeln mussten, weil Hunderttausende sie zwangen.

Gegen ihren Willen gaben die drei Kommunisten ihrem geliebten Arbeiter-und-Bauern-Staat den Rest, nach Monaten voller Unruhen. Über Ungarn und die ČSSR waren immer mehr DDR-Bürger geflüchtet, die Oppositionsgruppe des Neuen Forums hatte sich gebildet, auf Montagsdemonstrationen machten sich die Leute Luft, auf der Straße prügelte die Volkspolizei Oppositionelle zusammen, auch in der SED formierte sich Widerstand, am 18. Oktober musste Erich Honecker abdanken, Egon Krenz, als neuer SED-Chef, versprach Reformen, aber am 4. November versammelte sich über eine halbe Million Menschen auf dem Berliner Alexanderplatz, unüberhörbar in ihren Forderungen, am 6. November reagierte die SED mit einem neuen Reisegesetz, es wurde verhöhnt von den Oppositionellen – und dann kam der 9. November.

9. November, 7.00 Uhr, Berlin, im Stadtteil Hohenschönhausen

Harald Jäger nimmt an diesem Morgen den Dienstwagen, um zur Arbeit zu kommen. Er ist stellvertretender Leiter der Passkontrolleinheit, die nächsten 24 Stunden ist er im Dienst, darum darf er den Dienstwagen benutzen. Seinen gebraucht gekauften Wartburg schont er, lange hat er um ihn gekämpft. Er musste sich an seinen obersten Chef wenden, den Leiter der Hauptabteilung VI der Staatssicherheit, um nicht 18 Jahre lang auf seinen Wartburg warten zu müssen; der General hatte ihm einen gebrauchten verschafft, immerhin, und als der Motor bei der ersten Autobahnfahrt verreckte, hat er ihm einen Kontakt geknüpft, zu einer Wartburg-Werkstatt, geführt von einem IM, und ihm so einen gebrauchten Motor beschafft, immerhin.

Harald Jäger, 45 Jahre alt, seit 25 Jahren bei der Staatssicherheit, führt ein Doppelleben. Seine drei Kinder wissen, dass er am Grenzübergang Bornholmer Straße Pässe kontrolliert, dass er bei der Stasi ist, wissen sie nicht. Jägers Kampfauftrag: an der Grenzübergangsstelle von Ein- und Ausreisenden im freundlichen Gespräch Informationen sammeln über staatsfeindliche Bestrebungen »feindlich-negativer Kräfte«. Und weil Jäger das gut kann, freundlich plaudern, und zudem einen offenen Blick hat, ist er im letzten Vierteljahrhundert bis zum Oberstleutnant aufgestiegen und seine »Operativkartei« mit den Erkenntnissen über Tausende West- und Ostdeutsche prächtig angewachsen.

Jäger sieht sich nicht als Schnüffler, sondern als Staatsdiener, der hilft, den Sozialismus, diese wunderbare Idee der Solidarität und Brüderlichkeit, zu verteidigen. Im 40. Jahr der Republik erklärt er sich die großen Probleme der DDR damit, dass das Politbüro in der Hand von Greisen ist.

Allerdings: Jüngeren Kadern, wie dem Berliner Parteichef Günter Schabowski, traut er auch nicht. Der hat auf einer Parteiaktivtagung die 40 000 Mark für den neuen Wartburg zornig verteidigt, Qualität habe nun mal ihren Preis. Am Nachmittag desselben Tages hat Jäger denselben Schabowski auf einer 1.-Mai-Veranstaltung in einem Volvo vorfahren sehen, das hat gereicht, um ihn für ihn unglaubwürdig zu machen.

Knapp 20 Minuten braucht Jäger von der Vierraumwohnung im Plattenbauviertel Hohenschönhausen zur Bornholmer Straße, er ist in »Novemberstimmung«, wie er es nennt, es ist morgens noch dunkel und neblig, und vor ihm liegen 24 Stunden Langeweile. Der Donnerstag ist traditionell reiseschwach.

Waldsiedlung Wandlitz, bei Berlin

Gestern hat Günter Schabowski zum ersten Mal vor hundert westlichen Journalisten im Pressezentrum der Hauptstadt vorgeführt, dass er der westlichste aller ostdeutschen Führungskräfte ist. Mit wehnerhaft verschachtelten Sätzen, mit Humor und Selbstironie hat er auf die Journalisten gewirkt, wie ein Kommunist, der froh ist, endlich dem Gefängnis der Funktionärssprache entrinnen zu können. Er hat über den ersten Tag der 10. Sitzung des SED-Zentralkomitees informiert, mit den üblichen Phrasen, aber zwischendurch waren diese ungehörten Formulierungen aufgeblitzt, die ihn schnell zur westlichen Medienhoffnung machten.

Frühmorgens beim Frühstück hört Schabowski im Deutschlandfunk die Presseschau, um rüber in den Westen zu horchen. Von der Waldsiedlung Wandlitz, dem Ghetto der Politbürokraten, in der Schabowski mit seiner Familie lebt, bringt ihn der Volvo jeden Morgen ins ZK-Gebäude. Honecker hat die russischen Straßenkreuzer ausgetauscht gegen diese Volvos, damit seine Leute in Autos herumfahren wie ihre westlichen Gegenspieler; ein Mercedes, so Schabowski, roch ihm zu sehr nach Klassenfeind. 45 Minuten braucht sein Fahrer bis ins Zentrum der DDR-Hauptstadt, um zehn Uhr beginnt der zweite Tag der ZK-Tagung, Schabowski soll bald nach Beginn darüber reden, wie die DDR-Medien über Demonstrationen und Massenflucht berichten. Er war sieben Jahre lang ein treuergebener Chefredakteur des *Neuen Deutschland*, am Vortag ist er zum Medienverantwortlichen des Politbüros bestimmt worden.

9.00 Uhr, Berlin, Mauerstraße, Innenministerium der DDR

In Gerhard Lauters Dienstzimmer treffen drei Besucher ein: Oberst Hans-Joachim Krüger und Oberst Udo Lemme, sie sind von Stasi-Chef Mielke geschickt worden; dazu Generalmajor Gotthard Hubrich von der Hauptabteilung für Inneres im Innenministerium. Die Stasi-Obristen haben einen 19-zeiligen Entwurf für das mitgebracht, was die vier in den nächsten Stunden ausarbeiten sollen: eine Regelung für all die DDR-Bürger, die ihr Heimatland für immer verlassen wollen.

Lauter hat den Auftrag am Vortag von Innenminister Friedrich Dickel bekommen. Die Ansage: Beschlussvorlage für den Ministerrat bis morgen Mittag, parallel dem Politbüro vorzulegen, am 10. November sollen Anträge zur Ausreise von DDR-Bürgern direkt in die Bundesrepublik möglich sein. Auch über West-Berlin? Ja, auch über West-Berlin. Warum so dringend? Die Regierung der ČSSR will die Grenze zur DDR schließen, weil zu viele DDR-Bürger über die ČSSR in die Bundesrepublik fliehen, das belaste die politische Stabilität des Brudervolkes.

Vorab ist Lauter in Gesprächen mit scinen Mitarbeitern zu der Auffassung gelangt, dass eine Regelung ausschließlich für Republikflüchtlinge widersinnig ist. Warum soll der, der sich in der DDR wohl fühlt, nicht auch mal eben über die Mauer gucken dürfen, warum soll man ihn bestrafen dafür, dass er staatstreu ist?

Zu seiner Überraschung widersprechen die Stasi-Offiziere nicht groß, auch sie sind weichgeprügelt durch die täglichen Flüchtlingszahlen, auch sie waren wie Lauter an der Formulierung jenes missglückten Reisegesetzentwurfs beteiligt, der am 6. November veröffentlicht und innerhalb von Stunden zum Gespött der DDR-Bürger geworden war. Es war ein Reiseverhinderungsgesetz, nur 30 Tage im Jahr sollen die DDR-Bürger rausdürfen, jede Reise kann aus nicht überprüfbaren Gründen untersagt werden, und Anspruch auf den Umtausch von genügend Westgeld gibt es nicht.

10.00 Uhr, Berlin, im Gebäude des Zentralkomitees

Der zweite Tag der Beratungen des Zentralkomitees beginnt, Demonstrationen und Massenflucht lassen auch den innersten Machtzirkel des Arbeiter-und-Bauern-Staats erbeben. 40 Jahre lang waren die 213 Mitglieder und Kandidaten des ZK einerseits die zweithöchste Machtinstanz, andererseits waren sie Claqueure des 17-köpfigen Politbüros. An diesem 9. November bricht das sorgsam austarierte Machtgefüge auseinander.

Besonders Egon Krenz, der genug Machtinstinkt besessen hatte, Honecker drei Wochen vorher zu stürzen, irrlichtert durch den Tag mit derselben lächelnden Unbedarftheit eines Vico Torriani, mit der er seit seiner Machtergreifung durch die deutsche Revolution tapst. Das Netteste, was man über seine Rolle an diesem 9. November sagen kann: Er geht irgendwann schlafen und lässt die Dinge laufen, die seinen und den Untergang seiner Partei bedeuten.

Jetzt, um kurz nach zehn Uhr morgens, gibt er noch einmal den strengen Herrscher. Er empört sich vor den Mitgliedern des Zentralkomitees darüber, dass die DDR-Medien nicht so ergriffen wie gewohnt vom ersten Tag der ZK-Tagung berichtet haben.

11.00 Uhr, Berlin, Grenzübergang Bornholmer Straße

Seit der DDR-Staat von innen und außen unter Druck gerät, hat sich auch für Oberstleutnant Jäger der Dienst an der Bornholmer Straße verändert. Der Grenzübergang, einer von sieben in Berlin, liegt im Prenzlauer Berg, von der Stasi als Stadtbezirk von negativ-feindlichen Kräften eingeschätzt, hier wohnen Staatsfeinde, Kirchenaktivisten, Umweltfreunde. Einreisende sind darauf zu überprüfen, ob sie mit dem Ziel herüberkommen, zu solchen Regimegegnern Kontakt aufzunehmen. Und seit Zehntausende DDR-Bürger abgehauen sind, müssen Jäger und seine Leute auch auf die »Maßnahme 210« achten. Das ist das Codewort für alle Republikflüchtlinge, denen die Einreise zu verweigern ist.

Für Jäger eine ganz neue Form von Grenzsicherung. Als die Mauer gebaut wurde, war er, seinen Karabiner im Anschlag, zusammen mit seinem Postenführer auf einen amerikanischen Jeep losgestürzt, der ein paar Zentimeter über die Grenzlinie geraten war; später hatte er mal einen Koch der Schweizer Botschaft erwischt, der auf der Diplomatenspur seine DDR-Freundin im Kofferraum immer wieder in den Westen rein- und rausschleuste; und dann waren nachts immer häufiger die »Wildschweine« an seinem Grenzübergang aufgetaucht, so nennen sie die Verrückten, die mal eben so zur Grenze kommen, ohne Papiere, aber oft mit einer Fahne, und rüberwollen.

Die waren aber alle nichts gegen die tausendfache Grenzverletzung, die seine eigene Partei- und Staatsführung vor

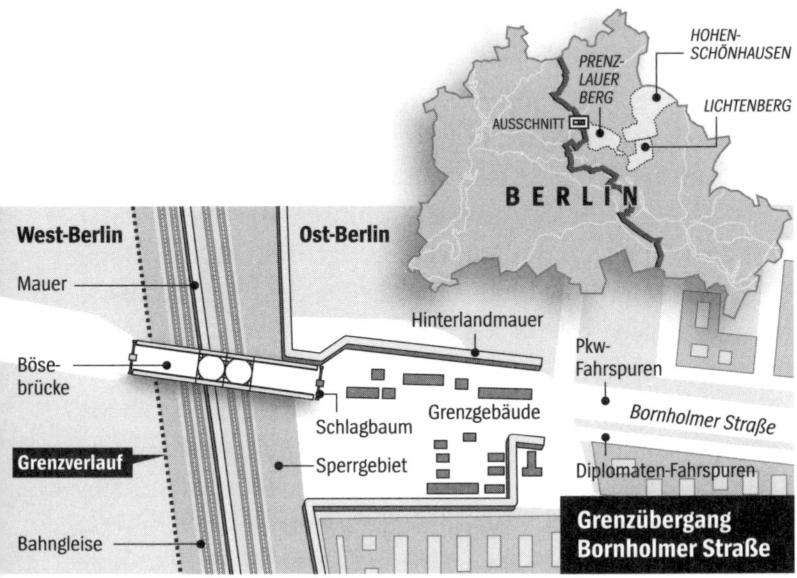

fünf Wochen begangen hat: einen Zug voller Republikflüchtlinge von der ČSSR über den Dresdner Bahnhof in die BRD zu führen, strafbar nach Paragraf 213, Strafgesetzbuch der DDR. Das war für alle Grenzer an der Bornholmer Straße der Verstoß gegen all das, für das sie seit Jahrzehnten mit unfreundlichem Gesicht an ihrem Grenzübergang einstehen.

Sogar zu den Campingplätzen in Ungarn waren Jägers Leute in den Sommerferien von Mielke geschickt worden, um Republikflüchtlinge zu observieren. Und nun hatten Mielke und Honecker für diese Leute die Flucht organisiert, mit Waggons der Reichsbahn, das frisst seither an der Dienstmoral der Grenzer.

Die Mauer wird immer durchlässiger, gleichzeitig aber gilt seit Wochen erhöhte Einsatzbereitschaft an der Bornholmer Straße, was für den Leitungsoffizier Jäger bedeutete: immer wieder 24-Stunden-Schichten.

Berlin, Innenministerium, Arbeitszimmer von Gerhard Lauter

Die vier Reisegesetzexperten haben sich darauf verständigt, ihren Auftrag zu erweitern. Sie fürchten, dass eine Regelung nur für ständig Ausreisende die gereizte Stimmung im Lande weiter anheizen könnte. Der Autoritätsverlust der Oberen aus Partei und Staat ist so weit fortgeschritten, dass die vier Spitzenbürokraten angstfrei und sachbezogen reden. Man müsse Nägel mit Köpfen machen, man dürfe nicht länger Kasperletheater spielen, solche Bemerkungen fallen in der Unterredung, man müsse endlich aufschreiben, wovon man überzeugt sei. Also beginnen sie, den Absatz einzufügen, der am Abend den Strom auf die Mauer auslösen wird: »Privatreisen nach dem Ausland können ohne Vorliegen von Voraussetzungen (Reiseanlässe und Verwandtschaftsverhältnisse) beantragt werden.« Und die vier fügen hinzu: »Genehmigungen werden kurzfristig erteilt.« Damit die DDR-Bürger nicht befürchten müssen, wochenlang auf das Visum warten zu müssen. Und sie ergänzen einen dritten Satz: »Versagungsgründe werden nur in besonderen Ausnahmefällen angewandt.« Damit wollen sie dem Misstrauen entgegenwirken, die generelle Regelung könne durch viele Ausnahmen eingeschränkt werden.

11.20 Uhr, Berlin, im Gebäude des Zentralkomitees

Während die vier die Verordnungen verfeinern, die Schabowski sieben Stunden später in der Pressekonferenz vorlesen wird, ist der damit beschäftigt, sich vor den Mitgliedern des Zentralkomitees für das kritische Feuerwerk in den DDR-Medien zu rechtfertigen. Er ist nun im Politbüro für die Medien zuständig, er muss aufpassen, dass er nicht zum Prügelknaben wird. Er besänftigt, indem er mitpöbelt, er spricht von »übelsten Methoden des Bodensatzes der westlichen Presse«, die inzwischen in DDR-Medien üblich seien, gar von »Entartungen«; aber er warnt auch davor, Journalisten für »die eigentlichen Lumpen« zu halten. Viele Chefredakteure würden zerrieben zwischen dem Druck der Partei und dem Druck der Straße und wollten abgelöst werden; die Medien müssten berichten über Proteste und Demonstrationen, aber eine »uferlos breite Berichterstattung, mit einer Dominanz feindlicher Auffassungen«, dürfe es nicht geben.

12.00 Uhr, Berlin, Innenministerium, Arbeitszimmer von Gerhard Lauter

Die vier Spitzenbeamten haben sich auf einen Entwurf verständigt. Die beiden Stasi-Obersten haben sich telefonisch von ihrem Vorgesetzten die Einwilligung geben lassen. Lauter diktiert ihn seiner Sekretärin, »Beschlussvorschlag« steht obendrüber, gesperrt geschrieben, darunter als Einleitung:

»Zur Veränderung der Situation der ständigen Ausreise von DDR-Bürgern nach der BRD über die ČSSR wird festgelegt«. Diese Formulierung entspricht dem Arbeitsauftrag vom Morgen. Er bleibt so stehen, aber dann folgt der eingefügte Absatz über die Privatreisen, also die Besuchsreisen. Dann folgen drei Absätze, die sich wieder nur mit Regelungen zur ständigen Ausreise beschäftigen. Ein nicht eindeutiges Papier, das muss man zum Verständnis aller folgenden Missverständnisse festhalten.

Am Ende des Papiers steht der wichtige Satz: »Über die zeitweiligen Übergangsregelungen ist die beigefügte Pressemitteilung am 10. November 1989 zu veröffentlichen.« Er steht auf der zweiten Seite der Beschlussvorlage, als einziger Satz, auch das wird später für Verwirrung sorgen.

Lauter ist darauf eingestellt, dass die eigenmächtige Erweiterung ihres Dienstauftrags irgendwo auf Widerspruch stößt, er spürt ein nervöses Bauchgrimmen. Und dann geht dieses Papier auf seine Reise durch die Bürokratie der Partei- und Staatsführung; ein Exemplar ins Zentralkomitee, gebracht von Lauters Fahrer, ein zweites Exemplar – übers Innenministerium – zum Sitz des Ministerrats in der Klosterstraße. Dessen Büro bereitet das umständliche Umlaufverfahren vor: Bis 18 Uhr müssen alle 44 Minister der DDR der Beschlussvorlage zustimmen, sonst ist sie nicht gültig. Ohne die Genehmigung des Politbüros darf aber dieses Umlaufverfahren im Ministerrat nicht begonnen werden.

12.10 Uhr, Berlin, im Gebäude des Zentralkomitees

Während der üblichen Raucherpause zeigt Egon Krenz den um ihn herum stehenden Politbüro-Mitgliedern das Reisepapier, nur acht von 17 sind dabei, auch Schabowski steht nicht in dieser Runde. Zwei Tage zuvor hatte sich das Politbüro schon einmal mit der Regelung der ständigen Ausreise beschäftigen müssen, weil der Ministerpräsident der ČSSR mit der Schließung der Grenze gedroht hatte. Da war der Beschluss gefasst worden, dass der »Teil des Reisegesetzes, der sich mit der ständigen Ausreise befasst, durch eine Durchführungsbestimmung sofort in Kraft gesetzt wird« – das war der Auftrag an Innenminister Dickel, der dann am 9. November morgens bei Gerhard Lauter landete.

Das Problem war den Politbüro-Genossen also bekannt. Was nun in der zufälligen Runde von Krenz verlesen wurde, war für sie offensichtlich genau das, was zwei Tage vorher beschlossen worden war. Ob denn die neue Regelung mit den sowjetischen Genossen abgestimmt sei, wird gefragt, denn das war vor zwei Tagen Teil des Beschlusses. Krenz: Ja, das sei abgestimmt.

Berlin, Unter den Linden, in der sowjetischen Botschaft

Die Zustimmung der Moskauer Staatsführung zur Reiseregelung ist vom Botschafter Wjatscheslaw Kotschemassow telefonisch ins ZK übermittelt worden. Allerdings gehen die Sowjets davon aus, dass sie dem zustimmen, für was sie vor zwei Tagen um Zustimmung gebeten worden sind: Die ständige Ausreise solle nicht mehr über Drittstaaten erfolgen, die DDR-Führung plane deshalb für Bürger, die die DDR für immer verlassen, einen neuen Grenzübergang im Süden unweit vom bayerischen Schirnding, diese Ausreiseordnung solle sofort in Kraft treten, deshalb brauche man schnell eine Entscheidung aus Moskau. Die war bis zum Mittag des 9. November nicht in Ost-Berlin eingetroffen, weil am 7. und 8. November der 72. Jahrestag der »Großen Sozialistischen Oktoberrevolution« gefeiert und am 9. November nachgefeiert wurde. Kotschemassow konnte weder Gorbatschow noch den Außenminister Schewardnadse erreichen, nur der stellvertretende Außenminister ist schließlich zu einem Ja bereit und überschreitet damit seine Kompetenzen. Dass es in dem Ministerratsbeschluss inzwischen um viel mehr geht, um eine generelle Reiseregelung und auch um die Berliner Mauer, ahnt er nicht.

13.45 Uhr, Berlin, im Gebäude des Zentralkomitees

Letzter Redner im Plenum des ZK vor der Mittagspause ist der DDR-Innenminister Friedrich Dickel, der Chef von Lauter, Mitglied im ZK seit 1967. Er spricht mit bewegter Stimme von den 60 Jahren, die er für die Arbeiterbewegung streitet, vom Kampf in der Weimarer Republik, in der Illegalität, im Spanischen Bürgerkrieg, in der Roten Armee gegen Hitler, in den Gründungsjahren der DDR, schließlich seit 26 Jahren als Innenminister und Chef der Volkspolizei. Sein letzter Kampf: gegen die Republikflüchtlinge und Staatsfeinde, die seit Wochen die DDR kaputtdemonstrieren wollen. Sie bepöbeln »uns«, sie zeigen den Vogel, wenn Vopos tanken wollen, sie werfen mit Steinen, sie versengen die Augenbrauen von Grenzern »mit Kerzen«, sie versammeln sich vorm Brandenburger Tor, sie rufen: »Die Mauer muss weg.« Dickels Appell: »Diese Grenze ist da, und diese Grenze muss geschützt werden!« Starker Beifall im Plenum.

Dass sein Abteilungsleiter Lauter vor drei Stunden eine neue Reiseregelung in die bürokratische Umlaufbahn der Arbeiter-und-Bauern-Nacht geschickt hat, die die Grenze zum Wackeln bringen wird, weiß Dickel nicht, da er seit fünf Stunden im Plenum des Zentralkomitees sitzt und nicht dem Politbüro angehört.

14.40 Uhr, Berlin, im Amtssitz des Staatsrats der DDR

Anlässlich einer Kulturausstellung von Nordrhein-Westfalen in der DDR kommt es in der Mittagspause der ZK-Tagung zu einem Treffen zwischen Krenz und Nordrhein-Westfalens Ministerpräsident Johannes Rau. Als Rau auf die Reisefreiheit für DDR-Bürger zu sprechen kommt, differenziert Krenz in seiner Antwort zwischen ständiger Ausreise und Privatreise. Wer die DDR für immer verlasse, sei kein Feind, aber ein Egoist, wer als Arzt seine Patienten verlasse, habe nicht deren Wohl im Sinn.

Das eigentliche Problem der Reisefreiheit, also der Besuchsreisen, sei die Geldfrage, man brauche Milliardenbeträge, sonst sei die Reisefreiheit nur eine Scheinlösung.

Hinter diesen staatsphilosophischen Bemerkungen steckt ein geheimer Plan, den das Politbüro verfolgt: die Mauer an die Bundesrepublik zu verkaufen, genauer gesagt die Öffnung der Mauer zu verkaufen. Seit dem Sturz Honeckers und folgendem Kassensturz ist dem Politbüro klar, dass die DDR kurz vor dem Bankrott steht. Seit der Leiter der Staatlichen Planungskommission, Gerhard Schürer, und der Leiter der Kommerziellen Koordinierung, Alexander Schalck-Golodkowski, dem Politbüro den Schuldenstand der DDR offenbart haben, ist das Politbüro auf der Suche nach »drei Milliarden Valutamark über bisherige Kreditlinien hinaus«, und zwar sofort, wie es im entsprechenden Beschluss heißt. Durch verbesserte Zusammenarbeit zwischen DDR und BRD könnten »noch in diesem Jahrhundert« Bedingungen geschaffen werden, »die heute existierende Form der Grenze zwischen beiden deutschen Staaten überflüssig zu machen«. Voraussetzung allerdings: Vorschläge der BRD zur ökonomischen Unterstützung der DDR, wobei zu berücksichtigen sei, »dass unserem Land in der Zeit der offenen

Staatsgrenze … ein Schaden von ca. 100 Milliarden Mark entstanden« sei.

In Gesprächen mit Vertretern der Bundesregierung, Rudolf Seiters und Wolfgang Schäuble, hatte Schalck-Golodkowski im ersten Schritt für die Lockerung der Reisebestimmungen 300 bis 500 Millionen Mark gefordert, Seiters und Schäuble brachten ins Gespräch, die BRD könne ja die Kosten für die Rückfahrt der DDR-Bürger übernehmen.

15.30 Uhr, Berlin, Grenzübergang Bornholmer Straße

Ein ruhiger Nachmittag am Grenzübergang, kaum jemand will zu Fuß über die breite, geschwungene Stahlbrücke in die DDR, die Grenzer in den drei Passkontrollhäuschen langweilen sich, auch die beiden Fahndungsoffiziere, die auf 16 Monitore blicken, wissen nicht, wo sie hingucken sollen. Dazu zwölf Pkw-Spuren und zwei Diplomatenspuren – dieser Grenzübergang ist ausgelegt für einen intensiven Reiseverkehr zwischen Ost- und West-Berlin.

Oberstleutnant Jäger sitzt im Zimmer des Lageoffiziers, er will die Ruhe nutzen, um lästigen Papierkram zu erledigen. Er notiert die neuesten Ergebnisse des sozialistischen Wettbewerbs der Grenzer, da werden Fahndungshinweise belohnt. Arbeitspläne und Schulungspläne fürs nächste Jahr würde er auch gern schreiben, aber es fehlen die Vorgaben der SED-Führung. Nach der ZK-Tagung, so ist er vom Vorgesetzten vertröstet worden, werde es so etwas wie Aufbruchstimmung geben, ein Aktionsprogramm.

Der Raum des Lageoffiziers ist die Kommandozentrale der Grenzübergangsstelle, vom Telefonpult läuft ein direkter Draht zum Operativen Leitzentrum in Schöneweide.

16.00 Uhr, Berlin, im Gebäude des Zentralkomitees

Um 15.30 Uhr hat die ZK-Tagung wieder begonnen, eine halbe Stunde später ergreift Krenz das Wort, um die Mitglieder des ZK abweichend von der Tagesordnung darüber in Kenntnis zu setzen, »dass es ein Problem gibt, das uns alle belastet: die Frage der Ausreisen«. Die ČSSR beschwere sich über die DDR-Flüchtlinge, wenn die DDR die Grenze zur ČSSR schließe, bestrafe man alle. »Was wir auch machen in dieser Situation, wir machen einen falschen Schritt«, mit diesen Worten kündigt er an, was er dann vorliest: den Entwurf von Lauter mit der Überschrift: »Beschluss zur Veränderung der Situation der ständigen Ausreise von DDR-Bürgern nach der BRD über die ČSSR«.

Alles, was Krenz sagt, klingt nicht so, als habe er begriffen, dass dieses Papier etwas anderes sagt als das, was das Politbüro vor zwei Tagen in Auftrag gegeben hat. Er redet so, als enthielte das Papier nur das, was obendrüber steht (»Ständige Ausreise«) und nicht auch den Passus, den Lauter eingefügt hat (»Privatreisen«). Anderthalb Stunden vorher hat er gegenüber Rau die Gewährung von Reisefreiheit an ökonomische Vorleistungen der BRD geknüpft, und jetzt trägt er eine Regelung vor, die Reisefreiheit gewährt ohne ökonomische Bedingungen. Für die ZK-Mitglieder klingt das, was Krenz ihnen vorträgt, wie eine Durchsage auf dem Bahnhof: Zukünftig fahren die Züge mit den Flüchtlingen nicht mehr über die ČSSR, sondern die können jetzt direkt in die Bundesrepublik rüber. Die Genossen, so geben viele später zu, verstehen nicht, dass diese Zeilen das Ende des »antifaschistischen Schutzwalls« bedeuten.

Nur zwei melden sich zu Wort, der Kulturminister – er möchte die Formulierung »zeitweilige Übergangsregelung« streichen, das erwecke den Eindruck, als wolle man die neue

Regelung bald wieder abschaffen – und der Innenminister Friedrich Dickel, er möchte nicht, dass das Ministerium des Innern die Regelung bekanntgibt, sondern das Presseamt des Ministerrats. Ja, ergänzt Krenz, macht der Regierungssprecher.

17.00 Uhr, Berlin, Innenministerium, Arbeitszimmer von Gerhard Lauter

Den ganzen Nachmittag über hat Lauter mit seinen Mitarbeitern an den Durchführungsbestimmungen für die Reiseregelung gearbeitet. Die Visaerteilung haben sich die Experten so vorgestellt, dass vom 10. November an jeder DDR-Bürger, der einen Pass hat, zur örtlichen Meldestelle gehen und ein Visum beantragen kann.

Mit dem Stasi-Oberst Lemme, am Vormittag einer der vier Verfasser, telefoniert Lauter mehrfach, ob es irgendwelche Reaktion aus dem Politbüro oder aus dem Ministerrat gebe, möglicherweise Änderungswünsche am Text, aber beide haben nichts gehört.

Am späteren Nachmittag liegt das Fernschreiben an die Dienststellen mit den Durchführungsregelungen versandfertig bereit, Lauter wartet auf die Freigabe. Dem Ministerrat hat Lauter vorgeschlagen, den Beschluss über die Reiseregelung mit einer Sperrfrist »vier Uhr morgens« zu versehen, dann hätten die DDR-Bürger frühmorgens beim Frühstück durch das Radio von den neuen Reisemöglichkeiten erfahren und zu den Meldestellen gehen können. So weit der Plan.

17.45 Uhr, Berlin, im Gebäude des Zentralkomitees

Schabowski war bei der Beratung des Beschlusses zur ständigen Ausreise nicht im Plenum des Zentralkomitees, er ist damit beschäftigt, außerhalb des Sitzungssaals mit Journalisten über den Verlauf der ZK-Tagung zu diskutieren und ihnen Kontakte zu gewünschten Gesprächspartnern zu vermitteln.

Bevor er zur täglichen Konferenz ins Internationale Pressezentrum aufbricht, drückt ihm Krenz während der laufenden Debatte im ZK-Plenum sein Exemplar des Ministerratsbeschlusses in die Hand, handschriftlich sind zwei Formulierungen verändert. Er solle den Beschluss auf der Pressekonferenz verkünden. Mit einer Handbewegung macht Krenz vier Fehler: Die Einspruchsfrist gegen den Beschluss ist noch nicht abgelaufen, nicht alle der 44 Minister haben schon zugestimmt. Zum zweiten war auf seinen Vorschlag hin im ZK festgelegt worden, dass der Regierungssprecher die Regelung verkündet, es ist ja ein Ministerratsbeschluss. Zum dritten, und das ist der folgenreichste Fehler: Am Ende des Beschlusses, auf Seite zwei, steht, er solle am 10. November bekanntgemacht werden, damit alle Dienststellen, besonders die Grenzübergangsstellen, informiert werden können. Vorhin hat Krenz diesen Punkt im Plenum vorgelesen, nun hat er ihn offenbar vergessen und schickt Schabowski ins Verderben. Viertens: Er drückt das Papier einem Mann in die Hand, der noch auf dem Informationsstand vom 7. November ist – bei den beiden Beratungen seither, im Politbüro und im Plenum, war er nicht anwesend.

18.53 Uhr, Berlin, Internationales Pressezentrum in der Mohrenstraße

Die Pressekonferenz ist fast vorbei, als Schabowski im überfüllten Saal das Wort einem Journalisten erteilt, der rechts von ihm vorm Podium sitzt. »Entschuldigen Sie, jetzt Sie, jetzt erst mal der italienische Kollege!« Riccardo Ehrman von der italienischen Nachrichtenagentur Ansa fragt: »Glauben Sie nicht, dass es war ein großer Fehler, diesen Reisegesetzentwurf, das Sie haben jetzt vorgestellt vor wenigen Tagen?«

Es folgt die verwirrendste und folgenreichste Verkündung einer neuen staatlichen Verordnung in der Geschichte internationaler Pressekonferenzen. Sie dauert acht Minuten, ist mit 30 Ähs gespickt, provoziert 14 hörbare Zwischenfragen und Dutzende unhörbare und lässt so viel unklar, dass Journalisten in den folgenden Stunden über diese Verkündung ständig neue Nachrichten absetzen können, die schließlich nur noch wenig damit zu tun haben, was in diesem Beschluss formuliert ist.

Schabowski erklärt, »dass man aus dem Entwurf des Reisegesetzes den Passus in Kraft treten lässt, der die ständige Ausreise regelt, also das Verlassen der Republik«. Das ist das, was am 7. November im Politbüro beschlossen wurde als Auftrag an das Innenministerium. Durch Nachfragen irritiert, blättert Schabowski in seinen Unterlagen, zieht eine Seite heraus (auf der zweiten Seite steht »am 10. November zu veröffentlichen«) und sagt dabei: »Also, Genossen, mir ist das hier also mitgeteilt worden, dass eine solche Mitteilung heute schon verbreitet worden ist. Sie müsste eigentlich in Ihrem Besitz sein.« Er geht also davon aus, dass die Journalisten den Beschluss schon kennen, offenbar hat er im Gespräch mit Krenz diesen Eindruck gewonnen.

Dann liest er – sehr schnell – vom Blatt Lauters Absatz (»Privatreisen«) vor. Wann tritt das in Kraft?, wird er gefragt. Schabowski blättert, schaut dabei hilfesuchend nach rechts, wo zwei ZK-Mitglieder sitzen. »Das tritt nach meiner Kenntnis ... ist das sofort, unverzüglich« (blättert weiter in seinen Papieren), findet die Seite mit dem Satz »10. November« nicht.

Dann Frage, Antwort, Frage, Antwort. Berlin-West? Er guckt nach im Papier, ja, auch Berlin-West. In diesem Moment, räumt er später ein, sei ihm durch den Kopf geschossen: »Hoffentlich wissen die Sowjets davon, dieses Ding berührt ja den Viermächtestatus, verflucht.«

Schließlich, am Ende der Konferenz, das Eingeständnis: »Ich drücke mich nur so vorsichtig aus, weil ich nun in dieser Frage nicht, also, ständig auf dem Laufenden bin, sondern kurz, bevor ich rüber kam, diese Information in die Hand gedrückt bekam.« Das ist entwaffnend ehrlich. In den Wochen und Monaten danach räumt Schabowski ein, das Papier von Krenz weder im ZK noch im Auto gelesen zu haben, später behauptete er, es durchgelesen zu haben.

Nach der Pressekonferenz erklärt er dem NBC-Reporter Tom Brokaw im Interview, wie er selbst das verstanden hat, was er in den acht Minuten erklärt hat: »It is no question of tourism. It is a permission of leaving GDR.« Es geht nicht um Tourismus, es ist die Erlaubnis, die DDR zu verlassen.

18.54 Uhr, Berlin, Grenzübergang Bornholmer Straße

Oberstleutnant Jäger hat Mühe, Schabowskis Worten zu folgen. In der Kantinenbaracke sitzen 20 Mann an den Tischen, er sitzt allein am letzten freien Tisch, im Zwiegespräch mit vier halben Brötchen. Der alte Schwarzweißfernseher steht in der anderen Ecke, nur Jäger versucht, die Worte der Pressekonferenz zu verstehen. »Sofort ... unverzüglich ... Berlin-West.« »Was redet der denn da?«, brüllt Jäger durch den Raum. Alle Gespräche verstummen, die Grenzer starren den Diensthabenden an.

Jäger stürmt aus der Kantine, hinüber ins Lagezimmer, ruft auf der Direktleitung seinen Vorgesetzten Rudi Ziegenhorn an, der in der Hauptabteilung VI der Staatssicherheit an diesem Abend für die Passkontrolleinheiten zuständig ist. »Hast du den Quatsch von Schabowski auch gehört?«, fragt der. »Ja eben, deshalb rufe ich Sie ja an«, sagt Jäger. »Was ist denn jetzt los?« – »Ja, nichts«, sagt er, »was soll denn sein?« – Jäger: »Na ja, Sie haben es doch selber gehört!« – »Na eben«, sagt er, »das geht ja gar nicht.«

18.54 Uhr, Berlin, sowjetische Botschaft Unter den Linden

Der Gesandte, Igor Maximytschew, verfolgt im Botschaftsgebäude Schabowskis seltsamen Auftritt vor der internationalen Presse. Er kennt ihn, Schabowski ist mit einer Russin verheiratet und spricht gut Russisch. Maximytschew ist erst verblüfft, dann zornig. Zwei Tage lang ist es zwischen der DDR-Regierung und der Botschaft hin und her gegangen um die Frage der ständigen Ausreise und der Einrichtung eines neuen Übergangs Richtung Bayern. Nun ist von West-Berlin die Rede und einer Reisefreiheit für alle DDR-Bürger, das ist etwas vollkommen anderes. Botschafter Kotschemassow meldet sich telefonisch, will eine Einschätzung von Maximytschew. Vielleicht haben Krenz und Genossen auf direktem Weg, vielleicht über die Stasi, Kontakt mit der sowjetischen Parteiführung aufgenommen und in letzter Minute die neue Regelung abgestimmt?

Warschau, Gästehaus der polnischen Regierung

Seit dem Nachmittag ist Bundeskanzler Helmut Kohl zum offiziellen Besuch in Polen. Sein Berater Horst Teltschik hat noch am Morgen die Einschätzung des BND zur Lage in der DDR überprüft. »Die Geheimdienste hatten nicht die geringsten Hinweise. Wenn wir etwas geahnt hätten, dann wäre der Bundeskanzler nicht nach Warschau gereist.« Zwei Tage vorher hat allerdings der DDR-Gesandte in Bonn den zuständigen Abteilungsleiter im Bundeskanzleramt darüber informiert, dass die DDR beabsichtige, den Teil des Reisegesetzes in Kraft zu setzen, der sich mit ständiger Ausreise befasst. Kurz vor der Abfahrt zum abendlichen Staatsbankett bekommt Kohl einen Anruf aus Bonn und hört von Schabowskis Pressekonferenz.

20.00 Uhr, Hamburg, Redaktion der »Tagesschau«

Seit 19.03 Uhr melden die Nachrichtenagenturen, was ihre Journalisten aufgeschnappt haben aus Schabowskis widersprüchlichen Verkündigungen. Reuters und dpa stellen das »Ausreisen« für DDR-Bürger heraus, Associated Press interpretiert die neuen Bestimmungen als »Grenzöffnung« und eröffnet damit den Wettbewerb unter den Journalisten, wer dem, was Schabowski gesagt hat, die größte Wucht verleihen kann.

Die »Aktuelle Kamera« im DDR-Fernsehen verkündet um 19.30 Uhr: »... können Privatreisen nach dem Ausland ohne besondere Anlässe beantragt werden.« Um 19.41 Uhr meldet dpa nun: »Die DDR-Grenze zur Bundesrepublik und nach West-Berlin ist offen.« Um 20 Uhr beginnt die »Tagesschau« daraufhin mit der Schlagzeile »DDR öffnet Grenze«. Der Reporter, der über die Pressekonferenz berichtet, kommentiert in seinem Beitrag: »Also auch die Mauer soll über Nacht durchlässig werden.«

Der »Tagesschau« liegt inzwischen auch eine ADN-Meldung vor. ADN, die staatliche Presseagentur, hatte die Pressemitteilung des Innenministeriums auf dem Schreibtisch, allerdings mit Sperrfrist vier Uhr, 10. November. Günter Pötschke, Generaldirektor, entschied in Absprache mit dem Regierungssprecher Meyer, sich nach Schabowskis Pressekonferenz nicht mehr daran zu halten. Meyer: »Der muss total verrückt sein.« Pötschke: »Was machen wir denn nun?«

Pötschke ist Mitglied im Zentralkomitee, er war dabei, als Krenz den Zettel an Schabowski gab. Im April 2009 überraschte der Italiener Riccardo Ehrman, jener Journalist, der während der Pressekonferenz Schabowski die erste Frage stellte, mit der Nachricht, er sei von Pötschke gebeten worden, die Frage nach der Reiseregelung zu stellen. Wenn das stimmt, dann traute Pötschke seinem Medienchef Schabowski möglicherweise zu, die Verkündung der Reiseregelung zu vergessen. Schabowski hatte sich jedoch auf seinem Spickzettel für die Pressekonferenz weiter unten notiert: »Text Reiseregelung«.

20.30 Uhr, Berlin, Theater im Palast der Republik
Lauter sitzt mit seiner Frau im Theater, »Reineke Fuchs« von Goethe. Von Schabowskis Erzählungen hat er nichts mitbekommen. In seinem Büro liegen die Fernschreiben bereit, die alle Dienststellen im Land genauestens über die neue Reiseregelung informieren können. Um vier Uhr, wenn die Sperrfrist abgelaufen ist, will er ins Büro fahren und sie abschicken.

20.30 Uhr, Berlin, Grenzübergang Bornholmer Straße
Schon kurz nach Schabowskis Konferenz waren die ersten Neugierigen am Grenzübergang aufgetaucht, sie hielten aber Distanz vom Schild mit der Aufschrift: »Grenzgebiet«. Unter den Grenzern machte der Satz die Runde: »Bald kommen sie, die Wildschweine.« Nach 20 Uhr war die Menge schnell angewachsen, und sie war auch immer näher gerückt, auf die Grenzanlagen zu. Nicht aggressiv, vorsichtig, die neue Freiheit austestend. Die ganz vorn standen, verwickelten die Grenzer in Gespräche, fragend, was die neue Regelung denn bedeute. Jäger hatte seine Leute angewiesen, alle zu vertrösten, sie müssten erst ein Visum beantragen. Gegen halb neun stehen Hunderte vor dem Schlagbaum.

Jäger steht nun vorn vor der ersten Reihe der Ungeduldigen, die fordernder werden. Mit lauter Stimme versucht er, sie zu beruhigen: »Genosse Schabowski hat eine neue Reiseregelung verkündet, aber man braucht dafür eine Genehmigung. Die bekommen Sie bei der Volkspolizei, nicht hier.«

Das Echo aus der Menge: »Sofort, hat er gesagt« – »Unverzüglich«.

Ein Streifenwagen der Volkspolizei fährt vor, Jäger erwartet, dass die Polizisten genaue Instruktionen haben. Im Gespräch erfährt er, dass die genauso ratlos sind. Aber über den Lautsprecher des Streifenwagens geben sie Auskunft: »... es ist nicht möglich, Ihnen hier und jetzt die Ausreise zu gewähren.« Zum ersten Mal lautes Gejohle und Proteste, Jäger zieht sich in sein Postenhäuschen zurück. Und beobachtet, wie nach ein paar Minuten ein großer Teil der Menschen abzieht, in Richtung Arminplatz, dort ist eine Wache der Volkspolizei. Jägers Hoffnung: Vielleicht öffnet die Meldestelle nun, um Schnell-Visa auszustellen.

Doch nach zehn Minuten sind alle Wildschweine wieder da, noch lauter und wütender als vorher, sie sind auf den nächsten Morgen vertröstet worden.

20.20 Uhr, Berlin, im Gebäude des Zentralkomitees

Während Schabowski die Welt mit seinen Verkündungen in Aufruhr brachte, während die Ost-Berliner sich in immer größerer Zahl den sieben Grenzübergängen nähern, beraten die ZK-Mitglieder im »Haus der tausend Fenster«, wie es genannt wird, über die Zukunft des Sozialismus. Es ist der Sound der Kaderpartei, der sich durch die Diskussionsbeiträge zieht, Schuldzuweisungen, Selbstkritik, Anschuldigungen, Ausflüchte, alles weit entfernt von dem, was die Leute beschäftigt, die sich auf die Schlagbäume zubewegen.

Einer der Redner wird konkret, Günter Ehrensperger, Leiter der ZK-Abteilung Planung und Finanzen, er macht allen klar, dass die DDR seit 16 Jahren über ihre Verhältnisse lebt und kurz vor der Pleite steht. Empörung im Plenum und die Forderung, den Diskussionsbeitrag auf keinen Fall zu veröffentlichen. »Dann laufen uns die letzten Leute weg«, brüllt einer durch den Saal. »Wir schockieren die ganze Republik«, schickt Krenz hinterher.

Um 20.45 Uhr machen sich die meisten ZK-Mitglieder auf den Heimweg durch das von Gerüchten brodelnde Ost-Berlin. Sie erfahren zum Teil unterwegs durch Gespräche oder dann durch Telefonate von dem, was die Reiseregelung und die Pressekonferenz Schabowskis ausgelöst haben.

21.00 Uhr, Berlin, Grenzübergang Bornholmer Straße

»Wir wollen rüber, wir wollen rüber.« Die Leute vor Jägers Grenzern werden lauter. Die Offiziere sind ratlos, Jäger versucht immer wieder, seinem Vorgesetzten Ziegenhorn in der Stasi-Zentrale den Ernst der Lage klarzumachen. Der gibt ihm seit zwei Stunden immer denselben Befehl. Schick die Leute zurück, sie sollen morgen wiederkommen.

Hinter den Leuten stauen sich inzwischen Autos einen Kilometer lang auf der Bornholmer Straße bis zur Schönhauser Allee. Ihnen stehen 52 bewaffnete Grenzer gegenüber. »Wenn wir schießen, dann hängen wir am Laternenpfahl«, sagt der an der Bornholmer Straße diensthabende Grenztruppenkommandant später.

Seit April haben sie die Anweisung, Konflikte ohne Waffengebrauch zu lösen. »Einzige Ausnahme«, so Jäger, »wenn das eigene Leben bedroht ist.« Noch mal Anruf bei Ziegenhorn. »Jäger, ich kann dir keine Entscheidung mitteilen, ich hör ja von oben auch nichts.« Jäger löst, in Sorge um das Wohl seiner Leute und verlassen von seinen Vorgesetzten, den »stillen Alarm« aus, das bedeutet, etwa 50 bis 60 Grenzer rücken zusätzlich an.

21.37 Uhr (Berliner Zeit), Washington, im Weißen Haus

US-Präsident Bush will eine Stellungnahme zu den Vorgängen in Berlin abgeben und lässt eine Gruppe von Journalisten ins Oval Office. In den Stunden vorher haben er und Außenminister Baker vor allem Fernsehen geguckt, um sich ein Bild von der Lage zu machen. Später wird er sich beklagen: »Es gab zu diesem Zeitpunkt nicht eine einzige Vorinformation, dass die Mauer fallen würde, auch nicht ein Blatt Papier der Geheimdienste.«

Bush hat sich eine Deutschlandkarte bereitgelegt, zur besseren Orientierung. Er gibt eine Erklärung ab, die einen der Journalisten zu der Frage provoziert, ob er nicht in Hochstimmung sei? »Ich bin kein emotionaler Typ. »Wie begeistert sind Sie?« »Ich bin zufrieden.«

Die Informationen sind Bush zu dünn, und er will die Russen nicht provozieren. Die US-Truppen in Berlin sind in Alarmzustand versetzt worden. Bushs Sicherheitsberater Brent Scowcroft sagt später: »Wir wussten einfach nicht, was da in Ost-Berlin vorgegangen war. Wir mussten auf einen heftigen Militärschlag gefasst sein.«

21.45 Uhr, Berlin, im Gebäude des Zentralkomitees

Krenz versucht, Gorbatschow zu erreichen, in Moskau ist es kurz vor Mitternacht. Die sowjetische Zentrale, so Krenz, sei nicht mehr bereit gewesen, eine Verbindung herzustellen. »Ich hätte sicher eine Verbindung bekommen, wenn ich gesagt hätte, wir stehen kurz vor einem Krieg.«

21.45 Uhr, Mainz, Redaktionsgebäude des ZDF

Im »heute journal« wird seltsamerweise kritisiert, die neue Regelung gelte nur für Ausreisewillige. Es wäre besser, »wenn verkündet worden wäre, dass jeder DDR-Bürger mit seinem Reisepass über die Grenze gehen kann und auch wieder zurück«.

Der Bundeskanzler, immer noch zu Gast in Polen, erklärt im Interview, er sei zu Hilfen für die Flüchtlinge bereit. »Geht das noch, Herr Bundeskanzler?«, fragt der Interviewer Peter Voß. »Können wir sie noch aufnehmen?«

21.50 Uhr, Berlin, Grenzübergang Bornholmer Straße

Seit einigen Minuten wenden Jägers Leute die »Ventillösung« an: Die besonders wilden Wildschweine sollen aus der Menge vorn am Schlagbaum und an den Zäunen herausgepickt und in den Westen gelassen werden. Auf dem Foto ihres Ausweises soll ein Passkontrollstempel allen Grenzern bedeuten: »Achtung, illegal ausgereist, nicht wieder einreisen lassen.« Wer so einen Stempel auf oder neben das Foto bekommt, der soll gleichzeitig in der Fahndungskartei erfasst werden.

Das ist also nun das Ergebnis von Jägers stundenlanger Forderung nach Befehlen: Die Stasi bürgert alle aus, die mal eben in West-Berlin vorbeischauen wollen. Jäger ist das recht, Hauptsache, er hat eine Weisung. Vor 20 Minuten, nachdem er wieder bei Ziegenhorn gedrängelt hatte, war er von seinem Vorgesetzten zum Zeugen eines Gesprächs mit dessen Vorgesetzten gemacht worden. Der hatte ihn zuhören lassen, als er mit der Stasi-Zentrale in der Normannenstraße telefonierte. »An der Bornholmer Straße wird es bedrohlich, sagt Jäger.« – »Kann der das denn überhaupt beurteilen, oder hat der nur Angst?«

Aber kurz darauf war die Ventillösung ersonnen. Die ersten Protestführer sind nun auf dem Weg in den Westen, zur Tarnung sollen die Grenzer auch ein paar weniger Laute rüberschicken.

22.00 Uhr, Waldsiedlung Wandlitz, bei Berlin

Schabowski, der sich nach der Pressekonferenz gleich nach Wandlitz hat herausfahren lassen, bekommt einen Anruf von einem Genossen der Berliner SED-Bezirksleitung. Der ist in der Wohnung eines Bekannten, nahe der Bornholmer Straße. Hunderte hätten sich vor dem Grenzübergang versammelt und wollten raus. Schabowski ist sauer. Aber auf wen? »Verdammte Sauerei, wieder mal Pannen in der Übermittlung.« Er sagt seinem Mitarbeiter, er solle ihn auf dem Laufenden halten.

Berlin, Unter den Linden,
im Wohntrakt der sowjetischen Botschaft

Weil Igor Maximytschew, der sowjetische Gesandte, die Vorgänge an der Mauer im Westfernsehen verfolgt, sorgt er sich. Ihm dämmert langsam, dass das alles keinem Plan folgt. »Man spürte, wie mit jeder Viertelstunde die Spannung stieg, die Gefahr war sehr groß, dass jemandem die Nerven durchgehen«, sagt er später. In Moskau Alarm schlagen? Dort ist es jetzt tiefe Nacht, nach einem langen Tag des Nachfeierns der Oktoberrevolution. Wen erreicht er jetzt? Wer jetzt wach ist, will sich wichtigmachen, trifft vielleicht im Übereifer eine gefährliche Entscheidung.

Von der KGB-Dependance in Berlin-Karlshorst gehen Eilmeldungen nach Moskau, werden aber erst am nächsten Morgen beantwortet, dann aber mit dem sich ständig wiederholenden Befehl nach neuen Lageberichten. An diesem

Abend sind die Berliner KGB-Leute nicht von ihren Verbindungsoffizieren bei der Staatssicherheit informiert worden über Schabowskis Konferenz und die Folgen, sondern aus den Fernsehsendungen. Botschafter Kotschemassow ist schlafen gegangen, hat sich mit einem Schlafmittel aus der Schusslinie genommen.

22.00 Uhr, Berlin, im Stadtteil Lichtenberg

Als Lauter mit seiner Frau vom Theaterabend nach Hause kommt, empfängt ihn sein Sohn mit den Worten: »Du sollst mal deinen Innenminister anrufen, der hat ein paarmal nach dir verlangt. Und im Übrigen ist die Grenze auf.« Lauter muss nicht mehr telefonieren, er bleibt im Mantel, eilt zu seinem Trabi und fährt ins Innenministerium.

22.30 Uhr, Berlin, im Gebäude des Zentralkomitees

Zwei ZK-Mitglieder, Helmut Koziolek und Eberhard Heinrich, sind noch auf der Politbüro-Etage im ZK-Gebäude, sie haben bis eben an den letzten Formulierungen des SED-Aktionsprogramms gefeilt. Als sie gehen, treffen sie im Flur einen verwirrt wirkenden Egon Krenz. »Was soll ich denn nur machen?«, habe der Parteichef geklagt, »es kann doch nicht um eine Grenzschließung gehen!« Ein anderes ZK-Mitglied erreicht Krenz telefonisch, will wissen, was los sei, der aber meint, er verstünde selbst nicht, was passiert sei.

22.30 Uhr, Berlin, Grenzübergang Bornholmer Straße

Die Ventillösung hat zunächst für Beruhigung gesorgt am Grenzübergang. Jäger hat drei Schalter aufgemacht, die Glücklichen müssen in eine Schleuse, die hinten durch eine Fahrstuhltür wieder verschlossen wird. Es ist tatsächlich eine Fahrstuhltür aus Metall, die per Knopfdruck geöffnet und geschlossen werden kann – die Erfindung eines Sicherheitsoffiziers, für die Jägers Leute eine Neuererprämie bekamen.

Die Erfindung wird nun genutzt, um die Lauten von den Stillen zu trennen, aber je länger die Grenzer selektieren, je mehr sie durch die Schleuse lassen, desto lauter werden die Stillen. »Tor auf! Tor auf!«

Längst ist Jäger damit beschäftigt, die durch den stillen Alarm anrückenden Grenzer zur Sicherung der wichtigen Punkte des Grenzübergangs einzuteilen: Operativbereiche, Dienstbaracke, Fahndungskartei, Lagepult, alles muss abgesichert werden gegen Übergriffe.

22.30 Uhr, Berlin, Innenministerium, Arbeitszimmer von Gerhard Lauter

Auf der Fahrt mit seinem Trabi ins Innenministerium ist Lauter durch den Kopf gegangen, was mit der Beschlussvorlage von heute Morgen schiefgegangen sein kann. Nachdem er den Wachtposten seinen Dienstausweis gezeigt hat, betritt er menschenleere Gänge – die Hauptabteilung Pass- und Meldewesen hat nachts keine Diensthabenden. Als er sein Büro erreicht, sieht er die 24 grünen Lampen seiner Telefonanlage leuchten. Aus allen Teilen der Republik wollen Vopos, Stasi-Offiziere und Bezirkschefs wissen, was es auf sich hat mit diesem Reisebeschluss. Einer der ersten Anrufer: Die US-Botschaft in Ost-Berlin will – in Deutsch – Aufklärung.

22.42 Uhr, Hamburg, Redaktion der »Tagesthemen«

Die »Tagesthemen« beginnen an diesem historischen Abend später als sonst, nicht wegen der Maueröffnung, sondern weil das DFB-Pokalspiel 1. FC Kaiserslautern gegen 1. FC Köln in die Verlängerung geht. Der Moderator Hanns Joachim Friedrichs spricht die berühmten Sätze: »Die DDR hat mitgeteilt, dass ihre Grenzen ab sofort für jedermann geöffnet sind. Der Reiseverkehr in Richtung Westen ist frei. Die Tore in der Mauer stehen weit offen.«

Zu dem Zeitpunkt stimmt das noch nicht, als die Redaktion live zur Invalidenstraße schaltet, steht der Reporter vor dem immer noch geschlossenen Grenzübergang. Aber die Worte des Moderators sind stärker als die Bilder. »Tore weit offen«, Zigtausende in Ost- und West-Berlin machen sich auf den Weg, durch die Tore zu stürmen.

23.00 Uhr, Berlin, Unter den Linden, im Wohntrakt der sowjetischen Botschaft

Der Gesandte Maximytschew sieht die »Tagesthemen« mit Erleichterung, von Schüssen oder Prügeleien ist nicht die Rede. Die vergangenen Stunden seien für ihn die dramatischsten Momente seiner Diplomatenzeit gewesen, wird er später sagen. »Keiner der DDR-Offiziellen hat uns angerufen, und wir konnten niemanden von ihnen ans Telefon bekommen. Wir hatten den Eindruck, dass die ganze Führung der DDR wie vom Erdboden verschluckt war.«

Waldsiedlung Wandlitz bei Berlin

Der zweite Anruf von seinem Mitarbeiter verdirbt Schabowski endgültig den Abend. An der Bornholmer Straße stehen Tausende vor dem Grenzübergang und wollen raus. Schabowski lässt seinen Volvo kommen und sich in die Stadt fahren.

Warschau, im Palais Radziwill

Bundeskanzler Kohl wird von seinem Regierungssprecher so gut es geht informiert. Kohl: »Wir standen in diesem Moment außerhalb dieser Ereignisse, wir fühlten uns quasi wie auf einem anderen Stern.«

23.10 Uhr, Berlin, Grenzübergang Bornholmer Straße

Während immer mehr DDR-Bürger durch die Fahrstuhltürschleuse in den Westen ziehen, kommen die ersten von ihren Westtrips zurück. Darunter auch ein Ehepaar, ihr Bild im Pass ist gestempelt, sein Bild nicht. Jäger guckt die Frau an, schmächtig, sie weint, will nach Hause zu ihren Kindern. Aber eigentlich ist sie jetzt ausgebürgert. Jäger lässt sie wieder einreisen und befiehlt seinen Leuten: »Alle dürfen einreisen, alle!«

Die Ventillösung, das merkt Jäger in dem Moment, ist keine. Er ruft alle wichtigen Offiziere in das Leiterzimmer der Dienstbaracke. Da er von oben keine Anweisungen bekommt, will er sie einbeziehen. Es gibt drei Alternativen: abwarten, das kann dazu führen, dass bald die Ersten durch den Druck der Nachrückenden an den Zäunen verletzt werden, vielleicht um sich schlagen, in Panik geraten. Oder NVA-Truppen anfordern, ihnen die Entscheidung überlassen und riskieren, dass durch den Aufmarsch der Bewaffneten die Lage außer Kontrolle gerät. Oder: die Schlagbäume hoch, die Leute rauslassen, unkontrolliert.

Jäger guckt in die Runde. »Ausreisen lassen?« Alle sind stumm. »Schießen lassen?« Sie gucken entsetzt. Keiner will einen Rat geben und Verantwortung teilen.

Berlin, Grenzübergang Bornholmer Straße, am Schlagbaum

Seit zwei Stunden treibt sich Marcus Hahn jetzt am Grenzübergang herum. Der 22-Jährige, Buchhalter beim »Berliner Aufzug- und Fahrtreppenbau«, hatte Schabowskis Pressekonferenz bei seiner Mutter in Friedrichshain gesehen, er dachte, da muss man sicher einen Antrag stellen, das dauert, sie sagte, probier es mal, und deshalb ist er dann später, als er Zigaretten kaufen wollte, zum Grenzübergang geschlendert. Hahn musste ein bisschen drängeln, zu dem Zeitpunkt hielten die

Leute noch Abstand zu den Grenzern. Einige wollten unbedingt rüber, andere wollten wie er nur gucken.

Die Stimmung war bestens, hat ihn angesteckt, er lief in seine Wohnung und holte seine Freundin, die schon schlief. »Zieh dich an, wir müssen raus, irgendwas passiert noch.« Er hatte keine Angst, dass die mit Knüppeln kommen. Die Menge wuchs schnell. »Da stellen wir uns nicht an«, maulte seine Freundin. Sie haben sich vorgedrängelt, die Leute waren lustig, brüllten »Macht auf«, die Stimmung war nicht angespannt.

Die Grenzer haben Einzelne herausgewinkt, die durften dann rüber. »Ich hab gedacht, so geht das doch nicht weiter.«

23.25 Uhr, Berlin, Grenzübergang Bornholmer Straße

Oberstleutnant Jäger ist verzweifelt. Seit 21 Uhr sind die Leiter der Passkontrolleinheiten aller Berliner Übergänge in der Hauptabteilung VI in Berlin-Treptow beisammen, seit über drei Stunden hat Jäger von oben nichts gehört außer Durchhalteparolen. Später erfährt er, dass dort Generalmajor Fiedler, jener General, der ihm – immerhin – seinen gebrauchten Wartburg-Motor besorgt hat, die Runde in Ruhe wiegte mit dem Satz: »Wie ich meine Berliner kenne, gehen die um 23 Uhr ins Bett.«

Es ist 30 Minuten nach 23 Uhr, und wo sind die Berliner? Sie stehen, 20 000 Mann hoch, vor Jägers Schlagbaum und brüllen: »Tor auf, Tor auf!« Und was macht Jäger nun? Lässt alle Stempel, Zählkarten, Visaformulare, Fahndungskarten in den Safe schließen und brüllt seinen Leuten zu: »Macht den Schlagbaum auf!« Und sein Kollege gibt Meldung an den Vorgesetzten: »Wir fluten jetzt!«

Und Marcus Hahn? Steht ganz vorn am Schlagbaum, seine Freundin hinter ihm, hält sich an seiner Jacke fest. Als die Offiziere vor ihm den Schlagbaum nach innen führen, wird er von den Leuten nach vorn gedrückt, hält sich mit einer Hand am Schlagbaum fest, um nicht zu fallen, wird von der Menschenmenge weitergetrieben, immer tiefer in den Grenzübergang hinein, mit der ausdauernden Kraft eines Tsunami ergießt sich der stundenlang, jahrelang, jahrzehntelang aufgestaute Wille von Zehntausenden über die breite Stahlbrücke nach Westen.

Marcus Hahn erwartet, auf irgendeine Kontrolle zu treffen, auf Grenzer, auf Formulare, aber er trifft auf zwei grinsende Männer in dunkelgrüner Uniform, die ersten Westpolizisten. Er bleibt stehen und macht, was ihm seine Mutter geraten hat: Wenn du irgendwo bist, wo du noch nie warst, musst du erst mal die Luft einatmen, weil es anders riecht. Ja, es riecht anders.

23.40 Uhr, Berlin, Innenministerium, Arbeitszimmer von Gerhard Lauter

Für Lauter setzt sich aus den Anrufen, die im wilden Takt sein Telefonpult zum Leuchten bringen, langsam ein Puzzlebild der auslaufenden Republik zusammen. Die Diensthabenden im Innenministerium und bei der Staatssicherheit haben keinen Überblick und stellen Anrufe zu ihm durch, und so wird er zum Auge inmitten der Blindheit. Keiner, so ist sein Eindruck, trifft zentral Entscheidungen, es ist ein wildes Durcheinander von Einzelentscheidungen.

Die Berliner Grenzübergangsstellen sind alle kurz nach Mitternacht offen. Nachdem Oberst Ziegenhorn von Jäger erfahren hatte, dass an der Bornholmer Straße die Schlagbäume oben sind, hat er – nach Rücksprache mit Gerhard Niebling, dem »Leiter der Zentralen Koordinierungsgruppe Flucht/Übersiedlung« der Stasi – die anderen sechs Grenzübergänge angewiesen aufzumachen. Von Krenz oder Mielke, so Niebling später, gab es vorher keine Weisung zur Grenzöffnung. Es ist eine Nacht ohne zentrale Befehle, so Niebling, weder der Nationale Verteidigungsrat noch der Generalsekretär, der Stasi-Chef, der Innenminister noch der Verteidigungsminister versuchen, Herr der Lage zu werden.

23.50 Uhr, Berlin, Grenzübergang Heinrich-Heine-Straße

Schabowski ist bei seiner Tour durchs freiheitstrunkene Ost-Berlin an der Heinrich-Heine-Straße angekommen, an der Bornholmer Straße war kein Durchkommen zum Grenzübergang. Alles ist offen, die Berliner kommen und gehen wie vor 30 Jahren. Als er mit seinem Volvo vorfährt, tritt ein Stasi-Mann in Zivil auf ihn zu und spricht zackig den coolsten Satz dieser Nacht. »Keine besonderen Vorkommnisse.«

23.50 Uhr, Berlin, Grenzübergang Bornholmer Straße

Die Grenzer stehen einzeln herum oder laufen ziellos zwischen den Menschen auf dem Gelände ihres Grenzübergangs umher. Jäger zieht es zur Operativbaracke, sie steht abseits, sie war am Beginn seines Grenzdienstes das einzige Gebäude am Übergang. Er will sich sammeln, die letzten Stunden verarbeiten. Als er die Baracke betritt, trifft er auf einen Hauptmann und einen anderen Offizier. Dem einen laufen Tränen übers Gesicht, der andere sitzt im Vernehmungsraum und wird von Weinkrämpfen geschüttelt.

10. November, 0.15 Uhr, West-Berlin, Ku'damm

Marcus Hahn ist auf seiner Expedition ins Land, das anders riecht, mit seiner Freundin bis zum Ku'damm vorgestoßen. In der U-Bahn hierher hat sie keiner angesprochen, der Ku'damm ist nicht so hell, wie er gedacht hat, richtig hell ist nur McDonald's.

Von einem Mann hat er sich Kleingeld erbettelt und seine Mutter angerufen. Sie schlief schon. »Wie isses, wie isses?« – »Ja, ganz okay, wir kommen aber wieder.« Und dann in Frankfurt seinen Vater angerufen. Der hat sofort seinen Jazzkeller dichtgemacht und ist nach Berlin gefahren.

4.00 Uhr, Berlin, Innenministerium, Arbeitszimmer von Gerhard Lauter

Auf Radio DDR I muss Lauter das Schweigen der DDR-Führung übertönen. In einem Interview erklärt er denen, die jetzt noch oder wieder wach sind, wie das eigentlich gedacht war mit der Reiseregelung. Um diese Uhrzeit sollte die Sperrfrist ablaufen, jetzt sollte die neue Reiseregelung bekanntgegeben werden. Lauter versucht, die DDR-Bürger in die Meldeämter zu schicken, einen Pass beantragen, ein Visum beantragen, aber seinen Worten ist anzuhören, dass er nicht so recht daran glauben mag.

Später am Morgen setzt sich Lauter auch noch ins Studio des DDR-Fernsehens, mit tiefschwarzen Augenringen, zerwühlten Haaren und nervösem Blick übernimmt er, in das freundliche Chaos wieder die Ordnung der Reiseregelung zu bringen. Er könnte zum Symbolbild des Neuanfangs werden, aber er sitzt da als letzter Mann eines zerfallenen Regimes.

6.30 Uhr, Berlin, Ueckermünder Straße

Der Wecker klingelt in der Wohnung von Marcus Hahn. Um zwei Uhr ist er aus dem Land des neuen Geruchs zurückgekehrt, hat den Grenzer gegrüßt mit den Worten »Bin wieder da«, und der hat zurückgelächelt. 300 Meter vom Grenzübergang Bornholmer Straße entfernt hat er sich dann in sein Bett gelegt.

Er geht um sieben Uhr zur Arbeit, er ist einer der wenigen, die an diesem Morgen arbeiten wollen beim »Berliner Aufzug- und Fahrtreppenbau« in Pankow. Und kehrt nach zwei Stunden zurück ins Bett.

9.00 Uhr, Berlin, Haus des Zentralkomitees

Die lange Nacht des Schweigens endet auch am Morgen nicht: Krenz und die anderen Politbüro-Mitglieder äußern sich nicht zum Mauerfall, als die Tagung des Zentralkomitees fortgesetzt wird. Zunächst keine Rechtfertigung, keine Kritik, kein Wort. ZK-Mitglied Gerhard Schürer, der Leiter der Plankommission, redet, als gäbe es noch etwas zu planen, dabei ist ihm klar, wie er später eingesteht, dass die Maueröffnung ohne Gegenleistung es der DDR unmöglich macht, »als Staat weiter zu existieren«. Die Öffnung sei nicht Absicht des Politbüros gewesen, und auch den ZK-Mitgliedern war nicht klar, dass durch die neue Regelung »in der Nacht die Mauer fällt«. Früher habe jeder »Grenzübergang der DDR hundert Millionen gebracht, durch den 9. November habe die DDR 63 neue Grenzübergänge geschaffen, ohne zu kassieren«, diese Rechnung der historischen Nacht machte Hans Modrow später vor Stasi-Generälen auf.

Am Morgen des 10. November findet die Abrechnung nur in kleiner Runde statt, »wer hat uns das eingebrockt?«, stöhnt Krenz, »wer hat das Ding mit West-Berlin verbrochen?«, mosert Mielke.

Eine Nacht lang sind die Wildschweine hin und her gerast zwischen Ost- und West-Berlin, machten Kohl, Bush, Gorbatschow und Krenz zu ohnmächtig staunenden, schlafenden Zuschauern, nun greifen die Mächtigen wieder zu. Sie schicken Depeschen und Telefonate um den Erdball, sie versuchen eine Sprache zu finden für die Anarchie der Nacht, sie lenken den Irrtum wieder in diplomatische Bahnen, sie machen aus dem Irrtum die deutsche Einheit.

Für alle Kommunisten war diese Nacht eine Tragödie, für alle anderen ein Geschenk des Irrtums, und für Genießer eine Komödie. »Eins, zwei, drei« nannte Billy Wilder seine Komödie, die er drehte, als die Mauer gebaut wurde. »Drei, zwei, eins« ist die Fortsetzung, gedreht in einer Nacht, mit drei Hauptdarstellern, einer Handvoll Nebendarstellern und Hunderttausenden Komparsen, die eigentlich Hauptdarsteller sind.

Was diese Geschichtslektion so komisch macht, ist die Kette der Ereignisse, die ausgelöst wird durch ein paar heruntergehaspelte Sätze auf einer Pressekonferenz (»Privatreisen können beantragt werden, Genehmigungen werden kurzfristig erteilt«), die eigentlich keinen Menschen auf den Gedanken bringen können, einen DDR-Bürger schon gar nicht, er dürfe die Grenze stürmen. Der unbeabsichtigte Fall der Mauer, so hat es der gründlichste Mauerforscher der Republik, der Berliner Historiker Hans-Hermann Hertle, zusammengefasst, »entstand durch ein Zusammentreffen von unkoordinierten Entscheidungen der SED-Spitze, falschen Situationsdefinitionen der West-Medien, spontanen Entschlüssen von Fernsehzuschauern und Radiohörern sowie Ad-hoc-Entscheidungen der Grenzsicherungsorgane«. Mit anderen Worten: Es war nicht unbedingt Schwarmintelligenz, die in dieser Nacht ein Regime stürzte, es war ihr Gegenteil.

Lauter, Schabowski, Jäger, die drei planlosen Komplizen dieses Putsches, sind sich in den vergangenen 25 Jahren gelegentlich über den Weg gelaufen. Lauter blieb im Innenministerium der DDR, solange es das noch gab, er blieb auch der SED treu, solange es die noch gab. Er wurde Mitglied in der Schiedskommission der Partei und sollte die Verfehlungen des alten Politbüros untersuchen.

So kam es, dass er an einem Januarsamstag zu Gericht saß über den Mann, der ihn am 9. November um den Schlaf gebracht hat. Schabowski wurde ausgeschlossen aus der Partei, die er zu retten versucht hatte.

Lauter musste sich nach dem Tag der Einheit in die freie Marktwirtschaft stürzen, wanderte durch viele Gesellschaften mit beschränkter Hoffnung, mit beschränkter Haftung, landete als Berater bei einer Fluggesellschaft, konnte sich irgendwann eingestehen, dass seine Chefs nicht nur kein kanadisches Geld hatten, sondern überhaupt keins, und musste dann die letzten Stewardessen entlassen. Bis 2012 betrieb Lauter zusammen mit seiner Frau die Kanzlei Lauter & Lauter in Leipzig, sie waren spezialisiert auf Arbeitsrecht, Sozialrecht, Hartz IV.

Den Absturz aus dem Olymp der DDR überlebte Schabowski, indem er sich als Kronzeuge denjenigen zur Verfügung stellte, die er vorher »Klassenfeinde« genannt hat. Er versuchte, ihnen seine Irrtümer zu erklären, und da man davon nicht leben kann, landete er, der journalistische Strippenzieher der SED, als Blattmacher bei dem Anzeigenblatt »Heimat-Nachrichten« im hessischen Rotenburg. 1995 wurde ihm der Prozess gemacht wegen der Mauertoten, er bekam drei Jahre, 1999 musste er ins Gefängnis, im Jahr 2000 wurde er begnadigt.

Was hat Oberstleutnant Gerhard Jäger vom Grenzübergang Bornholmer Straße gemacht mit der neuen Reisefreiheit? Ist zunächst auf die Insel Bornholm gereist. 8000 Mark Abfindung hat er bekommen, als der neue deutsche Staat die Dienste der Stasi-Leute nicht mehr brauchte; als Zeitungsverkäufer hat der Oberstleutnant dann gearbeitet, später als Eisverkäufer, zuletzt als Wachhabender, erst für 5,50 Euro die Stunde, dann für 4,60 Euro. Seine Frau: lange arbeitslos, seine

Enkel: auch. »Arbeitslosigkeit gehört zum Kapitalismus«, das hat ihn nicht überrascht.

Dass Deutschland vereinigt ist und die DDR seit 25 Jahren Geschichte, das wissen alle drei zu schätzen, wenn auch nicht gleichermaßen. Schabowski, der gefallene Bonze, ist der Radikalste, er hätte sich gewünscht, dass die SED verboten worden und eine intensivere Auseinandersetzung mit ihren Untaten möglich gewesen wäre.

Die Finanzkrise, so sieht es Jäger, hat all das bestätigt, was er früher in den Marxismus-Kursen gehört hat. An der sozialen Marktwirtschaft findet er bemerkenswert, dass er nun als Rentner mehr Geld bekommt, als er in die Rentenkasse eingezahlt hat. Sein Herz schlage immer noch links, aber sein Kopf sage ihm, dass Reichtum für alle utopisch ist.

Und Lauter, der am Morgen des 9. November durch einen dreizeiligen Absatz in einer Ministerratsvorlage seine DDR ins Wanken brachte? Will nicht den Sozialismus zurück, der an diesem Tag unterging, aber ist Mitglied der Partei »Die Linke«.

KAPITEL 6

15. Januar 1990: Die Schuld der anderen

Der Sturm auf die Stasi-Zentrale symbolisiert das Ende von Denunziation und Überwachung in der DDR. Die Demonstranten kaperten indes eine Organisation, der die Regierung längst die Rolle des Sündenbocks zugeschanzt hatte.

Von Gunther Latsch

Manch einer hatte die Absicht, eine Mauer zu bauen. Kalk und Steine sollte das Volk mitbringen zum Ministerium für Staatssicherheit (MfS) in Ost-Berlin. So stand es in einem Flugblatt, mit dem das Neue Forum für den 15. Januar 1990 zu einer »Aktionskundgebung vor dem Stasi-Gebäude Ruschestraße« aufrief.

Die Bürgerrechtler wollten dort am Nachmittag für die »sofortige Schließung aller Stasi-Einrichtungen« demonstrieren, inklusive »Hausverbot« für die Mitarbeiter der Behörde. Eine Forderung, die der Mauerbau am Eingang des MfS-Geländes symbolisch unterstreichen sollte.

Zwei Monate war die neue DDR-Regierung unter Hans Modrow im Amt, ein Monat war vergangen, seit sie beschlossen hatte, die in Amt für Nationale Sicherheit (AfNS) umbenannte Stasi-Truppe aufzulösen. Doch noch immer brannte in der Zentrale des Ministeriums Licht, noch immer schredderten die Geheimdienstmitarbeiter tagelang, nächtelang Akten, um die Belege ihres bisherigen Wirkens zu vernichten.

Hinzu kam: Am Vormittag des 15. Januar hatte die Regierung erstmals offizielle Zahlen präsentiert – über die Dimension jenes Kraken, der das Volk über Jahrzehnte bespitzelt und kontrolliert hatte. Vor den Kameras des DDR-Fernsehens, das die Sitzungen des Zentralen Runden Tisches live übertrug, wurde die Zahl der hauptamtlichen Mitarbeiter mit 85 000 beziffert. Denen hätten 109 000 Spitzel als Inoffizielle Mitarbeiter (IM) zur Verfügung gestanden. Die Zahlen waren geschönt und übertrafen dennoch die schlimmsten Befürchtungen der Bürgerbewegung.

Den rund 100 000 Demonstranten, die sich am Nachmittag des 15. Januar vor dem Haupteingang des Stasi-Komplexes eingefunden hatten, war die Performance mit Mörtel und Mauersteinen des Neuen Forums nicht genug: Am späten Nachmittag gingen die »Mauert die Stasi zu«-Rufe in ein stetig lauter werdendes Gejohle über: »Volkskontrolle! Wir wollen hier rein!« und »Stasi in den Tagebau!« Bärbel Bohley, eine der Ikonen der DDR-Opposition, mahnte die aufgeheizte Menge zur Ruhe – und wurde gnadenlos ausgepfiffen.

Mehr und mehr Menschen drängten Richtung Eingang, einer massiven Stahlschiebetür. Und weil von hinten ständig neue Demonstranten drückten, gerieten die vordersten Reihen arg in Bedrängnis. Doch bevor Panik aufkommen konnte, öffnete sich um 17.17 Uhr das Tor, und wenig später waren auch die Nebeneingänge in der Normannenstraße offen.

Seit diesem Moment gilt der 15. Januar 1990 als der Tag, an dem das Volk die wichtigste Festung des einst allmächtigen Geheimdienstes schleifte. Das Kapern des rund sieben Hektar großen Komplexes war an Symbolkraft kaum zu überbieten: Menschen, die sich jahrzehntelang nicht getraut hatten, offen oder öffentlich zu reden, ergriffen Besitz vom Herzstück dieses Abhör- und Mithörstaates.

Das Ausmaß an Denunziation und Überwachung konnte sich an diesem Abend wohl keiner der MfS-Stürmer vorstellen. Aber eines war von nun an klar: Nach dem Fall des Honecker-Regimes, der Öffnung der Grenze und der Auflösung des Einparteiensystems hatte die friedliche Revolution die letzte große Konstante im Unrechtssystem DDR hinweggefegt.

Der Triumph freilich nährte schon damals Verschwörungstheorien, die bis heute nachhallen und Fragen aufwerfen. Hatten es Demonstranten geschafft, auf die andere Seite zu klettern, und die Tore von innen geöffnet? Oder hatten Stasi-Leute die Erstürmung als »Schmierenkomödie« inszeniert, wie der Bürgerrechtler Wolfgang Templin seinerzeit mutmaßte? Hatten die Konspirationsprofis des MfS auf Chaos, Vandalismus und Plünderungen gehofft, um die bis dahin mit der Parole »keine Gewalt« so erfolgreiche Opposition in die Defensive drängen zu können?

Der SPIEGEL hat Zeitzeugen befragt, Akten ausgewertet, Filmmaterial gesichtet – und festgestellt, dass der Zufall an jenem Abend eine große Rolle spielte. Denn dass es noch eine dritte Möglichkeit gab, ahnte wohl keiner der Demonstranten, die in das Innere des rund zwei Dutzend Gebäude umfassenden Komplexes strömten.

Südfrüchte und Lachshälften

Einer von ihnen war der damals 30-jährige Thomas Heise. Mit zwei Freunden war er dem Aufruf des Neuen Forums gefolgt. Angst, dass die Getreuen von Stasi-Chef Erich Mielke auf sie schießen könnten, hatten sie nicht: »Wenn beim Fall der Mauer keiner geschossen hat, dachten wir, dann wird auch hier keiner schießen.«

Als sie im Pulk an Haus 1 vorbeiziehen, dem Ministertrakt, in dem Mielke mehr als 30 Jahre residierte, stellt sich ihnen kein MfS-Mitarbeiter in den Weg, nur ein paar verschreckte Volkspolizisten sind zu sehen. Wie von einem Magneten gezogen bewegt sich die Masse auf Haus 18 zu. Dort sind die Kantine und ein Supermarkt. In dessen Regalen findet sich alles, was in der von Versorgungsengpässen gebeutelten DDR nicht oder nur höchst selten zu haben ist: Südfrüchte, Lachshälften und Haifischflossensuppe in Dosen. Ein Kaufhaus des Westens im Allerheiligsten des Ostens: Das treibt den Volkszorn zur Weißglut. Doch alle Versuche, das Einkaufsparadies zu plündern, scheitern. Die Glasfront bekommt zwar Risse, als Demonstranten sie mit Stühlen und Feuerlöschern traktieren, aber sie hält.

Und so zieht die Masse weiter zum Friseursalon des Ministeriums. Demolierte Trockenhauben, Schmierereien mit Schaumfestiger und herausgerissene Waschbecken künden vom Furor der Demonstranten. Im Stasi-Sozialgebäude finden sich alle Vorurteile des Volkes bestätigt: Wasser predigen und Wein saufen.

Im weiteren Verlauf des Abends fliegen gerahmte Honecker-Porträts aus Fenstern, werden Türen eingetreten und vereinzelt Büros verwüstet. Auch der MfS-Buchladen wird erobert, Bücher gehen vom Volkseigentum ins Eigentum des Volkes über.

Im Großen und Ganzen aber verhalten sich die Stasi-Stürmer gesittet. Die Räumlichkeiten der Hauptverwaltung Aufklärung (HVA) etwa bleiben unberührt. Ein Pappschild am Eingang mit der Aufschrift »Auslandsnachrichtendienst der DDR« genügt, um Eindringlinge fernzuhalten.

Diese Zurückhaltung und der lemmingartige Zug der Massen Richtung Konsumtempel dienen Autoren wie der Publizistin Anne Worst bis heute als Beleg für die »Inszenierung« des Sturms durch die Stasi selbst. Mit-Stürmer Heise, der heute als Fernsehjournalist für SPIEGEL TV arbeitet, hält diese These für »blanken Unsinn«.

»Der Versorgungstrakt sah einfach schicker aus als die anderen Gebäude. Er hatte bronzefarbene Scheiben, genau wie das

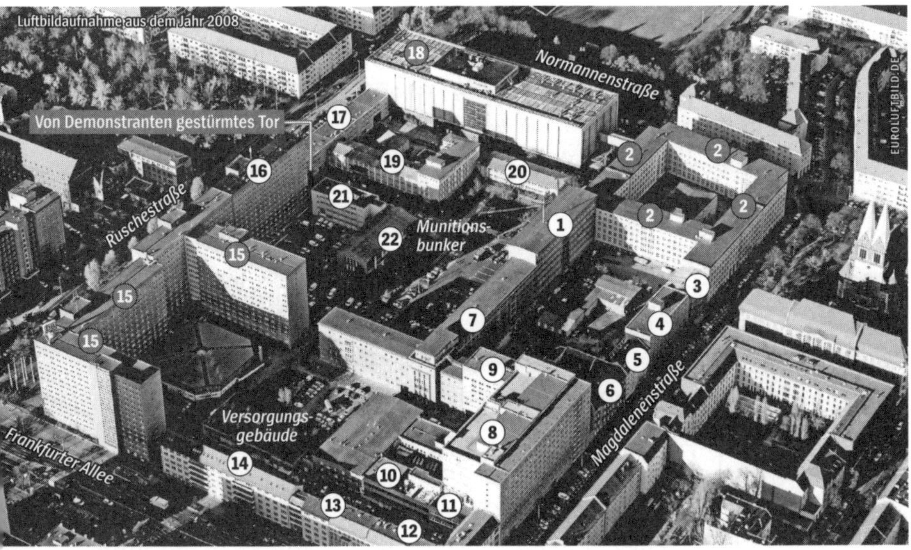

Zentrale des Schreckens Das ehemalige Stasi-Areal in Ost-Berlin

● Gebäude, die in der Geschichte erwähnt werden

1 Leitung des Ministeriums

2 Hauptabteilung (HA) II Spionageabwehr

3 Zentraler Operativstab

4, 6 Zentrale Auswertungs- und Informationsgruppe

5 HA II – Spionageabwehr

7 Überwachung von Organisationen und oppos tionellen Bewegungen

8, 9, 11 Zentralregistratur, Aktenverwaltung, zentrale Auswertungs- und Informationsgruppe, Datenspeicherung

12 Zentrale Koordinierungsgruppe (Übersiedlungen und Ausreisen)

10, 13 Verwaltung, rückwärtige Dienste

14 Sicherung der Wirtschaft

15 Hauptverwaltung Aufklärung

16 Kreisleitung der SED, FDJ

17 Anmeldung, Zentrale Arbeitsgruppe Geheimnisschutz

18 Sozialgebäude

19, 20 Poliklinik

21 Wachmannschaften

22 Kantine für Führungskräfte

Berliner Palasthotel, das in der DDR als Inbegriff von Luxus galt. Er sah für uns Ossis schlicht nach Westen aus. Deswegen sind wir da hin«, erinnert sich Heise.

Doch nicht alle sind vom Glanz bronzener Scheiben geblendet. Ein kleiner Trupp hastet zielstrebig über die Fußgängerbrücke, die den Sozialtrakt mit dem sogenannten Haus 2 verbindet. Hier sitzt die Stasi-Hauptabteilung (HA) II, zuständig für Spionageabwehr.

Schon seit Wochen ist dort die Stimmung im Keller. Nicht nur weil bereits viele Kreisdienststellen und Bezirksverwaltungen des MfS von Bürgerbewegten gestürmt oder besetzt wurden, sondern auch weil die Offiziere seit Anfang Dezember regelmäßig Telefonanrufe des Klassenfeindes erdulden müssen.

Die Kollegen vom Bundesamt für Verfassungsschutz in Köln, die 40 Jahre lang zu den Verlierern im Krieg der Spione gehörten, machen Avancen: Eine Million D-Mark für jeden Überläufer, lautet ihr Angebot. Bei 30 Stasi-Leuten versuchen sie es in jenen Tagen mit Post an die Privatadresse. Je nach Dienstgrad liegen 100 bis 1000 D-Mark mit im Umschlag. Eine Art Vorschuss – zum Anfüttern.

Wie der gegnerische Dienst an die geheimen Telefonnummern des Lagezentrums und die Privatadressen der Mitarbeiter gekommen ist, steht für die Offiziere außer Frage. Rainer Wiegand, Leiter der Arbeitsgruppe Ausländer HA II, hatte sich im Dezember in den Westen abgesetzt und sein Wissen bei Bundesnachrichtendienst und Verfassungsschutz versilbert.

Auch am Nachmittag des 15. Januar rufen die Kölner Schlapphüte gegen 15.30 Uhr wieder an. Sie fragen freundlich, wie es so gehe und ob schon etwas Besonderes los sei. Ob die Verfassungsschützer die seit Tagen angekündigte Demonstration meinen oder jene Ereignisse, die sich Stunden später auf den Fluren der Spionageabwehr abspielen werden, bleibt unklar.

Sicher ist: Die Männer, die über die Brücke kommen, wissen genau, wohin sie wollen. Sie rufen sich Zimmernummern zu, offenbar verfügen sie über einen genauen Plan der Örtlichkeiten und brechen gezielt Büros auf. Am nächsten Tag fehlen Unterlagen über dem MfS bekannte US-Agenten in der DDR und russische Geheimdienstler in Ost-Berlin, für deren Schutz die HA II ebenfalls zuständig ist.

Die meisten Panzerschränke aber sind leer wie der des Majors Martin Winter* aus der HA-II-Führung – die vergangenen Wochen hat er überwiegend mit der Vernichtung von Unterlagen verbracht. Seit Bürgerrechtler und Staatsanwälte Anfang Dezember landesweit Akten in Stasi-Dienststellen gesichert und versiegelt haben, ist auch in der Spionageabwehr klar, dass ihre Bestände – und damit ihre Quellen – nicht mehr sicher sind. Ein Albtraum für jeden Geheimdienstler.

»Wir hatten die Situation völlig falsch eingeschätzt und gedacht, dass sich die Bürgerbewegten nicht für Spionageabwehr interessieren. Als es dann eng wurde, fehlten Schredder-Kapazitäten«, so Winter, der mittlerweile für ein renommiertes Sicherheitsunternehmen arbeitet. »Viele Kollegen haben deshalb ihre Akten mit nach Hause geschleppt und in den Feuertonnen ihrer Datschen verbrannt.«

Wie groß die Verunsicherung war, haben die ehemaligen Stasi-Generäle Gerhard Niebling und Wolfgang Schwanitz 2002 in einem Buchbeitrag** geschildert. »Die Hilf- und Sprachlosigkeit der politischen Führung der DDR auf die Leitung des MfS« sei verheerend gewesen. Die Parole vom MfS

* Name von der Redaktion geändert.

** Reinhard Grimmer, Werner Irmler, Willi Opitz (Hg.): *Die Sicherheit. Zur Abwehrarbeit des MfS*, Berlin 2003.

»als Schild und Schwert der Partei« beschrieb nicht nur, wer Koch und wer Kellner war, sondern prägte auch das Selbstverständnis der Truppe als Dienstleister und Prätorianergarde der Sozialistischen Einheitspartei Deutschlands (SED).

Und dann das: »Die Beschlüsse und Weisungen ebendieser Führung, die jahrzehntelang die Handlungsgrundlage des MfS gewesen waren, blieben jetzt aus. Ihr Fehlen – deutliches Indiz für den Verlust der führenden Rolle der SED und den Zustand ihrer Politik- und Regierungsunfähigkeit – führte auch zu wachsender Führungslosigkeit im MfS/AfNS«, analysieren Niebling und Schwanitz.

Der legendäre Auftritt vom kurz zuvor abgelösten Stasi-Chef Erich Mielke vor der DDR-Volkskammer am 13. November tat ein Übriges. Auf den Zwischenruf eines Blockparteien-Abgeordneten, er möge die Anwesenden nicht mit »Genossen« anreden, schließlich seien nicht alle im Saal Genossen, stammelte der 81-Jährige: »Ich liebe – Ich liebe doch alle – alle Menschen – Na ich liebe doch – Ich setze mich doch dafür ein.« Das begleitende Gelächter der Abgeordneten sorgte in den Reihen des MfS für tiefste Depressionen. Mielkes vom Fernsehen übertragenes Gejammer machte das gefürchtete Ministerium mit wenigen Sätzen zum Gespött.

Von einer solchen Führung war keine Antwort auf die Kernfrage vieler MfS-Mitarbeiter zu erwarten: Sollte sich die Stasi mitwenden und einer neuen DDR-Führung – wie immer die aussehen mochte – dienen? Oder sollte sie versuchen, den politischen Prozess mit bewährten Mitteln wie Unterwanderung und Zersetzung zu beeinflussen?

Was in den Wirren dieser Tage kaum einer realisierte: Die Frage war überholt. Die Reformer in der SED hatten sich offenbar entschlossen, die Stasi für ihr eigenes Überleben zu opfern.

Gesucht wird: ein Schuldiger

Aus Sicht der Genossen ist Mitte November Alarmstufe Rot. Die Absetzung Honeckers hatte die Bevölkerung ebenso wenig besänftigt wie die Dialogstrategie des neuen SED-Generalsekretärs Egon Krenz. Wer gehofft hatte, die SED könne mehr oder minder untergehakt mit der Opposition Reformen vorantreiben, war von der Großdemonstration auf dem Berliner Alexanderplatz am 4. November eines Besseren belehrt worden. Die Vertreter des Regimes wurden dort niedergepfiffen.

Auch nach dem Fall der Mauer am 9. November ließ die Dynamik der Bürgerbewegung nicht nach. Am 18. November startete Hans Modrow den nächsten Versuch, die Gemüter zu beruhigen: mit einer sogenannten Allparteienregierung. Dabei war schon der Begriff ein Schlag ins Gesicht der Opposition. Denn vertreten waren lediglich die Blockparteien, die sich nur marginal aus der Umklammerung der SED gelöst hatten. Neue Parteien, wie die Anfang Oktober gegründete Sozialdemokratische Partei in der DDR (SDP) oder parteiähnliche Gruppen wie das Neue Forum, blieben außen vor.

Immerhin: Modrow, ehemals 1. Bezirkssekretär der SED in Dresden, war eine Art Gegenentwurf zu den selbstherrlichen Bonzen der Honecker-Ära. Er wohnte in einem Plattenbau und lehnte Privilegien vom Westauto bis zum Jagdrecht in abgesperrten Waldgebieten ab. Für viele galt Modrow als Edelkommunist, wie er im real existierenden Sozialismus sonst nur in Propagandaschnulzen vorkam.

Noch mehr Kredit beim Volk hatte Wolfgang Berghofer, der SED-Oberbürgermeister von Dresden, Spitzname: »Bergatschow«. Erworben hatte er ihn durch seine Gespräche mit der oppositionellen »Gruppe der 20« in den Oktoberwochen rund um den 40. Jahrestag der DDR-Gründung. Gemeinsam mit einem damals noch weitgehend unbekannten Anwalt namens Gregor Gysi und dem legendären Ex-Spionagechef der DDR Markus Wolf bildeten sie den Kern eines Teams, das zumindest die SED vor dem Untergang bewahren wollte.

Welche Strategie diesem Plan zugrunde lag, hat Berghofer dem Soziologen Manfred Wilke in einem Interview für das *Jahrbuch für Historische Kommunismusforschung 2007* geschildert. In einem Krisentreffen am Morgen des 3. Dezember habe Modrow gesagt: »Genossen, wenn wir die Partei retten wollen, brauchen wir Schuldige.« Auf die Frage, wen er denn meine, habe Modrow geantwortet: »Das Ministerium für Staatssicherheit.« Daraufhin habe sich Markus Wolf sichtlich erregt eingeschaltet: »Hans, wir – Schild und Schwert der Partei – haben doch nie etwas ohne Befehle von euch gemacht.« Modrow: »Die Aufklärung des MfS (der einst von Wolf geleitete Auslandsgeheimdienst – G. L.) halten wir selbstverständlich aus dieser Einschätzung heraus.« Nach Berghofers Darstellung habe sich Wolf damit zufriedengegeben.

Doch Modrows Sündenbocksuada sei, so Berghofer, damit noch nicht zu Ende gewesen. Man brauche »natürlich auch eine hauptverantwortliche Person« für die wirtschaftliche Misere der DDR. Das könne »nicht Honecker sein, denn der steht für die Partei«. Modrows Vorschlag sei Alexander Schalck-Golodkowski gewesen. Der DDR-Devisenbeschaffer, im Nebenberuf MfS-Offizier im besonderen Einsatz (OibE), sei jemand, »bei dem das Volk sagt, der hat auf unsere Kosten gelebt«.

Berghofers Fazit: Dieser Schachzug von Modrow zur Rettung der SED erwies sich als genial, weil er funktioniert habe und bis heute funktioniere. »Die eigentlichen Machtstrukturen sind alle aus dem Bewusstsein verschwunden, niemand kennt sie mehr.«

Modrow wies die Schilderung seines ehemaligen Weggefährten als »Räuberpistole« zurück. Gysi wehrte sich juristisch mit Erfolg gegen den erweckten Eindruck, bei dem Treffen dabei gewesen zu sein.

Plausibel erscheint Berghofers Version durchaus. So flüchtete Schalck-Golodkowski in der Nacht vom 2. auf den 3. Dezember nach West-Berlin und stellte sich wenig später den bundesdeutschen Behörden. Dabei gab er an, er habe Angst vor Repressalien in der DDR, weil ihn die Regierung zum Sündenbock für das wirtschaftliche Elend im Land machen wolle.

Auffällig auch: ein Radiobeitrag, den der Berliner Rundfunk am Morgen des 4. Dezember ausstrahlte. Darin bestätigte ein Stasi-Mann, angeblich von seinem Gewissen getrieben, was längst alle ahnten. Dass in den Geheimdienstgebäuden Akten vernichtet wurden: »Ich habe gesehen, dass mein direkter Leiter die Unterlagen genommen hat, damit ins Heizhaus gegangen ist und dass im Umkreis des Heizhauses verbrannte Papierschnipsel liegen.«

Wer immer das Interview, in dem ein Agent gegen alle Regeln seines Berufsstands verstieß, ins Programm gehoben hatte: Er muss einkalkuliert haben, was es auslösen konnte. Der Politologe Walter Süß hat sich in einer grundlegenden Arbeit der »Staatssicherheit am Ende« gewidmet. Für ihn ist klar: Wer die Aktenvernichtung stoppen wollte, musste »in die Gebäude der Staatssicherheit hineinkommen« – was noch kein Demonstrant gewagt hatte.

Doch nur wenige Stunden nach dem Radiobeitrag geschah genau dies. In mehreren Städten des Landes kaperten Bürgerrechtler die MfS-Dependancen. Aus revolutionärem Reflex? Oder als weiteren Zug im Sündenbockspiel der gegen ihren Untergang kämpfenden SED?

Christian Booß, Projektkoordinator in der Forschungsabteilung der Stasi-Unterlagenbehörde, hat schon 2009 darauf hingewiesen, dass es am 4. Dezember »Kontakte von Spitzenleuten des Neuen Forum mit Gysi und Wolf gegeben« habe. Grund waren Befürchtungen, dass es, nach dem Radio-Interview, bei der Montagsdemonstration in Leipzig zu gewaltsamen Zwischenfällen kommen könnte. Denn erstens führte der Protestzug direkt am Gebäude der Stasi-Bezirksverwaltung vorbei, und zweitens war es bereits am Morgen zu spontanen Blockaden von Stasi-Dienststellen in Rathenow und Erfurt gekommen.

Mittags telefoniert Bärbel Bohley mit den Mitkämpfern vom Neuen Forum in Leipzig. Sie habe mit Gysi gesprochen, der ihr gesagt habe, dass Modrow die Aktenvernichtung stoppen wolle und eine Delegation der Bürgerbewegung die Leipziger Stasi-Filiale inspizieren dürfe. Allerdings, so Bohley, habe Gysi sie eindringlich gebeten, dafür zu sorgen, dass die Montagsdemonstration nicht aus dem Ruder laufe. Sonst hätten sie »morgen in der DDR eine ganz andere Regierung«.

In Leipzig bleibt es ruhig, verdächtig ruhig. Die »Aktuelle Kamera«, Hauptnachrichtensendung des DDR-Fernsehens, berichtet über die Ereignisse, als ob es Bürgerrechtlern und SED-Reformern im Schulterschluss mit der Volkspolizei gelungen sei, die Stasi in die Schranken zu weisen. Und Generalstaatsanwalt Günter Wendland verkündet am selben Tag, dass Aktenvernichtungen strafbar seien.

Von nun an haben Volkspolizei und Staatsanwaltschaften eine rechtliche Grundlage, um nach Anzeigen von Bürgern in MfS-Dienststellen vorstellig zu werden. Sicherheitspartnerschaft nennt die Modrow-SED dieses Konzept. Wie von Geisterhand macht es aus jenen, die Wochen zuvor bei den

Feiern zum 40. Jahrestag der DDR Demonstranten verprügeln, inhaftieren und anklagen ließen, Freunde und Helfer der friedlichen Revolution. Dass es der SED nicht im Ernst darum ging, MfS-Akten für die Nachwelt zu sichern, zeigt die Tatsache, dass die Regierung Modrow schon am 7. Dezember klammheimlich beschloss, die Aktenvernichtung fortzusetzen.

Es war ein dünnes Seil, auf dem die SED-Retter in diesen Tagen balancierten. So praktisch die Stasi als Sündenbock für die Partei war, gänzlich fallen lassen oder zu sehr brüskieren konnten die Verantwortlichen die Geheimen auch nicht. Denn die fast 100 000 Stasi-Mitarbeiter waren zum großen Teil auch Genossen, Fleisch vom Fleisch der SED. Hinzu kam, dass »das Erpressungspotential des MfS«, wie Berghofer im Interview mit Wilke betonte, »unendlich war«. Viele Reformer waren durch Stasi-Akten diskreditierbar.

Und ganz ohne Geheimdienst war auch eine modernisierte, unabhängige und sozialistische DDR, wie sie die Reformer anstrebten, nicht vorstellbar. Die in Amt für Nationale Sicherheit umgetaufte Stasi musste, so der Plan, stark abspecken und alle Kreisdienststellen aufgeben.

Auch ein neuer Name für die Behörde war schnell gefunden: Verfassungsschutz. Eine Bezeichnung, die Vertrauen wecken sollte, weil die Konkurrenz in der Bundesrepublik genauso hieß. In einem Punkt aber sollte der neue Dienst schon ein wenig wie der alte sein: Die Arbeit mit Inoffiziellen Mitarbeitern sollte fortgesetzt werden – gegen neu zu definierende Feinde, die ebenso schnell wie routiniert gefunden waren.

Wer beschmierte das Ehrenmal?

Am 7. Dezember tagt erstmals der Zentrale Runde Tisch, jene Institution, die bis zu den ersten freien Volkskammerwahlen im März 1990 die Geschicke des Landes entscheidend bestimmen wird. Unter dem Patronat der Kirchen treffen sich in einer evangelischen Tagungsstätte Vertreter der Bürgerbewegung mit Abgesandten der DDR-Gewerkschaft FDGB, der SED und ihrer ehemaligen Blockpartei-Satelliten.

Gleich am ersten Tag machen die 33 stimmberechtigten Teilnehmer (16 von SED, FDGB und Blockparteien, 17 aus Bürgerrechtsgruppen und neuen Parteien) Nägel mit Köpfen. Neben der Forderung nach freien Wahlen im Frühjahr empfehlen sie der Regierung Modrow, die Stasi-Nachfolgetruppe AfNS umgehend »unter ziviler Kontrolle aufzulösen«. Die SED stimmt – ganz im Sinne der Sündenbockstrategie – dem Ansinnen zu.

In der Nacht vom 27. auf den 28. Dezember passiert dann etwas, das für die Einheitssozialisten wie ein Geschenk des Himmels ist, womöglich aber von irdischen Kräften inszeniert wurde: Das sowjetische Ehrenmal in Berlin-Treptow, ein aus den Trümmern von Hitlers Reichskanzlei errichtetes Kriegsgräber- und Denkmalensemble, beschmieren Unbekannte mit rechtsradikalen und antisowjetischen Sprüchen.

In einer konzertierten Aktion mit den DDR-Medien blasen die mittlerweile in SED-PDS umbenannten Einheitssozialisten den Vorfall zur Staatsaffäre auf. Eine »faschistische Hydra« sieht Kurt Höfer vom Komitee der Antifaschistischen Widerstandskämpfer am Werk. Modrow plädiert für die sofortige Gründung eines schlagkräftigen Verfassungsschutzes. »Ein Amt muss sofort her«, sekundiert die FDJ-Zeitung *Junge Welt*, »denn die Jungs von der Firma … forschten auch rechts außen.« Das DDR-Fernsehen zeigt Aktenordner in Stasi-Büros, auf denen in eigener Schreibweise »Skinheeds« steht. Selten kam eine Gefahr so gelegen wie die plötzliche Wiedergeburt des Neonazismus in der DDR.

Am 3. Januar 1990 marschieren die Genossen zum ersten Mal seit der Wende wieder mit erhobenem Haupt in der Öffentlichkeit. 250 000 sind dem Aufruf der Partei zur Kundgebung am Treptower Ehrenmal gefolgt. »Unser Land ist in Gefahr, und zwar von rechts«, ruft Gregor Gysi den Massen zu. »Wie wollen wir demokratisch wählen, wenn die Neonazis alle Freiräume besetzen?« Zunächst langsam und leise, dann immer lauter geht die Saat seiner demagogischen Worte auf. »Ver-fassungs-schutz! Ver-fassungs-schutz«, skandiert die Menge.

Doch passten die gestelzten Parolen wirklich zu Rechtsextremen? Schreibt ein Neonazi: »Nationalismus für ein Europa freier Völker« oder »Sprengt das letzte Völkergefängnis, sprengt die UdSSR«? Manch gespraytes A war von einem Kreis umrahmt – dem Symbol der Anarchisten, die zu neonazistischen Umtrieben gemeinhin Distanz wahren.

Skinheads, die ein Team von SPIEGEL TV damals in der Ost-Berliner Plattenbausiedlung Marzahn interviewte, wiesen jeden Tatverdacht zurück: »Ein Rechtsradikaler schreibt nicht dran: ›Sprengt das Völkergefängnis UdSSR‹. Der schreibt: ›Tötet die Russen, vergast sie‹.«

Auch wenn alle Indizien auf eine inszenierte Aktion SED-naher Kräfte deuteten, ein Beweis für deren Urheberschaft wurde nie erbracht. Dem Neuen Forum und anderen Oppositionsgruppen reichte jedoch der Verdacht, um die Bemühungen der SED-PDS, einen Verfassungsschutz flott zu gründen, ins Leere laufen zu lassen.

Am 8. Januar zogen sie sich aus Protest gegen Modrow sogar vom Runden Tisch zurück. Auch die ehemaligen Blockparteien schlossen sich der Forderung der Bürgerbewegung an, die Entscheidung über einen Verfassungsschutz erst nach den Wahlen zu fällen. Daraufhin zog Modrow in der Volkskammersitzung am 12. Januar seine Pläne zu einem neuen Geheimdienst zurück.

Dass die Demonstranten dennoch am 15. Januar zur MfS-Zentrale zogen, lag zum einen daran, dass der Aufruf des Neuen Forums vom 8. Januar stammte, als die Lage noch eine andere war. Zum anderen hatte das Volk in den vergangenen Monaten gelernt, Ankündigungen von SED-Politikern zu misstrauen. Denn während in den Bezirken die Stasi-Dependancen schon weitgehend dichtgemacht hatten, wuchs unter Bürgerrechtlern der Groll über die noch immer arbeitsfähige Zentrale in Ost-Berlin. Am 14. Januar einigten sich die regionalen Bürgerkomitees bei ihrem Treffen in der Hauptstadt auf eine »Stellungnahme«, die am nächsten Tag dem Runden Tisch unterbreitet werden sollte.

Darin heißt es: Nach dem in den Bezirken bewährten Muster zur Auflösung des MfS solle »per 15.1.« mit der »Sicherstellung des Zentralen Amtes« begonnen werden. Zwischen Volkspolizei und Neuem Forum sei vereinbart, »die personelle Räumung des Objektes bis 15 Uhr sowie die technische Sicherstellung des Objektes zu übernehmen«.

Und so klingelt am Vormittag des 15. Januar ein kleiner Trupp von Vertretern der Bürgerkomitees am Haupttor des Ministeriums und wird eingelassen. Der Großteil der Belegschaft ist von den Offizieren nach Hause geschickt worden; Vertreter der Militärstaatsanwaltschaft und der Volkspolizei sind vor Ort.

Einer geordneten Übergabe steht nichts im Weg – außer den Demonstranten, die ab 15.30 Uhr anrücken und nicht ahnen, dass die Opposition bereits im Hause ist. Ab 17 Uhr ist das Gedränge vor dem Tor so bedrohlich, dass die Bürgervertreter der Bezirke befürchten, Menschen könnten zu Schaden kommen. Der katholische Pfarrer, der sich als Vertreter des Bürgerkomitees Suhl in der MfS-Zentrale aufhält, weist deshalb einen Volkspolizisten an, das Tor zu öffnen. »Wir wollen keine Gewalt und schon gar keine Toten.«

So nehmen die Dinge den bekannt revolutionären Verlauf. Für Mythen und Legenden bleibt da kein Raum. Generalmajor Heinz Engelhardt, dem letzten Kommandeur der Stasi, war das schon am 15. Januar klar.

Er hatte die Stunden des Sturms dösend in seinem Büro verbracht. Als ein SPIEGEL-TV-Team ihn spät am Abend dort aufstöberte, bat er höflich um einen Moment Geduld, richtete seine Krawatte und stellte sich vor: »Ich bin hier sozusagen der Konkursverwalter.« Dann offerierte er einen Wodka.

»Verkrüppelt und gezeichnet«

Wut, Angst und Verzweiflung stehen in den Gesichtern mancher DDR-Bürger geschrieben. Vielerorts ist die Euphorie der Wende in den ersten Wochen des Jahres 1990 verflogen.

Von Jürgen Leinemann

Ob er das etwa als Errungenschaft der Revolution preisen solle, dass die DDR-Bürger jetzt auch so »strahlend weiße Hemden« hätten wie Leute im Westen? Früher, sagt Lothar Reher, waren die sauber, das reichte.

Früher, das war letztes Jahr. Genauer: vor dem 10. November 1989, als der Grafiker und Buchgestalter Reher im vierten Stock seines grau bröckelnden Mietshauses noch »am Ende der Welt« wohnte. Nun wohnt er »mitten im Leben«. Denn unter seinem Fenster in der Wollankstraße von Berlin-Pankow rollen jetzt 24 Stunden am Tag Trabis nach Westen, Audis nach Osten und wieder zurück.

Und erst die Fußgänger. Seit die Vopos 50 Meter entfernt die Mauer aufgebrochen haben zum Wedding in West-Berlin, hat er fasziniert vom Fenster aus beobachtet, wie das Loch seine östlichen Landsleute geradezu ansog. »Ein Volk steht auf und geht nach Bilka« – das ist ein Billig-Kaufhaus im Westen.

Reher, in der Vergangenheit oft geschurigeltes, immer aufsässiges Mitglied der Akademie der Künste von Ost-Berlin, verurteilt seine Landsleute nicht. Er trauert »um det Verpasste in der Mitte«.

Denn das war die Ausgangsfrage – ob es denn eine solche Mitte überhaupt gebe? Eine eigene DDR-Identität gar, eine kollektive deutsche Seele Ost? Denn schließlich sind uns Westfernsehern jene Millionen auf der Straße, die den Honecker-Klüngel wegschrien und mit brennenden Kerzen austrieben, ziemlich geschlossen erschienen. Und sie sich selbst (»Wir sind das Volk«) in diesen Tagen auch.

»So war det mit der Mauer«, sagt Reher. »Wir schämten uns immer, aber wir waren auch stolz.« Und nun? »Und nun rutschen wir in det Geld.«

Das scheint auch bei den Oppositionsgruppen in Ost-Berlin ein beherrschender und lähmender Eindruck zu sein. Im »Treibhaus«, dem provisorischen Organisationszentrum unter dem Fernsehturm am Alexanderplatz, wo es so rummelig alternativ aussieht wie bei der westdeutschen Friedensbewegung vor zehn Jahren, hat sich einer einen holprigen Reim auf die Stimmung gemacht:

»Die Mark holt uns jetzt ständig ein, wir lassen schon das Kämpfen sein, soll dies der Preis des Kämpfens sein?«

Der handgeschriebene grüne Zettel ist mit einer lila Wäscheklammer an einer Schnur befestigt. Darunter ein Tisch mit der Aufschrift: »Bitte nicht aufstützen, kaputt.«

Wessis, befangen ehrfürchtig, schlendern durch das Aktionszentrum wie durch ein Museum. Reliquien einer Revolution werden besichtigt, mit der sie im Wohnzimmer gefiebert haben: Fotos, Spruchbänder, vergilbte Aufrufe, Flugblätter.

Der aktuelle Trotz muss sich schon durch eine angestaubte Patina hindurchkämpfen: »Lieber rote Rüben als Kohl von drüben« und »Bleibe im Lande und ändere es täglich«. Im Trend liegen solche Parolen derzeit nicht.

Wenn es denn jemals so etwas wie ein »Wir-Gefühl« gegeben habe, ein Selbstverständnis, das die überwiegende Mehrheit im Lande geeint habe, glaubt Tobias, Student aus Leipzig, dann habe das nur bis zur Öffnung der Mauer gehalten. Jetzt habe jeder erst mal mit sich zu tun, um die »Wechselbäder« zu verkraften, in die alle geraten sind.

Wochenendlang hat er im Neuen Forum der »Heldenstadt« gerackert, organisiert und diskutiert – immer unter dem Druck einer »chinesischen Lösung«. Als dann die Mauer fiel – er erfuhr es erst am nächsten Morgen und wurde kreidebleich –, zog es ihn sofort nach Berlin.

Inzwischen war er in Düsseldorf und Hannover, ist hingerissen und abgestoßen, aufgereizt und ausgepowert zugleich. »Es ist ja ein großes Ding, was wir erreicht haben«, sagt er, »das macht dich manchmal stolz bis zur Anmaßung. Aber wenn du dann in West-Berlin bist, merkst du schnell, du gehörst zu 'ner Art von Leuten, die nicht gefragt sind.«

Die Erschöpfung ist allgemein. Alle politischen Akteure in der DDR – und wer ist das in den vergangenen Wochen eigentlich nicht gewesen? – sind grau und ausgelaugt ins neue Jahr gekommen, gezeichnet von den emotionalen Schockerlebnissen, überrollt von den Ereignissen. »Volksüberrumpelung« hat der Schriftsteller Lutz Rathenow die plötzliche Grenzöffnung genannt. An den Folgen leiden alle, nicht wenige flüchten sich in Krankheit. Stefan, gelernter Dreher, der als Kellner arbeitet in einem kleinen »Speiserestaurant« am Prenzlauer Berg, würde am liebsten ein halbes Jahr durchschlafen – nichts sehen, nichts hören, total abschalten. »Und denn ganz neu kieken, wo ich in der Welt bin.«

Andere, die meisten, wollen reden, reden, reden, besonders mit Wessis. Sie sprudeln über von Erzählungen früherer Ängste und Demütigungen, blühen auf bei Berichten von Begegnungen mit wildfremden Landsleuten von drüben. Und immer wieder zeigen sie Bilder oder spielen Bänder ab von jenen glorreichen Tagen der Revolution. »Die wertvollste Bewegung ist der aufrechte Gang« – mit leuchtenden Augen hört der Schauspiellehrer Rolf, – wer weiß zum wie vielten Mal –, diesen vom Beifall umtosten Satz einer Tänzerin aus Dresden. Er kennt sie gut, ist stolz auf sie und sich.

Plötzlich ist die Welt voller neuer Möglichkeiten. Vielleicht kann Tobias eine Weile im Westen studieren? Wolfgang, ehemaliger Krankenpfleger, sieht die Chance, für eine westdeutsche Organisation im Osten ein medizinisches Projekt aufzubauen.

Pläne, Träume – Nöte. Wer braucht jetzt noch Übersetzer für bulgarische Literatur? Wer will noch Staatsbürgerkunde unterrichten? Die Lehrerin Karin will ihren einstigen Traumberuf aufgeben: »Det ist jetzt allet Schnulli.«

Verzweiflung und Wut, Angst und Ratlosigkeit haben in diesen Tagen die Euphorie der Wende überlagert. Zornig und gedemütigt kommt der Kranführer Horst von einem Besuch aus West-Berlin zurück. Einen halben Tag ist er rumgelaufen in Steglitz – »extra nicht am Kurfürstendamm, damit es nicht zu schlimm wird« –, hat in die Schaufenster gestarrt und den Menschen ins Gesicht, immer aufgeregter, immer einsamer. In der Tasche hatte er kein Westgeld, aber eine Blechkanne mit warmem Tee und vier Stullen. »Die hab' ick nich' essen mögen. Wo denn auch? Die Leute hätten mich doch für einen Penner gehalten.«

Horst fühlt sich, wie viele Bürger der DDR, als Deutscher zweiter Klasse, als doofer Marschierer jenes »Strafbataillons DDR, das durch die Weltgeschichte hinkt«, wie es Stadtjugendpfarrer Wolfram Hülsemann grimmig ausdrückt.

»Alle gesellschaftlichen Kräfte bei uns sind in ihrer Selbstdefinition auf den Westen fixiert«, sagt Ludwig Mehlhorn, Mitbegründer der Bürgerbewegung Demokratie Jetzt. Vor dem Fall der Mauer wuchs daraus für einen Augenblick kollektive Kraft – Identität ist ja kein Zustand, sondern ein Prozess der Selbstanerkennung. Jetzt macht jeder seine Erfahrungen wieder für sich allein, reagiert auf seine eigene persönliche Art. Viele fallen zurück in eine ohnmächtige Sprachlosigkeit. Aus Stolz wird wieder Trotz gegen dieses verdammte Gefühl, »immer nur die kleinen Brüderlein und Schwesterlein« (Hülsemann) sein zu sollen.

Deutlicher denn je scheint den Menschen in der DDR inzwischen bewusst, dass sie »das Eigene« (Christa Wolf) nur negativ haben empfinden können, in der Abgrenzung und im Widerstand. Und das gleich doppelt: gegen die »Großkotze« im Westen und gegen ihre eigenen »Obermotze« in Wandlitz.

Wie sehr der Widerstand gegen Erich Honecker und seine SED-Clique Einvernehmen gestiftet hat, kriegen nun auch Ulrich Mühe – Star-Schauspieler des Deutschen Theaters in Berlin-Ost – und seine Kollegen allabendlich zu spüren. »Noch nie«, sagt Mühe, »war Theaterspielen so schwierig. Der Konsens ist hin.«

Vorbei die Zeit, da ein paar mimische Anspielungen Solidarität stifteten und Entlastung boten. Ulrich Mühe trauert den Tagen nach, als er – um zu signalisieren, dass er mit irgendetwas nicht einverstanden war – »nur zwei, drei Mauersteine auf die Bühne legen musste, um dann drüberzusteigen«; als jeder wusste, »wer der Alba war«, gegen den er als »Egmont« Freiheit einforderte. Mühe: »Alle Stücke waren gegen *einen* Feind inszeniert.«

Wiewohl Betroffene sagen, dass die tatsächliche Gefährdung in den letzten Jahren vergleichsweise gering gewesen sei, hatte es doch Bekenntnischarakter, solche Gesten zu wagen oder darauf zu reagieren, ähnlich wie die allabendliche Emigration im eigenen Wohnzimmer mittels Westfernsehen.

Ansonsten verlief das Verhältnis des Volkes der DDR zu denen, die in seinem Namen zu sprechen vorgaben, nahezu ohne eigene Worte. Entmündigte reden mit ihrem Körper – sie fliehen oder wenden sich ab. »Zur abstrakten DDR konnte man keine Beziehung aufbauen«, sagt der Student Tobias.

Als »doppelte Sprachlosigkeit« hat der junge Lyriker und Essayist Rainer Schedlinski dieses aggressions- und furchtgeladene Schweigen beschrieben. Hier die DDR, »eine Fiktion«, deren eigentlicher versteckter Existenzsinn das westliche Deutschland ist. Sie verlautbarte sich in leeren Formeln. Dort ihre Bürger – durch Westmedien zum Schweigen verurteilt, weil die »dem Denken die Sprache entziehen, indem sie ihm die Worte stets vorwegnehmen«.

Identität konnte so zwar ideologisch behauptet werden, glaubt der Autor, sie konnte aber nur »unvollständig, stiefmütterlich, abstrakt und fiktiv sein«.

Mit Worten war diesem Zustand längst nicht mehr beizukommen. Doch im Oktober nahm der Konflikt auf der Straße Gestalt an – im Wortsinne. Gereizt durch die physische Präsenz der verhassten Führung, die sich provozierend ausstellte zum 40. Jubel-Ritual des Geburtstages der Republik, reagierte das Volk mit massenhafter Gegenpräsenz. Die schiere Menge sprach für sich, erzwang den Rücktritt und fand dafür auch den witzigen symbolträchtigen Nenner: »Vorschlag für den 1. Mai, die Führung zieht am Volk vorbei.«

Seit aber die verhassten Spitzenpolitiker verschwunden und die Grenzen offen waren, gestattete die Deutsche Demokratische Republik – obschon noch SED-regiert – ihren Bürgern nicht mal mehr ihre verschwörerische Gegenidentität. Der Staat tauchte weg.

Während unter den Augen der Grenzer Westbürger mit Hämmern und Hacken den »Schutzwall« durchlöcherten und die sozialistischen Symbole aus der schwarzrotgoldenen Fahne schnippelten, sammelten die noch amtierenden SED-Machthaber widerstandslos die Reste jener »Wahnidee« ein, so die Ost-Berliner *Neue Zeit*, mit der Erich Honecker und seine Mannschaft der DDR nach der »Staatswerdung« auch eine eigenständige nationale Identität verordnen wollten. Kulturminister Dietmar Keller beerdigte die »einheitliche sozialistische Nationalkultur«, der Direktor des Museums für Deutsche Geschichte, Kurt Wernicke, schloss seine Jubel-Ausstellung »Unser sozialistisches Vaterland« mit der flotten Beiläufigkeit, mit der im Westen ein Betriebsfaktotum in den Ruhestand verabschiedet wird.

Seine bisher richtungweisende DDR-Darstellung sei leider, sagte SED-Genosse Wernicke ohne Anzeichen von Zerknirschung, »auf eine Person sehr zugeschnitten« gewesen, »nicht allein durch unser Zutun«. Vielmehr hätten »gedungene Schreiberlinge alles immer positiv dargestellt«.

Das, würde Erich Honecker gesagt haben, ist der Fakt: Selbst die sozialismusgläubigsten DDR-Bürger sind aus ihrer Geschichte gefallen. Die Menschen, die sich festzuhalten scheinen an den kraftvollen Dialekten ihrer Heimatregionen Mecklenburg, Sachsen oder Thüringen – selbst berlinert wird im Ostteil der Stadt deftiger als im Westen –, wandern derzeit durch ihre Hauptstadt, vorbei an den Prunkbauten preußischer und sozialistischer Herrlichkeit, als irrten sie durch die Kulissen längst abgesetzter Stücke.

Ist denn gar nichts geblieben?

»In 40 Jahren kann das Gros einer Bevölkerung nicht in totaler Ablehnung des Staates, dem es zugehört, und seiner Ideologie leben«, glaubt der Münchner Historiker Christian Meier, beileibe kein verbohrter linker, gar marxistischer Intellektueller. Doch mit seiner These, dem Verfassungspatriotismus der Bundesrepublik korrespondiere in der DDR »die identitätsverbürgende Rolle der Idee des Sozialismus«, würde er heute selbst bei SED-Genossen auf Skepsis stoßen. Für ein Gespräch mit der Mehrheit der DDR-Bürger über diese frevlerische Ansicht bräuchte er wohl Saalschutz.

In der Tat würden Westbesucher – ungeübt, die vielen, oft beredten Formen des Schweigens zu durchbrechen, mit denen ihre Landsleute dieses Thema zudecken – kaum Anhaltspunkte für Meiers These entdecken, stießen sie nicht fortlaufend auf irritierende Gegensätze: Da schlägt eine oft arglose, manchmal träumerische Art, vom Leben zu erzählen, abrupt um in knallhart pragmatische Redeweise. Gerade noch weisen die DDR-Freunde verächtlich alles Politische von sich, als schmutzig und ihrem Leben fern, da verblüffen sie mit detaillierten Kenntnissen über frühere Fünfjahrespläne und die jüngste Kohl-Rede. Unvermittelt rutschen sie von stolzer Beschreibung eigener Findigkeit in tiefste Niedergeschlagenheit ob ihrer Unfähigkeit, den Herausforderungen des Lebens gewachsen zu sein.

Ein oftmals prüder Biedersinn, eine altväterische Autoritäts- und Harmoniegläubigkeit, eine böse und verbohrte Fremdenfeindlichkeit, vor allem gegenüber den »Pollacken«, paart sich mit gedankenvoll »tiefen« humanistischen Idealvorstellungen, mit – in unserem Sinn – oft extrem linken und antifaschistischen Überzeugungen. Ihre Bescheidenheit und Anspruchslosigkeit in Geldsachen kontrastiert mit überraschend ungeniert formulierten Bitten, ja Forderungen, um »Sachen« und Sachleistungen.

Solche Beobachtungen scheinen auf ein Doppelleben hinzudeuten. Und tatsächlich macht niemand ein Hehl daraus, dass er sich zwar mit dem System notgedrungen arrangieren musste, dass Familie, Freunde, Sport und Hobbys aber den bedeutsameren Inhalt seines Lebens darstellen. Diese »Nischengesellschaft« hat Günter Gaus schon 1983 beschrieben. Ihr für junge Westdeutsche befremdlich altfränkischer Häkeldeckchen-Charme und der hausbacken ordentliche Ehe-Umgangston aus unserer Zeit vor '68 – zieh die Schuhe aus, bevor du ins Wohnzimmer gehst, rück das Kissen gerade; ja, Mamachen – scheint auch in der Millionenmetropole Berlin heute noch der Regel näher als der Ausnahme zu sein.

Freilich hatte der langjährige Bonner Vertreter in der DDR schon damals dem »Staatsvolk der kleinen Leute« deren politikresistente Selbsteinschätzung nicht geglaubt: »In den privaten Winkeln sind im Laufe der Jahrzehnte mehr Fakten, Vorstellungen und Maßstäbe des real existierenden Sozialismus heimisch geworden, als allen Nischenbewohnern immer bewusst ist.«

Inzwischen ist eine junge Generation aus ihren Nischen herausgedrängt – gegen die Herrschenden erst in den Freiraum der Kirche, dann auf die Straßen oder über die Grenzzäune und Nachbarländer nach Westen. Die geblieben sind, junge wie alte, empfinden – bei aller Faszination, die vom Glitzerleben im Westen ausgeht – ihr Dasein keineswegs nur bedauernswert. Zwei Wochen hat Torsten, Tontechniker bei der Defa, im vergangenen Jahr bei einer westlichen Filmproduktion mitarbeiten dürfen. Er ist des Lobes voll über Präzision, Geschwindigkeit und coole Disziplin, mit der produziert wurde. Aber: »Nee, so möcht' ick nich' leben. Diese Hetze, diese Wichtigtuerei, diese Oberflächlichkeit, nee, det könnt' ich nich'. Wir haben Teim, wat brauch'n wa Manneh.« 1500 Mark-Ost verdient er im Monat in seinem Job, 40 Mark zahlt er für seine Wohnung, arbeitslos kann er nicht werden. Nun darf er reisen – »was will ich mehr«.

Und der Kellner, der in einer Bar um 23.30 Uhr die Flaschen wegräumt, obwohl einige Leute noch weiterzechen wollen, denkt offenbar ähnlich. Das könne er sich im Westen aber nicht erlauben, schimpfen die Gäste. »Deshalb bleibe ich ja auch hier«, erwidert er.

Karsten, der zwar auch nörgelt, weil er tagelang vergebens kreuz und quer durch Ost-Berlin gefahren ist, um für geschenkte 2000 Mark endlich die ersehnte Waschmaschine zu kaufen, und immer nur »Hamwanich« hörte, empfindet die geruhsame Lebens- und Arbeitshaltung als eine der »Errungenschaften« seiner Republik, wie Subventionen und soziale Absicherungen.

Der kleine Stolz auf das Selbstgeschaffene, auf »menschliche Wärme« und »tiefere« Beziehungen ist indes durch die jüngsten Westkontakte arg geschmolzen. Zum ersten Mal betrachten viele DDR-Bürger ihre Lebenswelt mit westdeutschen Augen. Sie haben geguckt, gefragt, erlebt – viele entdecken neben der Konsumprasserei auch erstmals Sozialgesetze in der BRD. Und immer öfter sind sie in bleiernes Schweigen weggesackt. Nun mischt sich Wut über den eigenen Sauladen mit nackter Verzweiflung zu jener brisanten Stimmung, aus der die Rufe nach »Wiedervereinigung« aufsteigen. »Nichts, aber auch gar nichts haste, was steht nach 40 Jahren«, hadert Borsig-Arbeiter Ludwig mit seinem Leben und der Republik, »det will mir einfach nicht in den Kopp.«

Zweifel und Misstrauen beginnen bei vielen sogar den Rest jener tiefen Überzeugung anzunagen, mit der sich vor allem die jüngeren Generationen im Lande festhalten: dass die DDR dem Westen wenigstens an moralischer Qualität überlegen sei. Dieser Glaube wurzelt in der antifaschistischen Tradition der DDR stärker als in dem Anspruch, eine sozialere und menschlichere Gesellschaft zu sein. »Dass wir das bessere System sind, daran habe ich nie gezweifelt. So bin ich aufgewachsen«, sagt der Student Tobias.

Aber die Enttäuschung über die »verdorbenen Greise« hat auch eine Diskussion über die Gründungslegende vom antifaschistischen Geist der DDR in Gang gebracht.

»Millionenfaches schlechtes Gewissen« von Nazi-Mitläufern habe es nach dem Kriege ermöglicht, sagt der Filmregisseur Frank Beyer, dass die authentischen Antifaschisten der ersten DDR-Generation mit Methoden das Land vereinnahmen konnten, die das Volk von den Nazis nur allzu gut kannte – mit dem Stalinismus. Beyer: »Dieselben Kommandostrukturen, das laute Eigenlob, dasselbe Gepränge und Brimborium und vor allem der Meinungsterror gegenüber Andersdenkenden.« Dokumentarfilmer Konrad Weiß, Sprecher der Bürgerbewegung Demokratie Jetzt, spannt den Bogen noch weiter – von Wilhelm zwo bis zur Gegenwart. Nur allzu schnell hätten »Väterchen Stalin und seine Hofschranzen« Kaiser und Führer abgelöst. »Die Deutschen, wir Deutschen durften wieder Untertanen sein. Viele sind es bis heute geblieben.«

Das Wort »Trauerarbeit« fällt in den ersten Wochen nach der Revolution in intellektuellen und kirchlichen Kreisen oft. Es ist aber heute in der DDR so unpopulär wie in den Fünfzigerjahren bei uns. Der jungen Pastorin, die beim Besuch Außenminister Genschers in der Marktkirche von Halle sagt: »Wir haben mitgemacht, schuldig sind wir geworden«, schwillt unwilliges Gemurmel entgegen. Aber sie lässt sich nicht beirren: »Wir sind ein Stück verkrüppelt und gezeichnet. Diese Verletzungen gehören zu unser aller Leben. Wir tragen an einer kaputten DDR-Identität.«

Dass aber die »neuen Energien«, die sie aus der Verarbeitung der Vergangenheit fließen sieht, je freigesetzt werden, ist wenig wahrscheinlich. Wem kämen derzeit noch Selbsterforschung und Trauerarbeit in den Sinn? Der beginnende Wahlkampf hat sich zur zweiten Phase der Revolution verschärft.

Angst und Wut reißen viele Menschen wieder aus ihrer Lethargie. Erst jetzt scheint ihnen gedämmert zu haben, was es wirklich bedeutet, dass ihre Meister, Professoren, Abteilungsleiter, Streifenpolizisten, Leitartikler und Fernsehmacher alle noch da sind. »Die warten doch nur darauf, das Maul wieder aufreißen zu können«, fürchtet die Lehrerin Karin, die ihren alten SED-Direktor in Lauerstellung erlebt. Viele sind – weil sie um ihre Existenz kämpfen – entschlossener auf SED-Linie denn je, die meisten noch auf der alten.

Das kann keine Überraschung sein für den, der Ende vergangenen Jahres in den täglichen Funktionärsdiskussionen im düsteren ZK-Gebäude am Werderschen Markt miterlebt hat, wie nach einem ersten Schock, der die Wut voll auf die »Verräter« an der Spitze ablud, die SED-Genossen zu ihrer alten Sprache zurückfanden: »Gegen Scharfmacher muss mit allen Mitteln der Staatsmacht durchgegriffen werden« ... »auch wenn wir jetzt in Demokratie machen« ... »1945/46 waren wir nicht so zimperlich« ... »Die augenblickliche Schwächeperiode darf uns nicht hindern, unseren höheren Prinzipien zu folgen.« Der Stalinismus lebte nicht nur in Wandlitz, sondern nistet in allen Etagen der Partei.

Erst recht freilich ist es keine Überraschung für solche misstrauischen DDR-Bürger wie Wolfgang aus Treptow, die niemandem nichts mehr glauben im politischen Bereich, und der SED schon gar nichts. Er weiß sofort, wer das sowjetische Ehrenmal in seiner Nachbarschaft beschmiert hat, da braucht er keine Indizien: »Die Stasi sichert sich ihre Arbeitsplätze.«

Nicht, dass es Neonazis in der DDR nicht gäbe. Doch der propagandistische Aufwand, mit dem die Staatspartei dann die abgegriffenen Parolen wieder in Umlauf bringt, der vertraute Stil, mit dem sie ihre »Massen« zur »Kampfdemonstration« zusammentrommelt vor dem besudelten Ehrenmal in Treptow – das alles lässt keinen Zweifel daran, dass die Honecker-Erben die Antifa-Entstehungslegende der Republik für den Wahlkampf auszuschlachten begonnen haben. »Gegen Wiedervereinigung und braune Pest«, heißt es auf Plakaten und: »Für eine starke SED-PDS, die größte antifaschistische Kraft der DDR«.

Die DDR-Opposition und Politiker und Presse in der Bundesrepublik reagieren nicht minder hysterisch – so, als sei die SED schon heute Sieger der Wahl vom 6. Mai. Vielleicht aber wird sich gerade die Massenmobilisierung von Treptow im Nachhinein einmal als der schwerste taktische Fehler der neuen SED-Spitze herausstellen.

Denn plötzlich hat die ungebrochene Dominanz ihrer Herrschaft im Lande, bis dahin nur als lauernde, aber eher anonyme Gefahr von den DDR-Bürgern gefürchtet, wieder eine provozierende physische Präsenz bekommen – fast so wie während der Jubelfeier zum 40. Jahrestag der DDR.

Und dass sich dabei ausgerechnet die Schläger und Schnüffler von der Stasi wieder in den Vordergrund schieben, jene verhassten Turnschuh-Figuren, die nahezu jeden DDR-Bürger durch bloßes Auftauchen in Wut versetzen, reizt aufs Neue zur Gegenmobilisierung. Aufmärsche, Warnstreiks, Sturm auf die Stasi-Zentrale. Die Stimmung driftet vom Thema »Wiedervereinigung« scharf gegen die Staatspartei. »SED- und Stasimacht haben noch nicht Schluss gemacht«, skandieren Demonstranten.

Aufs Neue greifen die Muster vom Oktober. Nicht für, sondern gegen etwas findet das DDR-Volk zu einem Wir-Gefühl. Und die gesellschaftliche Sprachlosigkeit, hinter der sich mancherlei sehr unterschiedliche Beschwerden verbergen, nimmt noch einmal physisch Gestalt an. Wieder tritt die »zweite

Realität dieses Landes« – wie es Rainer Schedlinski formuliert hat – »aus der Konspirativität des Hinterkopfes auf die Straße«.

Dass die Metapher, unter der sich der emotionale Stau gegen die verhasste SED dieses Mal entlädt, »Wiedervereinigung« heißt oder »Deutschland«, ist freilich weder zufällig noch glücklich. Sie lädt ja nicht nur die rechten und reaktionären Kräfte der Bundesrepublik zur Einmischung ein und stößt viele Linke – in beiden deutschen Staaten – ab. Sie macht auch die Träume vieler Oppositionspolitiker zunichte, die Bürger in positiver Identität mit einer eigenständigen DDR zu versöhnen.

Oder sollte das – grotesk genug – ausgerechnet unter dem Schlagwort »Wiedervereinigung« gelingen? Sicher ist, dass viele DDR-Bürger nicht oder nicht nur in nationalistischer Verblendung ihr »Deutschland, Deutschland« in die kalten Winternächte hinausbrüllen. Das »über alles« hängen zumeist nur die Republikaner an.

Vergebens hat die Schriftstellerin Helga Königsdorf bei einer Vorbereitungssitzung zum neuen SED-Statut in Ost-Berlin ihre Genossen aufmerksam zu machen versucht: »Deutschland, einig Vaterland – solche Rufe entstehen auch aus der Not der Arbeiter, die auf ihre Produkte nicht stolz sein können.« Fast ebenso vergebens mahnt die in Hamburg lebende DDR-Schriftstellerin Monika Maron ihre linken Freunde in Westdeutschland und in der DDR-Opposition, hinter dem Einheitsgeschrei ihrer Landsleute »nicht nur eine nationale, sondern auch eine soziale Forderung zu sehen«. Oder wie es der Ost-Berliner Tontechniker Torsten drastisch ausdrückt: »Die Großkotze da drüben, die sich jetzt ärgern, dass wir ihnen die Parkplätze wegnehmen, tun so, als hätten wir den Krieg vor 45 Jahren allein verloren.«

Auch dem nachdenklichen Grafiker Reher, dem angesichts des Einkaufstaumels seiner Landsleute unter seinem Fenster eine Weile »die SED geradezu als idealistisch« erschienen war, missfällt das Alarmgeschrei gegen »die Rechten«, das auch in der Akademie der Künste ausgebrochen ist. »Dahinter ist ein falscher Ton, da müssen wir aufpassen.«

Reher hält sich insofern für einen typischen DDR-Menschen, als er es versteht, aus allen Umständen das Beste zu machen. Klar, er isst gern Hummer. Aber wenn es keinen gibt, dann mampft er eben Bockwürste. Und so versteht er auch die »Deutschland«-Rufe seiner Landsleute: »Früher wollten sie reisen, jetzt wollen sie Einheit. In Wahrheit wollen sie ehrlich reden und anständig leben.«

Und dagegen steht noch immer die alte SED.

»Ich bin ein armer Mann«

Auszug aus dem Protokoll der Vernehmung
Erich Honeckers vor der DDR-Generalstaatsanwaltschaft
am 29. Januar 1990

Vorhalt: Herr Honecker, Sie sowie andere ehemalige Staatsfunktionäre werden beschuldigt, gemeinschaftlich handelnd und systematisch Volkseigentum und gesellschaftliches Eigentum vergeudet zu haben.
Antwort: Dies entfällt. (Ich bin ein armer Mann.*) Mir ist unverständlich, wie man aufgrund einer Demonstration mich inhaftieren kann und Aufklärung verlangen kann. Ich verweise in diesem Zusammenhang auf ein bekanntes Wort über Denunzianten.
Vorhalt: Die Volkswirtschaft befindet sich in einem desolaten Zustand und ist teilweise durch subjektive Leitungsentscheidungen desorganisiert.
Antwort: Dieser Zustand trat erst nach dem 9. Plenum** ein. Bis zu diesem Plenum kann ich einschätzen, dass die Volkswirtschaft leistungsstark war und sogar Zuwachsraten bis zu zwei Prozent existierten. Von solchen Zuwachsraten haben andere Länder nur geträumt. Die Zahlungsfähigkeit der DDR war jederzeit gewährleistet, dass es heute zu Verschuldungen gekommen ist, verantworte ich nicht. Ich möchte darauf verweisen, dass wir unser Volk immer ernähren konnten, dank der fleißigen Arbeit unserer Bauern, was ja in anderen sozialistischen Ländern, wie z. B. der Sowjetunion, nicht der Fall

* Von Honecker im Protokoll gestrichen.
** Gemeint ist die neunte Tagung des Zentralkomitees der SED am 18. Oktober 1989, auf der Honecker zurücktreten musste.

war. Die Darstellung unserer Auslandsverschuldung halte ich für übertrieben, bei einem Land, das ein produziertes Nationaleinkommen von 237 Milliarden hat.

Vorhalt: Aus Befragungen wurde bekannt, dass die Kompetenz des Ministerratsvorsitzenden Stoph durch Sie und Herrn Mittag eingeschränkt war.

Antwort: Dies stimmt nicht. Herr Stoph hatte jederzeit alle seine Rechte und Pflichten wahrnehmen können. In diesem Zusammenhang möchte ich auf meine Stellungnahme an das ZK verweisen, wo ich heute nicht mehr sagen kann, wo sie geblieben ist. Veröffentlicht wurde sie nicht, und man hat dazu auch keine Position bezogen.

Vorhalt: Herr Honecker, Sie werden beschuldigt, zusammen mit Herrn Herrmann durch Beeinflussung der Medienpolitik Hochverrat begangen zu haben.

Antwort: Es stimmt, ich habe als Generalsekretär Verantwortung für die Medienpolitik getragen, ich war verantwortlich für die Innen- und Außenpolitik. Ich habe aber den Standpunkt vertreten, dass parteiinterne Angelegenheiten nicht in der Öffentlichkeit dargelegt werden.

Wenn Herr Herrmann vor dem Untersuchungsausschuss erklärt, dass er die Verfassung verletzt hat, so möchte ich darüber mein Erstaunen zum Ausdruck bringen. Der Punkt 1 der Verfassung legte die Verantwortlichkeit eindeutig fest, die Rolle der Partei, und man kann auch nur nach diesem damaligen Recht zur Verantwortung gezogen werden.

Vorhalt: Herr Honecker, Sie und andere werden beschuldigt, das Wahlergebnis vom 6. Mai 1989 manipuliert zu haben.

Antwort: Diesen Vorhalt erkenne ich nicht an, da das PB und NF* für die Wahlvorbereitung und -durchführung den Egon

* PB = Politbüro, NF = Nationale Front

Krenz als Verantwortlichen eingesetzt hatten. In Beratungen habe ich darauf hingewiesen, dass es mir auf reale Zahlen ankommt und keine Wettbewerbssituation bezüglich der Wahlergebnisse kommt. Diese Beratungen habe ich mitden 1. Sekretären der Bezirksleitungen durchgeführt, und auf einem Wählerforum in Magdeburg mit Gen. W. Eberlein habe ich nochmals auf ein reales Wahlergebnis orientiert. Dass es zu Manipulationen gekommen ist, ist mir nicht bekannt, und Herr Krenz hat dies mir gegenüber auch mehrfach versichert.

Vorhalt: Im Zusammenhang mit dem 40. Jahrestag der DDR kam es zu zahlreichen Zuführungen von Personen, die an friedlichen Demonstrationen in diesem Land gegen Ihre Politik teilnahmen.

Antwort: Dass es zu Zuführungen gekommen ist und eine angespannte Situation herrschte, habe ich erst am 9. 10. erfahren. Als ich am 7. 10. die Gäste des Auslandes verabschiedet hatte und mit meiner Frau nach Hause fuhr, wurde ich durch sie darauf hingewiesen, dass im Stadtgebiet Wasserwerfer stehen. Ich habe mich dann von Wandlitz aus mit Herrn Krenz in Verbindung gesetzt (welchen ich erst spät erreichte), und er erklärte mir, dass die Lage beherrscht wird. Ich habe dies so zur Kenntnis genommen. Durch Christa Wolf erfuhr ich später, dass man ihre Tochter auch zugeführt hat und sie die Nacht in einer Garage zubringen musste. Ich beauftragte Egon Krenz damit, diesen Sachverhalt zu untersuchen. Er teilte mir bis heute noch nicht mit, was die Untersuchung ergab. In diesem Zusammenhang möchte ich darauf verweisen, dass ich in meiner Eigenschaft als Vorsitzender des Nationalen Verteidigungsrates befohlen habe, dass in Leipzig keine Schusswaffe angewandt wird. *Zu dieser Auffassung kam ich nach einem Gespräch mit dem Gewandhausleiter Masur, der* *mir versicherte, dass es sich um eine friedliche Demonstration handeln wird**.

Frage: Was veranlasste Sie zu solch einem Befehl?

Antwort: Ich wollte verhindern, dass es zur Anwendung der Schusswaffe kommt, falls ein einzelner Polizist die Nerven verliert oder unsere staatlichen Behörden angegriffen werden.

Ich bitte darum, die Vernehmung zu beenden, da es mir gesundheitlich schlechter geht und mein Blutdruck steigt.

Beginn der Vernehmung: 8.00 Uhr, Ende der Vernehmung: 8.50 Uhr.

Anwesend waren Prof. Dr. Reuter, Oberstleutnant der K Romahn, Staatsanwalt Gaunitz, OMR Dr. med. sc. Zels.

Ich habe das Protokoll meiner Vernehmung selbst gelesen. Es wurde inhaltlich und sachlich richtig wiedergegeben.
Erich Honecker

* Von Honecker gestrichen.

Garage zubringen mußte. Ich beauftragte Egon Krenz damit, diesen Sachverhalt zu untersuchen. Er teilte mir bis heute noch nicht mit, was die Untersuchung ergab. In diesem Zusammenhang möchte ich darauf verweisen, daß ich in meiner Eigenschaft als Vorsitzender des Nationalen Verteidungungsrates befohlen habe, daß in Leipzig keine Schußwaffe angewandt wird. ~~Zu dieser Auffassung kam ich nach einem Gespräch mit dem Gewandhausleiter Masur, der mir versicherte, daß es sich um eine friedliche Demonstration handeln wird.~~ [EH]

__Frage:__ Was veranlaßte Sie zu solch einem Befehl?

__Antwort:__ Ich wolte verhindern, daß es zur Anwendung der Schußwaffe kommt, falls ein einzelner Polizist die Nerven verliert oder kleinere staatliche Behörden angegriffen werden [EH]

Ich bitte darum, die Vernehmung zu beenden, da es mir gesundheitlich schlechter geht und mein Blutdruck steigt.

Beginn der Vernehmung: 8.00 Uhr
Ende der Vernehmung: 8.50 Uhr

Anwesend waren Prof. Dr. Reuther, Oberstleutnant der K Romahn, Staatsanwalt Gaunitz, OMR Dr. med. sc. Zels.

Ich habe das Protokoll meiner Vernehmung selbst gelesen. Es wurde inhaltlich und sachlich richtig wiedergegeben.

Erich Honecker

Vernehmungsprotokoll der DDR-Generalstaatsanwaltschaft

KAPITEL 7

18.März 1990: Der Kampf des Kanzlers

Die CDU siegt bei den ersten demokratischen Wahlen für die Volkskammer, SPD und Bürgerrechtler erleiden eine bittere Niederlage. Die Wähler haben sich gegen eine Reform der DDR entschieden – und für die Einheit.

Von Martin Doerry

Wer in Dresden in einem Büro mit einem solchen Blick residiert, der hat es zu etwas gebracht: die Semperoper im Vordergrund, dahinter die Barocksilhouette mit den Kirchtürmen der Stadt. Und neben dem schweren Eichenholzschreibtisch dann auch noch zwei große gekreuzte Fahnen, die deutsche und die sächsische.

Matthias Rößler, 59, ist seit fünf Jahren Präsident des Sächsischen Landtags und gerade erst in seinem Amt bestätigt worden. »Die Geschichte«, so sagt der gebürtige Dresdner gut gelaunt, »ist wie ein wildes Pferd. Man muss auf ihm reiten, ob man will oder nicht. Und man darf nicht herunterfallen, man muss sich gut festhalten, sonst hat man verloren und wird überrannt.«

Damals, am Abend der Volkskammerwahl vom 18. März 1990, sah es zunächst so aus, als hätte ihn dieses wilde Pferd abgeworfen. Matthias Rößler, der junge Kandidat der noch jüngeren Partei namens Demokratischer Aufbruch, hatte den Einzug in die Volkskammer klar verfehlt. Der Aufbruch hatte es nur auf 0,9 Prozent der Stimmen gebracht. »Angela und ich standen nachts vor der Komischen Oper in Berlin«, erinnert sich Rößler, »und wir waren total enttäuscht. Wir konnten es nicht fassen, was wir da gerade erfahren hatten.«

Die Kollegin Angela war Pressesprecherin des Demokratischen Aufbruchs, eines konservativen Ablegers der DDR-Bürgerbewegung. Sie hatte bis dahin alles tapfer weggesteckt, auch den Abgang ihres Chefs Wolfgang Schnur nur wenige Tage vor der Wahl, nachdem seine Tätigkeit als Stasi-IM enthüllt worden war. »Aber die Angela hatte Nerven wie Drahtseile, die hat weitergekämpft«, sagt Rößler. Und so vermochte sich auch seine politische Weggefährtin bis heute auf dem wilden Pferd zu halten: Seit neun Jahren schon residiert Bundeskanzlerin Angela Merkel, ebenfalls an einem mächtigen Schreibtisch mit deutscher Fahne und Panoramablick.

Rößler und die Kanzlerin, beide seit Herbst 1990 in der CDU, sind allerdings die einzigen Akteure des Demokratischen Aufbruchs, die noch ein hohes politisches Amt bekleiden. Die erste (und zugleich letzte) freie und demokratische Wahl zur DDR-Volkskammer hatte ein für alle Beteiligten überraschendes Ergebnis gezeitigt: Jene Kräfte, die für die friedliche Revolution verantwortlich waren, spielten ab sofort nur noch eine Nebenrolle. Das vor allem aus dem Neuen Forum hervorgegangene Bündnis 90 bekam 2,9 Prozent der Stimmen und gelangte nur in die Volkskammer, weil auf eine Fünfprozenthürde verzichtet worden war. Und die SPD, die noch kurz zuvor als sichere Gewinnerin der Wahl gegolten hatte, kam gerade mal auf knapp 22 Prozent.

Strahlende Siegerin hingegen war die von Helmut Kohl geschmiedete Allianz für Deutschland, ein konservatives Bündnis unter Führung der ehemaligen Blockpartei CDU, die allein 40,8 Prozent der Stimmen auf sich vereinigte. Und auch die inzwischen in PDS umbenannte SED erzielte mit 16,4 Prozent einen Achtungserfolg.

Telefonische Meinungsumfragen hatten kurz vor der Wahl ein ganz anderes Ergebnis erwarten lassen. Den DDR-Sozialdemokraten unter Führung ihres populären Vorsitzenden Ibrahim Böhme wurde ein Stimmenanteil von 53 Prozent prognostiziert. Böhme sah sich denn auch als sicherer Sieger und verhandelte am 18. März bereits vor Schließung der Wahllokale mit ersten Kandidaten für sein Kabinett.

Wie irreführend die Umfragen gewesen waren – große Teile der DDR-Bevölkerung hatten kein privates Telefon –, wurde mit den ersten Hochrechnungen deutlich. Auf den Wahlpartys machte sich entweder Ratlosigkeit oder Verzweiflung breit. CDU-Chef Lothar de Maizière sah sich plötzlich mit der Forderung konfrontiert, er müsse das Amt des Ministerpräsidenten übernehmen – was er erkennbar nicht wollte. Jubelnde Parteifreunde und Journalisten bedrängten ihn – auch physisch – so sehr, dass er einem Kreislaufkollaps nahe war und mit blutendem Schienbein erst mal medizinisch versorgt werden musste. In dem allgemeinen Tohuwabohu erklärte unterdessen der Generalsekretär der West-CDU, Volker Rühe, nicht etwa de Maizière, sondern gleich seinen eigenen Chef, Helmut Kohl, zum Sieger der Wahl.

Die Sozialdemokraten dagegen waren wütend. Egon Bahr schimpfte über den CDU-Wahlkampf, der ziemlich skrupellos SPD und SED gleichgesetzt hatte: »Das war reinster psychischer Terror nach Goebbels-Manier.« Und Otto Schily, im ARD-Fernsehen nach den Ursachen des schlechten Abschneidens seiner Partei befragt, hielt mit finsterer Miene eine Banane vor die Kamera.

Schily hat diese Geste der Verachtung später ausdrücklich bedauert. Dabei entsprach sie einer unter westdeutschen Linken weitverbreiteten Arroganz. Der DDR-Bürger galt ihnen als unbelehrbar, ja undankbar, er schiele offenkundig nur nach materiellem Gewinn und begreife nicht die Chancen einer demokratisch gewendeten Alternative zum kapitalistischen Westen. Die Ost-Berlinerin Bärbel Bohley, die Ikone des Neuen Forums, verstieg sich gar zu der Behauptung, dass die Menschen »die Vormundschaft durch die alte SED gegen die Vormundschaft durch die CDU« ausgetauscht hätten.

Tatsächlich aber hatten sich die Wähler mit ihrem Votum weiterer Gängelung durch jedwede Obrigkeit entzogen. Wer ihnen eine reformierte DDR predigte und sie damit einem neuen politischen Großexperiment aussetzen wollte, wurde am 18. März 1990 abgestraft. Wer ihnen hingegen den schnellen Anschluss an ein bewährtes Demokratiemodell versprach, nämlich die Bundesrepublik samt der so erfolgreichen Westmark, der wurde honoriert.

Die Volkskammerwahl setzte also einen Schlusspunkt unter die friedliche Revolution der DDR: Die politische Agenda wurde von nun an nicht von den Revolutionären gesteuert, sondern von einem Parteienspektrum, das aus dem Westen importiert worden war.

»Manchmal denke ich, es war gar nicht so schlecht, dass wir uns damals nicht durchgesetzt haben«, sagt nun, fast 25 Jahre später, Marianne Birthler. Die aufrechte Bürgerrechtlerin war 1990 für das Bündnis 90 in die Volkskammer eingezogen. Inzwischen lebt die ehemalige Bundesbeauftragte für die Unterlagen des Staatssicherheitsdienstes in einer schicken Penthouse-Wohnung in Berlin-Mitte. Auch sie zählt, um im Bild Matthias Rößlers zu bleiben, zu jenen, die das wilde Pferd Geschichte reiten konnten.

Selbstkritisch blickt die Polit-Pensionärin auf die Bilanz der Bürgerbewegung. Nicht weil sie den persönlichen Mut ihrer Mitstreiter in den entscheidenden Wendemonaten infrage stellen würde, sondern weil es am politischen Weitblick gefehlt habe: »Offene Grenzen mussten das Ende der DDR bedeuten. Wir haben das geahnt, und dennoch hat es niemand ausgesprochen.« Manch steile Forderung, etwa die nach der Blockfreiheit eines geeinten Deutschlands, sei »eindeutig falsch« gewesen. Schlimmer noch: »Wir wussten eigentlich gar nicht so genau, was wir wirklich wollten.«

Die Wähler hingegen wussten das offenbar ziemlich genau. Sie wollten den Westen, und zwar das Original und keine blasse Kopie.

Brandt und Kohl im Wahlkampf

Schon in den Monaten vor der Wahl hatten die Stars der bundesdeutschen Politik stets größeren Zulauf als ihre DDR-Kollegen. Willy Brandt machte diese Erfahrung als Erster. Auf Einladung des Pfarrers Joachim Gauck war der Exkanzler am 6. Dezember 1989 in die Rostocker Marienkirche gekommen. 8000 Menschen hatten sich in dem Gotteshaus versammelt, weitere 40 000 drängten sich in den Gassen der Innenstadt. Der Friedensnobelpreisträger wurde beim Einzug in die Kirche mit Blumen beworfen. Gauck pries ihn bei der Begrüßung für seine »Glaubwürdigkeit und Menschlichkeit« und fügte dann noch spitz hinzu: Damit sei Willy Brandt ein Politiker, »der etwas hat, was wir an unseren bisherigen Führungspersonen schmerzlich vermissten«.

Am folgenden Tag trat in Ost-Berlin erstmals der Runde Tisch zusammen, also jenes inoffizielle Organ, das Regierende und Revolutionäre für eine Übergangszeit gebildet hatten. Nach den großen Demonstrationen und dem Sturz von Erich Honecker und Egon Krenz war das DDR-Regime so weit destabilisiert, dass eine Annäherung an die Opposition unumgänglich wurde. Der Runde Tisch beschloss sogleich die Ansetzung von Neuwahlen für die Volkskammer. Geplanter Termin: der 6. Mai 1990.

Das Parteiensystem der DDR war Anfang Dezember 1989 schon in Auflösung begriffen. Die sogenannten Blockparteien CDU und LDP, die 40 Jahre treu und widerspruchslos an der Seite der Staatspartei SED ausgeharrt hatten, verließen dieses Bündnis, die Volkskammer strich der SED die ihr in der DDR-Verfassung garantierte »führende Rolle« im Staat. Im Gegenzug bildeten sich neue Parteien, das Neue Forum der Bürgerrechtler vor allem sowie eine Fülle kleinerer Oppositionsgruppen und die SDP (ab Januar 1990: SPD), also die DDR-Variante der Sozialdemokratie.

Während sich die Neugründungen erst etablieren mussten, profitierten die ehemaligen Blockparteien von ihrer seit Jahrzehnten bewährten Organisation. Vor allem die DDR-CDU ging mit einem erheblichen Startvorteil ins Rennen um die Macht in der Volkskammer. Und nachdem die West-CDU ihre Vorbehalte gegen eine Kooperation mit den sogenannten Blockflöten aufgegeben hatte, waren zumindest die Voraussetzungen für einen Wahlerfolg der bürgerlichen Parteien schon Ende 1989 gegeben.

Viel lieber allerdings hätte Helmut Kohl ausschließlich auf den konservativen Demokratischen Aufbruch gesetzt, der historisch nicht kontaminiert war und damit der Konkurrenz kaum Angriffsflächen bot. Generalsekretär Rühe unterstützte den kleinen Verein nach Kräften. Doch die Partei von Wolfgang Schnur, Rainer Eppelmann und Angela Merkel hatte nur ein paar Tausend Mitglieder und erwies sich im Wahlkampf bald sowohl organisatorisch wie auch personell als überfordert.

Also stürzte sich Kohl selbst in die Schlacht. Zwei Wochen nach Willy Brandt fuhr auch der Kanzler in die DDR. Am 19. Dezember stieg er in Dresden auf ein vor der Ruine der Frauenkirche errichtetes Podest. Ein Meer von deutschen Fahnen begrüßte ihn, Zehntausende jubelten ihm zu. »Deutschland, Deutschland«, riefen die Dresdner.

Auch der junge Ingenieur Matthias Rößler stand damals in der Menge vor dem Kanzler. »Das war ein Erlebnis, das vergisst man nicht«, sagt er heute. »Mir war sofort klar: Der gewinnt die Wahl. Und die Einheit wird kommen.«

Kohl hatte schon Ende November einen Zehn-Punkte-Plan zur Deutschlandpolitik im Bonner Bundestag vorgestellt, der den Weg zur Wiedervereinigung beider deutscher Staaten beschrieb. Nun, nach dem Dresdner Erfolg, forcierte er das Tempo, zumal der Strom der Übersiedler aus der DDR ein rasches Handeln erzwang. Im Laufe des Jahres 1989 waren schon mehr als 340 000 Menschen, die meisten jung und gut ausgebildet, von Ost nach West gezogen. Das schwächte die DDR und bedrohte zugleich die Stabilität der Bundesrepublik.

Am 21. Januar 1990 inszenierten DDR-Bürger eine spektakuläre Aktion am Grenzübergang Worbis/Duderstadt: 50 000 Menschen zogen innerhalb weniger Stunden über die Grenze nach Westen – und wieder zurück. Den Politikern beider Seiten sollte damit klargemacht werden, was drohte, wenn sie sich weiter gegen eine schnelle Vereinigung sperrten.

Der DDR droht die Auflösung

Die Unruhe im Land war groß. Vielerorts wurden die Stasi-Dienststellen von aufgebrachten Bürgern gestürmt, Erich Honecker wurde kurzzeitig verhaftet. DDR-Ministerpräsident Hans Modrow, der bisher nur die Idee einer »Vertragsgemeinschaft« von BRD und DDR propagiert hatte, ergriff schließlich die Flucht nach vorn und präsentierte dem Runden Tisch am 28. Januar die Idee einer »Regierung der nationalen Verantwortung«.

Auch Modrow wusste, dass die Einheit nicht mehr zu verhindern war, aber er wollte das Heft des Handelns in der Hand behalten. Acht aus der Opposition stammende »Minister ohne Geschäftsbereich« wurden ins Kabinett aufgenommen und mit den üblichen Privilegien ausgestattet. Dazu zählte auch für jeden ein Dienstwagen der Marke Citroën, den allerdings sieben der acht neuen Amtsträger sofort ablehnten. Solange ein DDR-Bürger noch 13 Jahre auf einen Trabant warten müsse, argumentierte Neu-Minister Rainer Eppelmann, reiche ihm auch ein Lada.

Nach Modrows Vorstoß nutzten zwei Parteien die Sitzung des Runden Tischs noch für ein taktisches Manöver. Den Anfang machten die Vertreter der SPD, die für ein Vorziehen der Volkskammerwahl auf den 18. März plädierten. Begründung: Nur so ließen sich die Auflösungserscheinungen der DDR begrenzen.

In Wahrheit spekulierten die siegesgewissen Sozialdemokraten auf eine Überrumpelung der Konkurrenz, die nicht ausreichend für einen Wahlgang vorbereitet war – mit einer Ausnahme: der PDS. Gregor Gysi, der neue Parteichef, herrschte über den nach wie vor mit Abstand größten Apparat; Gysi scheute keinen Wahlkampf und schloss sich dem SPD-Vorschlag sofort an.

Allerdings verfolgte auch die Staatspartei eigennützige Motive: Sie litt unter dramatischer Auszehrung, etwa eine Million Mitglieder waren in den letzten Monaten ausgetreten. Ein früher Wahltermin sollte diesen Prozess stoppen.

Die Vertreter der übrigen Parteien am Runden Tisch sperrten sich zunächst gegen den Plan von SPD und PDS. Erst eine Drohung Modrows beendete die Debatte. Der Ministerpräsident erklärte beiläufig, er könne auch am nächsten Tag in der Volkskammer die Vertrauensfrage stellen und eine schnelle Neuwahl erzwingen. Jeder Widerstand war also zwecklos.

Nach dem Beschluss zur Vorverlegung der Wahlen stand Helmut Kohl unter Druck. Das Resultat der Volkskammerwahl, so viel war klar, würde das Ergebnis der für Dezember 1990 vorgesehenen Bundestagswahlen beeinflussen. Der CDU-Vorsitzende ließ sich zu einem Gespräch mit seinem von ihm wenig geschätzten DDR-Pendant Lothar de Maizière überreden. Am 2. Februar diskutierten die beiden erstmals die Chancen für ein Wahlbündnis konservativ-bürgerlicher Parteien. Und am 5. Februar machten Kohls Berater die Allianz für Deutschland perfekt. Neben der Ost-CDU waren noch der Demokratische Aufbruch und die DSU, eine Partnerorganisation der CSU, mit von der Partie.

Zwei Tage später schlossen sich auch drei Gruppen der Bürgerrechtler zusammen. Neues Forum, Demokratie Jetzt und die Initiative für Frieden und Menschenrechte bildeten das Bündnis 90 und traten, anders als die Allianz, auch mit einer gemeinsamen Liste bei der Wahl an. Die Auswahl der Kandidaten erwies sich jedoch als kompliziert. »Kaum einer von uns wäre auf die Idee gekommen, von sich aus die Hand zu heben und einen Listenplatz zu beanspruchen«, erinnert sich Marianne Birthler. »Das gehörte sich einfach nicht. Anstatt uns zu bewerben, ließen wir uns fragen, machten womöglich Gegenvorschläge und zierten uns ein bisschen.«

Der Wahlkampf passte so gar nicht zum egalitären Milieu der Bürgerbewegung. Marianne Birthler spricht von einer »Kultur der Ohnmacht«, die in den kirchlich geprägten Kreisen der DDR-Opposition gepflegt worden sei. Auf der Titelseite der Wahlkampfzeitung von Bündnis 90 hieß es: »Wir wollen nicht die Macht, sondern Mitverantwortung.«

Diese Skrupel machten es den Bürgerrechtlern fast unmöglich, energisch gegen die politische Konkurrenz vorzugehen. Die wiederum nahm solche Rücksichten nicht. Zwar hatte der Runde Tisch den Westpolitikern verboten, im DDR-Wahlkampf aufzutreten. Doch niemand hielt sich daran. Ein Meer von bunten Plakaten schmückte plötzlich die grauen Fassaden und tristen Plätze in der DDR. Alles, was zum Erfolg beitragen konnte, wurde in den Osten geschafft: Geldspenden, Kopierer und Computer sowie möglichst viele prominente Redner.

Einer von ihnen war der Sozialdemokrat Klaus von Dohnanyi. Der ehemalige Hamburger Bürgermeister lebt heute in einer stattlichen Villa an der Alster und erinnert sich mit leiser Nostalgie an sein Engagement als reisender Entwicklungshelfer bei den Ostgenossen. »Bei dem Historiker Stefan Wolle habe ich in einem Kinderbett geschlafen, mit angezogenen Beinen, aber das war kein Problem«, erzählt der 86-Jährige. »Diese Menschen in der Ost-SPD hatten endlich das Gefühl: Es ist wichtig, was man tut. Das mitzuerleben war großartig.«

Die SPD zerfällt in zwei Lager

Inzwischen weiß Dohnanyi allerdings, dass der Kampf um die Macht in der DDR verloren war, bevor er überhaupt aufgenommen wurde. »Die SPD hatte keine Chance«, sagt er, »egal was sie machte.« Dohnanyis Analyse: Kohl habe den Ostdeutschen noch vor der Wahl eine schnelle Währungsunion und danach die Wiedervereinigung versprochen. Kein noch so kluges SPD-Programm hätte damit konkurrieren können. Und da Kohls Widersacher Oskar Lafontaine immer wieder vor den Risiken einer schnellen Einheit warnte, sei die SPD in den Augen vieler DDR-Bürger eher eine Gefahr gewesen denn ein Anlass für Hoffnung und Zuversicht.

»Ich habe die Partei damals erst mühsam dazu gebracht, sich auch für die Währungsunion zu entscheiden«, berichtet Dohnanyi. »Schließlich habe ich dem Lafontaine gesagt: Wenn du denen die Mark nicht gibst, musst du die Mauer wieder aufbauen, am besten diesmal mit der bunten Seite nach Osten, damit die drüben auch was Schönes anzuschauen haben. Und dann nehmt ihr noch 60 000 alte Stasi-Leute, die ihre Grenze wieder bewachen müssen. Anders geht es nicht.«

Dohnanyis Zorn auf Lafontaine und den linken Flügel der SPD ist noch heute nicht ganz verraucht. Der Auftritt von Günter Grass etwa beim Leipziger Parteitag am 24. Februar 1990 sei »so dumm, so töricht« gewesen. Grass hatte die »lieben Genossen« vor der »Gefahr des bloßen Anschlusses der DDR an die Bundesrepublik« und der »Kolonialherrenmentalität« der Wessis gewarnt. Und dann auch den Star der DDR-SPD, Ibrahim Böhme, ziemlich peinlich angehimmelt. Grass wörtlich: »Lieber Ibrahim, ich beneide dich um deinen wunderschönen, klangvollen, bedeutungsvollen Vornamen.« Dabei lautete Böhmes Geburtsname in Wahrheit Manfred Otto.

Böhme war trotz der Bedenken prominenter Genossen in Leipzig zum neuen Vorsitzenden der Partei gewählt worden. Zum Abschluss des Parteitags hielt er eine kluge und kämpferische Rede. Geschrieben hatte sie, wie der Journalist Daniel Friedrich Sturm später enthüllte, allerdings der Westgenosse Norbert Gansel – was auch Dohnanyi nicht wusste. Dass Böhme die DDR-Opposition auch noch über Jahre als Stasi-Spitzel ausgehorcht hatte, wurde – zum Glück für die Genossen – erst eine Woche nach der Volkskammerwahl vom SPIEGEL aufgedeckt.

Überschattet wurde der SPD-Wahlkampf von dem Konflikt zwischen den parteiinternen Fraktionen Brandts und Lafontaines. Die einen, also auch Dohnanyi, sahen keinen Sinn in einer Obstruktion der kohlschen Politik, die anderen hingegen glaubten zumindest bei den Bürgern im Westen mit einer drastischen Kostenrechnung punkten zu können.

»Zu Recht« habe Lafontaine damals darauf hingewiesen, dass die von Kohl genannten Zahlen »viel zu niedrig angesetzt seien«, urteilt der amerikanische Historiker Charles S. Maier. Doch wollte man die Wiedervereinigung wirklich an ihren Kosten scheitern lassen? »Der Kanzler«, so Maier, »verstand das, aber er hütete sich, das offen auszusprechen.«

Die Wirtschaftskrise verschärft sich

Was mit der DDR-Ökonomie im Falle eines schnellen Anschlusses an den Weltmarkt geschehen würde, fand sich bereits in einer Studie des Ost-Berliner Instituts für angewandte Wirtschaftsforschung aus dem Frühjahr 1990. Demnach waren 80 Prozent der DDR-Unternehmen wegen technischer Rückständigkeit international nicht wettbewerbsfähig und damit dem Untergang geweiht. Insgesamt kalkulierte das Institut die Kosten einer Umstellung der DDR-Wirtschaft auf bis zu 720 Milliarden D-Mark – was am Ende deutlich realistischer war als die in Westdeutschland kursierende Summe von 60 bis 100 Milliarden.

Allein das Haushaltsdefizit der DDR belief sich auf 120 Milliarden Ostmark, hinzu kam eine Auslandsverschuldung von 20 Milliarden Dollar. Außerdem schuldeten die DDR-Unternehmen der Ost-Berliner Staatsbank einen dreistelligen Milliardenbetrag. Die Situation wurde zusehends dramatisch: Die Produktivität der DDR-Betriebe war in den zehn Jahren von 1980 bis 1990 um etwa 50 Prozent gesunken. Und plötzlich gab es auch das, was es in der DDR offiziell nie gegeben hatte: Zwischen März und April 1990 stieg die Zahl der Arbeitslosen von etwa 38 000 auf fast 70 000.

Weder die DDR-Bürger noch die Wahlkämpfer schienen sich allerdings für diese Zahlen zu interessieren. Was zählte, war der Konsum. Die Versorgungslage in der DDR sei im Frühjahr 1990 zwar angespannt, aber »nicht katastrophal« gewesen, sagt der Historiker Maier. Das Warenangebot sei nur ausgerechnet in einem Moment schlechter geworden, »in dem die ostdeutschen Konsumenten ihre Erwartungen höherschraubten«. Man verlangte nun unbedingt das, was schon immer knapp war, etwa Kinderkleidung und elektronische Geräte. Die westdeutschen Konzerne boten all diese Produkte an, allerdings zu unerschwinglichen Preisen. Kein Zufall also, dass die Wähler die D-Mark wollten, was auch immer das für ihre eigene Industrie bedeutete.

Hans Modrow berichtet in seinen Memoiren von einem Besuch bei Helmut Kohl in Bonn, der ihn und seine Regierung demütigte. Am 13. Februar forderte der DDR-Ministerpräsident jene Soforthilfe ein, die ihm der Kanzler im Dezember avisiert hatte. Modrow sprach von »einer Art Lastenausgleich«, von 15 Milliarden D-Mark zur Modernisierung der DDR-Industrie. In der ersten Februarhälfte waren schon wieder 26 000 Bürger in den Westen ausgereist. Es musste also etwas geschehen.

Doch Kohl hatte seine Strategie geändert. Einem maroden Staat noch Geld hinterherzuwerfen kam für ihn nicht mehr infrage. Schroff wurden alle Bitten abgelehnt. Und als Matthias Platzeck, einer der DDR-Minister ohne Portefeuille, in der allgemeinen Aussprache beiläufig noch ein kritisches Wort über die Nato verlor, verbat sich der Kanzler empört jede »Belehrung«.

Der spätere Brandenburger Ministerpräsident hatte freilich einen empfindlichen Punkt getroffen. Im Februar 1990 war zwar allen Akteuren auf der internationalen Bühne klar, dass die Deutschen auf eine Wiedervereinigung zusteuerten. Selbst Generalsekretär Michail Gorbatschow hatte seinem Gast Modrow schon Ende Januar zu verstehen gegeben, dass über die Frage der Einheit letztlich nicht in Moskau oder Washington, Paris oder London entschieden werde, sondern in Bonn und Berlin. Strittig aber war der Status eines vereinigten Deutschlands: neutral oder doch in der Nato?

Die Diplomaten ringen um die Einheit

Während die Wahlkämpfer in der DDR auf Stimmenfang gingen, antichambrierten west- wie ostdeutsche Politiker bei ihren Verbündeten. Kohl und sein Außenminister Hans-Dietrich Genscher bemühten sich um Unterstützung der bis dahin alles andere als hilfreichen Regierungen in Paris und London. Modrow wiederum hatte in Moskau zu seiner Beruhigung erfahren, dass Gorbatschow größten Wert auf eine Neutralität Deutschlands legte, und präsentierte nach seiner Rückkehr einen Plan, der die Wiedervereinigung nur im Zuge einer europäischen Einheit vorsah – sie also auf die lange Bank schob.

Vier Wochen später, erneut in Moskau, bemerkte Modrow allerdings irritiert, wie sprunghaft Gorbatschow argumentierte; dessen Widerstand gegen die schnelle Vereinigung war offenbar unter dem Druck der internationalen Diplomatie kollabiert, zumal ihn die ökonomische Krise in der Sowjetunion ohnehin viel mehr beschäftigte.

Der Anlass für Modrows Besuch war der von beiden Seiten gewünschte Ausbau der wirtschaftlichen Zusammenarbeit von DDR und Sowjetunion. Sein mitreisender Minister Eppelmann verfolgte jedoch eher private Interessen, er wollte sein großes Idol Gorbatschow kennenlernen. Eppelmann, im Hauptberuf Pfarrer, drückte dem Generalsekretär bei der Begrüßung eine brennende Kerze in die Hand, auf die seine Tochter Wiebke in russischen Buchstaben das Wort »spassibo«, also »danke«, geklebt hatte. Eppelmann berichtete später stolz, wie »berührt« der Sowjetführer von dem Geschenk gewesen sei – ein Vorgang, der westdeutsche Politiker in dem Eindruck bestätigte, dass in der DDR nur eine »Laienspielschar« an die Macht gelangt sei.

Im US-amerikanischen Außenministerium hatte sich längst die Auffassung durchgesetzt, dass die entscheidenden Schritte bis zur Wiedervereinigung nicht von den Deutschen allein zu bewältigen waren. Die Berater des Außenministers James Baker fürchteten vor allem, dass die Sowjets auf solche bilateralen Gespräche einwirken und ihre Forderung nach einer Neutralität der Deutschen durchsetzen würden. Nach den Märzwahlen, so der amerikanische Vorschlag, sollten neben zwei deutschen Delegationen auch Vertreter der vier Siegermächte am Verhandlungstisch sitzen.

Um dieses Projekt zu befördern, schrieb US-Präsident George Bush einen mahnenden Brief an Kohl, kurz bevor der mit Genscher am 10. Februar ebenfalls nach Moskau fuhr. Bush erklärte, die USA würden eine Neutralität Deutschlands nicht hinnehmen, allerdings könne das Gebiet der DDR einen besonderen militärischen Status behalten: Die Russen würden abziehen – und die Amerikaner draußen bleiben.

Kohl machte sich Bushs Konzept zu eigen und lockte Gorbatschow noch mit einem attraktiven Angebot: Bonn sei bereit, die wirtschaftlichen Verpflichtungen der DDR gegenüber der Sowjetunion zu übernehmen. Gorbatschow schien erfreut und antwortete mit einer diplomatischen Formulierung, die die deutsche Delegation schon fast als Zustimmung wertete: Die Deutschen sollten über die Einheit selbst entscheiden, nur über die Stellung im Bündnis müsse man noch verhandeln, aber er habe den Eindruck, dass der Kanzler eine Neutralität Deutschlands für unannehmbar halte. »Das ist der Durchbruch«, schrieb daraufhin Kohls Berater Horst Teltschik in sein Tagebuch.

Ganz so einfach war es nicht. Die Sowjets verlangten später für ihre Zustimmung zur Nato-Mitgliedschaft der Deutschen einen hohen Preis. Beim ersten Vorbereitungstreffen für die Zwei-plus-vier-Gespräche am 14. März, also vier Tage vor der Volkskammerwahl, machten sich zudem Briten und Franzosen erneut als Bremser bemerkbar. London wollte die Verhandlungen sogar noch mit einem Friedensvertrag zwischen den Siegermächten und Deutschland krönen – was weitere Komplikationen nach sich gezogen hätte.

Bei all diesen Verwerfungen hätten den Kanzler immer wieder »Zweifel und Pessimismus« beschlichen, berichtet der Historiker Charles S. Maier. Kohl habe fest mit weiteren Hindernissen auf dem Weg zur Einheit gerechnet und zudem eine schwere Wahlniederlage der konservativen Allianz für Deutschland erwartet.

Tatsächlich schien ja alles auf einen Sieg der SPD hinauszulaufen. Die Experten bemühten immer wieder das Argument von der angeblich traditionellen SPD-Nähe der Wähler in den Stammländern der Arbeiterbewegung, in Sachsen und Thüringen. Auch der Erfolg der Auftritte Willy Brandts schien ein sicheres Indiz. Nach seiner Rede in Eisenach etwa traten gleich 2000 Menschen in die Ost-SPD ein.

Schließlich wiederholte Brandt seine Reise nach Erfurt vom Frühjahr 1970. Im selben Salonwagen, in dem er damals zur Begegnung mit dem Vorsitzenden des DDR-Ministerrats Willi Stoph gefahren war, rollte er erneut nach Thüringen. Und wieder übernachtete Brandt im berühmten Erkerzimmer des

Erfurter Hofs. Seine Ostpolitik, so rief er den Menschen zu, habe dabei geholfen, »die nationale Substanz zu erhalten, ohne die die Politik der Einheit keinen Boden hätte«. Und er appellierte an die Regierungen in Ost-Berlin und Bonn: »Macht endlich Nägel mit Köpfen!«

Bis zur Wahl allerdings hatte sich seine eigene Partei dieser Forderung nie einhellig angeschlossen. Und diese Zerrissenheit rächte sich am 18. März mit einem für die Genossen blamablen Ergebnis.

Erst mit dem Erdrutschsieg der kohlschen Allianz wurde Brandts Plädoyer für eine schnelle Einheit in ganz Deutschland mehrheitsfähig. Auch der SPIEGEL, der lange vor einem zu hohen Tempo bei der Wiedervereinigung gewarnt hatte, änderte nun seinen Kurs. »Eile tut not«, schrieb Rudolf Augstein in seinem Kommentar nach der Wahl. An einer Währungsunion und einem Beitritt der DDR zur Bundesrepublik nach Artikel 23 des Grundgesetzes führe kein Weg mehr vorbei. Und beiläufig gratulierte Augstein sogar noch

Reformer als Verlierer

Wahlergebnis der ersten freien Wahl zur Volkskammer der DDR am 18. März 1990

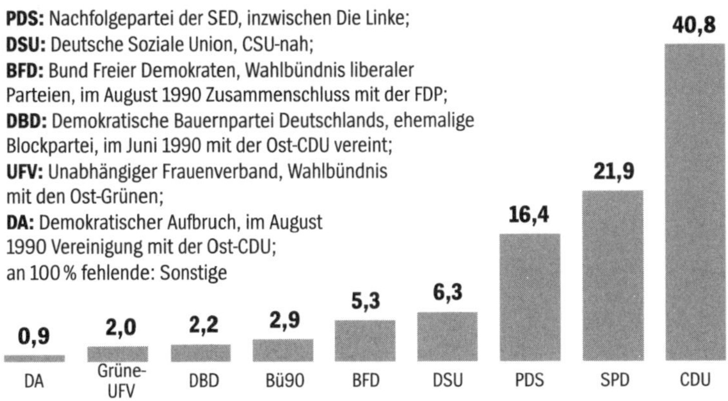

seinem größten Widersacher: Kohl habe »die richtige Sache« vertreten und »die SPD, die wieder einmal zerstritten war, plattgewalzt«.

Die DDR-Sozialdemokraten waren vom Wahlergebnis so schockiert, dass sie zunächst nicht einmal mitregieren wollten. Der eher bescheidene, zurückhaltende CDU-Chef Lothar de Maizière hatte der SPD eine Beteiligung an der neuen Regierung angeboten, weil nur eine ganz große Koalition den gewaltigen Aufgaben gewachsen zu sein schien. Und für einen Beitritt zur BRD brauchte man ohnehin eine Zweidrittelmehrheit in der Volkskammer.

Schließlich gelang es SPD-Fraktionschef Richard Schröder und anderen führenden Genossen, die Abgeordneten umzustimmen. Die »Übernahme von Verantwortung«, so Schröder, sei damals wichtiger als die Fortsetzung der Opposition gewesen, »außerdem wollten wir den Weg zur Einheit nicht der CDU überlassen«.

Der kommissarische SPD-Chef Markus Meckel wurde Außenminister und damit Vertreter der DDR in den Zwei-plus-vier-Verhandlungen. Auch Finanzminister Walter Romberg, der die für den Sommer geplante Währungsunion vorbereiten sollte, gehörte der SPD an. So hatte de Maizière die wichtigsten Ministerposten ausgerechnet an den Wahlverlierer abgegeben – was in der West-CDU für Kopfschütteln sorgte.

Am 5. April 1990 trat die neu gewählte Volkskammer erstmals zusammen. In seinem Bericht über die Premiere im Palast der Republik schilderte SPIEGEL-Reporter Jürgen Leinemann, wie der Bürgerrechtler Wolfgang Templin von der Initiative für Frieden und Menschenrechte dem designierten Ministerpräsidenten Lothar de Maizière den Entwurf einer neuen DDR-Verfassung überreichte:

Überrascht blickt der zierliche Mann auf, blättert linkisch im Text und starrt Templin und seine Gefährten mit weit aufgerissenen Augen an ... Zögernd tritt de Maizière in den Kreis jener Abgeordneten, die im Herbst '89 dem SED-Regime so mutig getrotzt haben, dass jetzt er eine neue Regierung bilden kann. Will er auch zu ihnen gehören? Sie schweigen und warten ... Es wird ein langes, knisterndes Schweigen, nicht einmal feindselig. Schuldgefühle, Hoffnungen, Wut und bittere Enttäuschung mischen sich. Ratlos zuckt de Maizière die Schulter. »Ich müsste es wohl erst mal lesen.« Die anderen nicken. Jetzt nicht, heißt das, wahrscheinlich nie.

Tatsächlich hatte die *Süddeutsche Zeitung* an ebendiesem 5. April bereits den Bonner Entwurf für einen Staatsvertrag veröffentlicht, der eine neue DDR-Verfassung überflüssig machen sollte. Kohl und sein Gefolgsmann de Maizière wollten einen möglichst geräuschlosen Beitritt der DDR zur Bundesrepublik, die Abgeordneten der Bürgerbewegung hingegen eine gründlich vorbereitete Vereinigung zweier Staaten, gleichberechtigt und mit den Vorzügen beider Systeme.

»Wir dachten damals, dass wir erst mal ein demokratisches Subjekt werden müssten, bevor wir die Einheit anstreben«, erinnert sich Marianne Birthler vom Bündnis 90. »Wir wollten eine Annäherung auf Augenhöhe, doch man hat uns diese Zeit nicht gegeben.«

Birthler und ihre Mitstreiter aus den übrigen Parteien sorgten dafür, dass die Volkskammer in den kommenden Monaten ein strammes Programm absolvierte. Hunderte Gesetze und Beschlüsse sollten die DDR demokratisch und sozial gerecht gestalten. Doch sie hatten nur eine Haltbarkeit von wenigen Wochen. Mit dem Tag der Wiedervereinigung, dem 3. Oktober 1990, war alles Makulatur. Das westdeutsche

Grundgesetz galt nun auch in den neuen Ländern. Selbst die heftige Debatte um die Erfindung und Einführung neuer Symbole, ob Nationalhymne oder Deutschlandfahne, blieb am Ende folgenlos.

Sind die Revolutionäre der Bürgerbewegung also gescheitert? »Nein, natürlich nicht«, antwortet Birthler, »immerhin ist die Mauer gefallen, die Menschen waren endlich frei.« Sie zögert ein bisschen und blickt aus dem Fenster über die Dächer Berlins, dann fügt sie hinzu: »Ich empfinde es sogar als ein Geschenk, dass ich das alles mitgestalten konnte und nicht die Last eines verfehlten Lebens tragen muss. Einer Generation anzugehören, die die einzige friedliche und demokratische Revolution gemacht hat, die es je in Deutschland gegeben hat, ist ein großes Glück.«

KAPITEL 8

31. Mai 1990: Falsche Freunde

Der Fall der Mauer alarmiert die Großmächte wie auch Deutschlands Nachbarstaaten. Sie wollen die Einheit verhindern, mindestens hinauszögern. Doch gegen westdeutsche Kredite und ostdeutsche Beharrlichkeit haben sie keine Chance.

Von Klaus Wiegrefe

Die US-Beamten im Kabinettsraum des Weißen Hauses glauben zunächst, sie hätten sich verhört. Hat der sowjetische Präsident Michail Gorbatschow eben zugestanden, dass die Deutschen selbst entscheiden können, ob ein vereintes Deutschland Mitglied der Nato sein darf? Das wäre der Durchbruch; damit wäre das größte Hindernis auf dem Weg zur Einheit ausgeräumt. Dann wäre der Beitritt der DDR zur Bundesrepublik eine Sache von Monaten und nicht Jahren.

Auch in der sowjetischen Delegation ist es unruhig. Einige Hardliner blicken entsetzt und rutschen auf den Stühlen hin und her. Rasch schiebt ein Mitarbeiter dem amerikanischen Präsidenten George H. Bush einen Zettel zu: »Make him repeat it«. Bush nickt.

Es ist der 31. Mai 1990 spätnachmittags, und ungewöhnlich heiß für die Jahreszeit. Gorbatschow ist am Vortag in Washington eingetroffen. Bei der offiziellen Begrüßung am Morgen zeigen sich die Amerikaner von ihrer besten Seite; noch Jahre später erzählt Bush stolz von der »spektakulären« Zeremonie auf dem sogenannten Südrasen am Weißen Haus. Eine Militärkapelle spielt, die traditionsreiche Old Guard ist in Uniformen aus dem amerikanischen Unabhängigkeitskrieg angetreten.

Das wichtigste Thema des Besuchs, das wissen beide Seiten, ist die Zukunft Deutschlands, der geteilten, aber mächtigen Nation in der Mitte Europas. Gut zwei Monate zuvor haben die Ostdeutschen eine Regierung gewählt, die so schnell wie möglich den Beitritt zur Bundesrepublik anstrebt. Allerdings ist die DDR nur sehr eingeschränkt souverän, und die Bundesrepublik mit Kanzler Helmut Kohl und Außenminister Hans-Dietrich Genscher kann auch nicht machen, was sie will. Schließlich ist der Zweite Weltkrieg nie mit einem Friedensvertrag beendet worden. Jedes Mitglied der Vereinten Nationen kann theoretisch in das Gebiet zwischen Rhein und Oder einmarschieren, sollten die Deutschen eine »aggressive Politik« verfolgen. So sieht es die Uno-Charta vor.

Die Deutschen dürfen nicht autonom über ihre Außengrenzen entscheiden, nicht über den Status des geteilten Berlin und über eine Einheit schon gar nicht. Dafür benötigen sie die Zustimmung der vier Siegermächte des Zweiten Weltkrieges, also Frankreichs, Großbritanniens, der USA und der Sowjetunion. Freilich wissen alle auch, dass es am Ende nur auf die beiden Supermächte ankommt. Es gebe auf der Welt »zwei wirkliche Elefanten, die anderen sind lediglich Elefantenbabys«, umschreibt Gorbatschow die Situation.

Die beiden Elefanten streiten seit Monaten, wo künftig das geeinte Deutschland stehen soll: auf westlicher Seite, auf östlicher Seite oder neutral dazwischen. Das ist die »Mutter aller Fragen«, sagt Gorbatschows Außenminister Eduard Schewardnadse.

Der Südrusse Gorbatschow versucht es am 31. Mai mit einer skurrilen Idee: Wieso kann Deutschland nicht Mitglied in beiden Militärbündnissen sein, also in der Nato und im Warschauer Pakt?

Der 65-jährige Bush, während des Zweiten Weltkrieges Marineflieger im Pazifik, ist nicht begeistert: »Die Nato – das ist ein Anker der Stabilität.«

Gorbatschow: »Aber zwei Anker sind zuverlässiger. Sie als Seemann sollten dies wissen.«

Bush: »Aber wo finden wir den zweiten Anker?«

Gorbatschow: »Im Osten.«

Dabei ist eine Auflösung des Warschauer Paktes absehbar. Die Idee wird zu den Akten gelegt.

Bush stellt es klüger an. Er gibt sich ahnungslos: Warum Gorbatschow den Deutschen so misstraue? Er, Bush, habe keine Angst vor ihnen.

Und der letzte sowjetische Präsident geht dem Amerikaner tatsächlich auf den Leim. Oder hat Gorbatschow bereits vorher mit sich abgemacht, in der entscheidenden Frage nachzugeben?

Wenn die Amerikaner keine Angst vor den Deutschen haben, so erklärt Gorbatschow jedenfalls, dann könnten sie ja diese »ihr Schicksal selbst bestimmen« lassen. Das ist der Satz, von dem Gorbatschow nicht mehr herunterkommt. 45 Jahre nach Kriegsende bekommen die Deutschen ihre Souveränität zurück und dürfen über ihr Schicksal entscheiden.

Bush greift den Satz sofort auf. Er sei mit Gorbatschow »voll und ganz einverstanden«; ein Bündnis zu wählen sei »das Recht jedes souveränen Landes«. Am Ende schlägt Bush eine Formulierung für die gemeinsame öffentliche Erklärung vor: »Die USA treten eindeutig für die Mitgliedschaft des vereinigten Deutschland in der Nato ein; wenn es jedoch eine andere Wahl trifft, werden wir sie nicht anfechten, sondern sie respektieren.«

Laut russischem Protokoll sagt Gorbatschow: »Einverstanden. Ich übernehme Ihre Formulierung.«

Die gemeinsame Pressekonferenz ist erst für den folgenden Tag vorgesehen, und die Amerikaner warten die ganze Nacht auf einen Anruf des sowjetischen Botschafters. Sie fürchten, die Sowjets widerriefen und erklärten, so sei das alles nicht gemeint gewesen. Doch niemand ruft an. Die Pressekonferenz findet statt.

Die Amerikaner können es kaum fassen, und Kanzler Kohl ergeht es ähnlich. Bush wiederholt mehrfach am Telefon die Sensation, doch der Pfälzer scheint nicht zuzuhören und fängt immer wieder mit dem Stand der sowjetischen Wirtschaft an. Bush schickt schließlich einen Brief.

Das größte Problem im Ringen um die Einheit ist ausgeräumt. Wenige Monate später – am 3. Oktober 1990 – endet die deutsche Revolution mit dem Beitritt der DDR zur Bundesrepublik, und das geeinte Deutschland wird souverän.

Selbstverständlich ist dieses Ergebnis nicht, und genauso spektakulär wie das revolutionäre Geschehen auf den Straßen von Leipzig, Dresden oder Ost-Berlin vollzieht sich auch das diplomatische Ringen um die Einheit, allerdings im Geheimen und mit größtmöglicher Härte. Frei nach der Devise des einstigen britischen Premierministers Lord Palmerston, Staaten hätten keine Freunde, nur Interessen. Da wird gebrüllt und gedroht, intrigiert und Stimmung gemacht, gehetzt und gelogen.

Als Kohl mit seinem 10-Punkte-Plan vorprescht, fährt der sonst freundliche Schewardnadse seinen Kollegen Genscher an: »Nicht einmal Hitler hat sich so etwas geleistet.«

Frankreichs Präsident François Mitterrand spielt über Bande und bestärkt Gorbatschow in seinem Widerstand gegen die

Einheit. Die konservative britische Premierministerin Margaret Thatcher wiederum lässt Kohl drohend ausrichten, es wäre »sehr bedauerlich« (»a great pity«), sollte sie gezwungen sein, die Tradition der Zusammenarbeit aufzugeben und zu einer Politik aus einer »früheren Phase« zurückzukehren.

Fast immer stehen die Deutschen allein. Die Stimmung sei »eisig« gewesen, erinnert sich noch Jahre später Helmut Kohl an einen EG-Gipfel in jenen Monaten, bei dem es um die deutsche Einheit ging.

Auch die Amerikaner ziehen gelegentlich die Zügel an und erinnern diskret daran, wer den Weltkrieg gewonnen hat. Die Vier-Mächte-Verantwortung sollte »weder vergessen noch jetzt über Bord geworfen werden«, mahnt am 6. Dezember 1989 der US-Diplomat John Kornblum einen deutschen Kollegen.

Am Ende entscheiden drei Faktoren das Ringen der Staatsmänner und Diplomaten:

- das nicht nachlassende Drängen der Ostdeutschen auf die Einheit.
- die Rücksichtslosigkeit der Amerikaner gegenüber ihren Weltkriegsalliierten in London, Paris und Moskau. Aus Sorge um die Zukunft der Nato und damit den Einfluss Washingtons in Europa schlägt sich Bush auf die Seite der Deutschen.
- die wirtschaftlichen Nöte der Sowjetunion.

Dabei sieht es in den Wochen nach dem Mauerfall zunächst nicht danach aus, als ob die Deutschen in Ost und West bereits 1990 zueinander kämen. Allen späteren Beteuerungen zum Trotz gehen Politiker und Diplomaten in den beteiligten Hauptstädten von einem Prozess aus, der Jahre dauern wird und über dessen Ende sehr unterschiedliche Vorstellungen kursieren.

Den höchsten Trumpf hält Gorbatschow in den Händen: Seine Sowjetarmee steht mit 350 000 Mann, über 4000 Panzern und einigen Hundert Atomwaffen in der DDR. Selbstbewusst verweist der Kreml-Chef bei dem Treffen mit Bush am 31. Mai darauf, dass erst seine Zurückhaltung die Wende ermöglicht hat: »Wir hätten (in der DDR – K.W.) das rote Licht anschalten können; die Mechanismen dazu hatten wir.«

Doch Gorbatschow will nicht auf den Schalter drücken; schon 1986 hat er im Politbüro der KPdSU erklärt, er werde nicht wie seine Vorgänger Aufstände im Sowjetimperium niederwalzen. Solche Methoden sind aus Sicht des idealistischen Kommunisten »inakzeptabel«, und das gilt auch für die DDR, wie der Westen spätestens seit dem Mauerfall weiß.

Bezeichnenderweise fürchten Kanzler Kohl, Präsident Bush, Londons Premier Thatcher oder Frankreichs Staatschef Mitterrand nicht etwa, dass Gorbatschow seine Truppen doch noch in Marsch setzt, sondern dass der sowjetische Präsident gestürzt wird, etwa durch Rivalen im Politbüro, aus dem KGB oder durch die ewig gestrigen Militärs. Und der Generalsekretär und seine Leute wissen auf dieser Klaviatur zu spielen. Immer wieder erzählt Außenminister Eduard Schewardnadse, es drohe »Anarchie oder Diktatur« in der Sowjetunion, wenn der Westen nicht nachgebe und auf Moskaus Interessen Rücksicht nehme. Aber was sind die Interessen Moskaus?

Manche Hardliner im Kreml hoffen auf eine Eskalation der Lage in der DDR. Potentielle Gelegenheiten gibt es genug: In vielen ostdeutschen Städten ziehen Demonstranten nicht weit entfernt von Kasernen der sowjetischen Streitkräfte vorbei. Die Soldaten dort hätten »Frauen und Kinder bei sich«, warnt ein besorgter Schewardnadse, er kenne die Befehlslage nicht, doch wenn es auch nur zu einem kleinen Zwischenfall käme, sei »eine Explosion möglich«.

Zum Glück bleiben die Ostdeutschen friedfertig und liefern keinen Vorwand. Niemand schlägt zu, greift zum Messer oder besorgt sich eine Schusswaffe, etwa um auf sowjetische Wachposten zu feuern. Kommen die Vopos, rufen die Demonstranten: »Keine Gewalt.«

Gorbatschow hat kein feststehendes Reformkonzept, weder in der Innen- noch in der Außenpolitik, obwohl ihn seit Jahren alarmierende Meldungen aus seinem Imperium erreichen. Spätestens seit 1988 weiß er, dass seine Verbündeten in Ost- und Mitteleuropa am Rande der Zahlungsunfähigkeit stehen.

Vor den Genossen aus den sogenannten Bruderstaaten erweckt der oberste Kommunist dennoch den Eindruck, das System sei überlebensfähig. Der Sozialismus habe der Welt »schon viel gegeben«, behauptet er, die Hauptleistungen stünden sogar »noch bevor«. Intern räumt er allerdings schon vor dem Mauerfall ein: »Ohne Hilfe der BRD werden wir sie (die DDR – K. W.) ... nicht über Wasser halten können.« Aber warum soll ausgerechnet Bonn die marode DDR am Leben erhalten?

Moskau müsste selbst mit Devisen helfen, doch die fehlen dem Kreml, weil die Wirtschaftsreformen der Perestroika keine positiven Effekte zeigen. Schon im Sommer 1989 ist die Situation so ernst, dass Gorbatschow vorsichtig bei Kohl vorfühlt: Ob der Kanzler »in der Lage und willens« sei, dem Reformer im Kreml Soforthilfe zu leisten, sollte es im Winter zu Versorgungsschwierigkeiten in Moskau und dem damaligen Leningrad kommen. »Ohne zu zögern, antwortete ich mit einem uneingeschränkten Ja«, erinnert sich Kohl später. Er erhofft sich etwas davon, und unterstützt deshalb Reformkommunisten in Moskau, nicht jedoch in Ost-Berlin.

Allen Legenden einer Männerfreundschaft zum Trotz halten der Pfälzer und der Südrusse nicht viel voneinander.

Aus Sicht Kohls beugt sich Gorbatschow ökonomischen Notwendigkeiten, mehr nicht. Der sei »über die Bücher« gegangen und habe erkennen müssen, dass er »am Arsch des Propheten« sei, ätzt der CDU-Mann später. Und auch von Gorbatschow ist wenig Schmeichelhaftes über den Kanzler zu hören; dieser sei »keine intellektuelle Leuchte«, eher der Typ »Kleinbürger«.

Allerdings vermag Kohl wie kein anderer Geben und Nehmen als Freundschaft zu inszenieren. Am 8. Januar 1990 ist es soweit, die sowjetische Botschaft in Bonn bittet um ein Gespräch, es sei »dringend«. Gorbatschows Vertreter will vom Kanzler wissen, ob dessen Zusage noch gelte. Man benötige Fett, Pflanzenöl, Fleisch, und alles am besten zu einem »Freundschaftspreis«.

Kohl erklärt die Lebensmittelhilfe zur Chefsache. Er braucht nicht einmal eine Stunde, dann kann er zusagen: 120 000 Tonnen Fleisch, Liefertermin binnen vier bis sechs Wochen. So etwas schafft Vertrauen.

Am 25. Januar 1990 versammeln sich im Arbeitszimmer des Generalsekretärs im sechsten Stock des ZK-Gebäudes im Kreml die wichtigsten Männer des Sowjetimperiums: Funktionäre um die 50, in schlecht sitzenden Anzügen, sie arbeiten in der KPdSU und dem Außenministerium, in den Ministerien, dem KGB und den Streitkräften. Die Stimmung ist von Ratlosigkeit geprägt, denn in der DDR gibt es »keine einflussreichen Kräfte mehr« (Gorbatschow), auf welche die Sowjets bauen können.

Es sind die kleinen Leute aus Perleberg, Görlitz oder Schwerin, die die Mächtigen im Kreml unter Druck setzen. Ende Januar 1990 verlassen täglich 2000 Ostdeutsche den Arbeiter-und-Bauern-Staat, vor allem die Jungen, die Klugen, die Leistungsstarken. Sie haben genug von halbherzigen

Reformen und dem Getrickse der zur SED-PDS gewandelten ehemaligen Staatspartei. Die DDR – das weiß Gorbatschow – ist nicht ewig zu halten.

Aber vielleicht ein bisschen. O-Ton Gorbatschow: »Ich würde darauf setzen, möglichst viel Zeit zu gewinnen. Das Wichtigste wäre jetzt, wie auch immer das Endziel heißen mag – meinetwegen auch Wiedervereinigung –, dass der Vorgang zeitlich in die Länge gezogen wird.«

Damit geht die Runde auseinander.

Mitte Februar fliegen Kohl und Genscher zum ersten Moskau-Besuch nach dem Mauerfall. Erstaunlicherweise geht Gorbatschow gleich in der ersten Gesprächsrunde deutlich über das hinaus, was er kurz zuvor noch als Linie festgelegt hat. Einfach so. »Die Deutschen müssen selbst wissen, welchen Weg sie gehen wollen«, erklärt er gegenüber dem Kanzler. Dessen außenpolitischem Berater Horst Teltschik »fliegt die Hand, um jedes Wort präzise aufzuschreiben«. Innerlich jubelt er.

Der Kanzler ist zurückhaltender. Er öffnet nach der Unterredung das Fenster des überheizten Gästehauses und diktiert eine bescheidene Erklärung für die Journalisten. Doch Teltschik (»Ich glaubte, nicht richtig zu hören«) widerspricht – und setzt sich durch. Fortan ist vom Durchbruch die Rede, was eine Übertreibung darstellt, denn immer noch kalkulieren alle die Zeit bis zur Einheit in Jahren, nicht in Monaten.

Aber die Deutschen können jetzt die innere Einheit vorantreiben und damit Fakten schaffen, die auf die internationale Lage zurückwirken. Der Kreml-Chef kann dagegen schwerlich Einwände erheben.

»Wenn Gorbatschow damals 100 Milliarden Mark von uns für die Einheit verlangt hätte, hätten wir die natürlich gezahlt«, sagt Teltschik später. Und warum verlangt Gorbatschow das nicht? Weil er von einem demokratischen Sozialismus träumt, in dem man den Deutschen nicht verkauft, was ihnen zusteht? Oder weil er naiv ist, wie ihm heute viele in Russland vorwerfen? Oder hat er einfach den Kopf nicht frei? Genscher erzählt hinterher verwundert, Gorbatschow habe immer nur das im Blick, was aktuell anstehe.

Und aktuell brodelt es überall im Vielvölkerreich Sowjetunion. O-Ton Gorbatschow aus jenen Tagen: »Was soll ich nur tun? Aserbaidschan und Litauen, Radikalreformer einerseits, Sozialdemokraten andererseits, und die Schläge werden immer schmerzhafter, die Wirtschaft treibt vor sich hin, das Volk ist an der Grenze seiner Kraft.« Aus Sicht Gorbatschows ist die deutsche Frage zwar wichtig, aber sie zählt nicht zu den drängendsten Problemen, die der Russe zu bewältigen hat.

Und dann gibt es ja noch die Verbündeten im Geiste, auf die Gorbatschow im Westen hoffen kann. Es sind in Europa derer viele: die Italiener, deren Premier Giulio Andreotti vor »Pangermanismus« warnt, die Holländer mit Ministerpräsident Ruud Lubbers, der den Deutschen grundsätzlich das Selbstbestimmungsrecht abspricht, Frankreichs Mitterrand und natürlich Großbritanniens Eiserne Lady.

Thatcher und Gorbatschow hatten sich kurz vor dem Mauerfall getroffen und dabei auch über die Deutschen gesprochen. Beide eint die Erinnerung an den Krieg. Knapp zwei Dutzend Mal bombardierte die Luftwaffe Thatchers Heimatstadt, und während die Sirenen heulten, verkroch sich das Mädchen Margaret mit den Schulaufgaben unter dem Tisch.

Offen erklärt Thatcher gegenüber Gorbatschow, dass sie »entschieden gegen ein vereinigtes Deutschland« sei und fügt in Anspielung auf Mitterrand hinzu, sie wisse sich darin mit einem »westlichen Führer« einig. Gorbatschow stimmt zu, er wolle die Einheit »genauso wenig«. Doch wie soll man diese Haltung operationabel machen?

Einen ersten Versuch haben Mitterrand und Thatcher wenige Wochen nach dem Mauerfall mit den europäischen Verbündeten bei einem EG-Gipfel in Straßburg unternommen. Wie Kohl in seinen Erinnerungen berichtet, hat er diesen Kreis nie zuvor oder danach in »einer so angespannten und unfreundlichen Atmosphäre« erlebt.

Natürlich fürchten die Westeuropäer eine Wiederkehr der Geschichte. Aber sie sorgen sich auch um die Wirtschaftskraft eines geeinten Deutschlands, weil sie – wie viele Beobachter – glauben, die ostdeutsche Wirtschaft sei in bester Verfassung.

Gleich in der ersten Sitzung startet Thatcher die Attacke. »Zweimal haben wir die Deutschen geschlagen! Jetzt sind sie wieder da!«, faucht sie. Thatcher verlangt – unterstützt von den anderen – ein Bekenntnis Bonns zu den bestehenden Grenzen, was vordergründig auf die deutsch-polnische Grenze zielt. Kohl vermutet zu Recht, dass sie damit auch die Mauer meint. »Nein, ich garantiere nichts, ich erkenne die gegenwärtigen Grenzen nicht an«, giftet er nach dem Abendessen.

Dass die Erfolgsgeschichte der westdeutschen Demokratie so wenig zählt, gehört zu jenen bitteren Erinnerungen aus der deutschen Revolution, die Kohl nicht vergessen wird. Schließlich waren die Westdeutschen jahrzehntelang als Musteralliierte aufgetreten, die mit ihrer D-Mark aushalfen.

Im Gegenzug hatten Briten, Franzosen, Italiener und Holländer in feierlichen Kommuniqués erklärt, sie würden eine Wiedervereinigung begrüßen. Das habe man aber nur getan, argumentiert Thatcher, weil man geglaubt habe, dazu werde es nie kommen. Doch diese Position ist auf Dauer nicht zu halten.

Aber es gibt noch ein anderes Forum, dessen sich Briten und Franzosen bedienen können: die sogenannte Vier-Mächte-Verwaltung, die auf das Potsdamer Abkommen von 1945 zurückgeht. Bis der Kalte Krieg die Alliierten schied, tagte im Kammergericht in West-Berlin der Alliierte Kontrollrat, der nach dem Zweiten Weltkrieg die oberste Regierungsgewalt in Deutschland zunächst übernahm.

Im Dezember 1989 wird dieses Gremium symbolisch wiederbelebt, denn die Botschafter Frankreichs, Großbritanniens, der USA und der Sowjetunion kommen öffentlichkeitswirksam zusammen, angeblich um die Lage Berlins zu erörtern. Die Botschaft ist eindeutig. Allerdings stoßen die Alliierten auch hier auf scharfen Widerspruch der Bundesregierung, die in einem internen Vermerk festhält, dass das Potsdamer Abkommen für die Bundesregierung nicht bindend sei: »Die Vier Mächte können weder Initiator der Regelung der deutschen Frage noch abschließende Kontrollinstanz sein.«

Genscher stellt US-Außenminister James Baker zur Rede. Man werde »auf keinen Fall akzeptieren«, dass die Siegermächte des Weltkrieges über die deutsche Einheit bestimmten. Baker legt Genscher die Hand auf den Arm: »Hans-Dietrich, wir haben Dich verstanden.«

Zweifel sind angebracht. Als sich Anfang 1990 hohe Beamte der Außenministerien von Bonn, Paris, Washington und London treffen, verfasst der deutsche Vertreter anschließend einen Vermerk, der »geheim« gestempelt wird. Dem Papier zufolge plädieren auch die Amerikaner »für Erhaltung der Vier-Mächte-Verantwortung«, denn man wisse nicht, was in der DDR passiere, und da sei der Vier-Mächte-Mechanismus »potentiell politisch nützlich«.

Washington schwankt in der Frage, wie man mit den Deutschen umgehen soll. Die Regierung Bush lässt intern alle

Möglichkeiten für eine sicherheitspolitische Lösung der deutschen Frage durchspielen und kommt auf 17 Varianten.

Immerhin ist Präsident Bush ein Pragmatiker, dem die historisch aufgeladenen Ressentiments seiner Kollegen in Paris und London fremd sind. Die Deutschen hätten genug gebüßt, irgendwann müsse »einmal genug sein«. Während Thatcher »in der Geschichte lebt« (Bush), blickt der US-Präsident nach vorn; ihm geht es um die Zukunft des amerikanischen Weltreiches. Dafür braucht er die Nato, deren Bestand wiederum ohne ein geeintes Deutschland unsicher erscheint.

Meinungsumfragen zufolge befürwortet allerdings nicht einmal jeder fünfte Westdeutsche die Nato-Mitgliedschaft eines geeinten Deutschlands. Und mit Oskar Lafontaine ernennen die Sozialdemokraten ausgerechnet einen ausgewiesenen Nato-Kritiker zum Kanzlerkandidaten bei den Bundestagswahlen, die für Ende 1990 vorgesehen sind.

Doch Bush setzt alles auf eine Karte – und vertraut auf Helmut Kohl. Beide verbindet ein Erlebnis, das einige Jahre zurückliegt. Bei einem Besuch Bushs in Krefeld blockierten Demonstranten der Friedensbewegung die Ausfahrt des Gebäudes, in dem ein Festakt stattgefunden hatte, und Kohl und Bush saßen in der Tiefgarage fest. Als der schwarze Cadillac von Bush schließlich losfahren konnte, gelang es Demonstranten, die Limousine mit Steinen und Erdklumpen zu bewerfen. Kohl empfand die Szene als Blamage, Bush hingegen schlussfolgerte, dass die deutsche Regierung bereit sei, den Preis für Meinungsfreiheit zu bezahlen. Fortan hielt er die Bundesrepublik für eine stabile Demokratie, die für die Sünden der Vergangenheit bezahlt habe.

Und Bushs Vertrauen in Kohl zahlt sich aus, denn auch der Kanzler strebt die Nato-Mitgliedschaft eines vereinten Deutschlands an, freilich aus anderen Gründen als der US-

Präsident. Kohl fürchtet, dass sich die Atommächte Frankreich und Großbritannien bei einem deutschen Ausscheren aus der Nato zu einer »Entente cordiale« gegen Deutschland zusammenschließen würden – wie vor dem Ersten Weltkrieg. In spätestens zehn Jahren würde es dann in Deutschland eine Debatte geben, »warum wir keine Nuklearwaffen« haben. Allein das sei schon »katastrophal«. Und natürlich sieht Kohl die Chance, mit Hilfe Bushs die anti-deutsche Allianz der Sieger von 1945 aufzubrechen.

Am 24. Februar 1990 ist es soweit: Bush und Kohl schließen auf dem Feriensitz des amerikanischen Präsidenten, Camp David, einen Handel. Bush verspricht, die Wiedervereinigung zu unterstützen, Kohl verpflichtet sich im Gegenzug, dafür zu sorgen, dass ein geeintes Deutschland im Westen bleibt. »Ich spürte den festen Rückhalt der amerikanischen Regierung dafür, dass ich meine ganze Kraft für den zügigen Fortgang des Einigungsprozesses einsetzte«, schreibt Kohl später pathetisch.

Es ist wohl die wichtigste Entscheidung in seiner langen Kanzlerschaft, dass er in diesem Moment auf die Amerikaner und nur auf die Amerikaner setzt. Und zugleich ein mutiger Schritt, denn der Ausgang des Ringens um die Einheit ist noch offen, obwohl Kohl sich bereits zuversichtlich gibt, dass die sowjetische Pleitewirtschaft ihm in die Hände spielt: »Am Ende wird die Frage nach Bargeld stehen«, prophezeit er.

Spätestens Mitte Februar 1990 ist klar: Alle wichtigen Entscheidungen werden zwischen Bonn, Washington und Moskau getroffen, auch wenn man Paris und London nicht ganz außen vor lassen kann. Noch harrt eine wesentliche Frage allerdings einer Antwort: In welchem Forum soll verhandelt werden? Die große Option: eine Friedenskonferenz mit allen

53 Kriegsgegnern von 1945, also auch Irak, Panama, Syrien. Für die Deutschen ein Albtraum, denn viele Teilnehmer würden Reparationen verlangen. Zum Glück sind selbst die Alliierten dagegen, weil sie in einer solchen Runde an Bedeutung verlören.

Die kleine Option: eine Viermächtekonferenz mit Beteiligung der Deutschen. So etwas hat schon einmal im Jahr 1955 stattgefunden, damals allerdings saßen Ost-Berlin und Bonn am Katzentisch. Genscher droht: »Ich werde als deutscher Außenminister bei einer solchen Konferenz nicht erscheinen«, schließlich habe »jedes Volk seine Würde«. Er dreht die Formel um, nicht vier Sieger plus zwei Besiegte, sondern Bonn und Ost-Berlin plus die vier Alliierten des Zweiten Weltkriegs. Und zwar so schnell es geht: »Eile ist geboten, weil der Kreis derer, die mitreden wollen, ständig wächst.«

Wie recht Genscher mit dieser Sorge hat, zeigt sich kurz darauf bei einer großen Ost-West-Sicherheitskonferenz im kanadischen Ottawa, bei der alle 23 Außenminister der Nato und des Warschauer Pakts anwesend sind. Zwar können Baker und Genscher bei einem Frühstück in der verschneiten deutschen Botschaft Franzosen und Briten für die Zwei-plus-Vier-Formel gewinnen. Auch Schewardnadse stimmt zu, wohl in der Annahme, dass die Verhandlungen sich noch jahrelang hinziehen werden.

Aber die Nato-Verbündeten sind empört, und ein bisschen kann man sie ja auch verstehen. Das Nato-Gebiet, das zu schützen sich die Allianz-Mitglieder verpflichtet haben, wird möglicherweise infolge der Einheit größer, aber niemand fragt sie um ihre Meinung. Die Spanier behaupten später sogar, es sei eine Zustimmung der anderen Bündnis-Mitglieder zur Erweiterung des Nato-Territoriums erforderlich. Zudem wissen alle: Ist Deutschland erst geeint, verlieren sie an Bedeutung.

Italiens Außenminister Gianni De Michelis, ein fülliger Venezianer, der später wegen Korruption verurteilt wird, mosert: Es gehe »um die Sicherheit Deutschlands und Europas, und das sind Fragen, die in der Allianz behandelt werden müssen«. Schließlich weist Genscher den Italiener zurecht: »You are not part of the game.« Ihr seid nicht Teil des Spiels.

Immerhin ist danach Ruhe, und ab Mitte März treffen sich die sechs Delegationen zu den Zwei-plus-Vier-Verhandlungen. Mal konferieren sie im Schloss Niederschönhausen in Ost-Berlin, mal in Bonn. 19 Männer und Condoleezza Rice versammeln sich dann im Auswärtigen Amt in einem länglichen Raum mit Fensterfront, der »Weltsaal« heißt, weil eine Weltkarte an der Wand hängt. Es sind die Spitzendiplomaten aller Seiten, sie sollen Kompromisse ausloten und an Vertragstexten basteln. Die Außenminister treffen sich später in eigenen Runden, um offene Fragen zu klären.

Die Frontstellung ist klar: Amerikaner und Deutsche drücken aufs Tempo. Bis zum Herbst ist die Einheit zu erreichen, so glaubt inzwischen Genscher. Briten und Franzosen halten sich demgegenüber zurück, bremsen aber auch nicht nachhaltig. Moskau spielt hingegen auf Zeit.

Die Sowjets wollen vieles besprechen, nicht nur Grenzen oder den Status von Berlin, sondern auch über die Bodenreform, ein Verbot von Neonazis oder die Entschädigung sowjetischer Zwangsarbeiter. Julij Kwizinski ist der führende Kopf auf Seiten Moskaus. »Ein in der Wolle gefärbter Kommunist, ein absoluter Überzeugungstäter«, sagt der deutsche Delegationsleiter Dieter Kastrup später über seinen damaligen Gegenspieler. Immer wieder versucht Kwizinski einen rangniederen Status für ein geeintes Deutschland festzuschreiben. Wie wäre es mit einer Klausel, derzufolge von deutschem

Boden nur Frieden ausgehen solle? Klingt gut. Nur: Warum sollen sich dazu lediglich die Deutschen verpflichten und nicht alle sechs Staaten, jeder für sich?

Auf Dauer lässt sich Moskaus Blockadepolitik freilich nicht durchhalten, denn es gibt Artikel 23 des Bonner Grundgesetzes, für den sich 40 Jahre lang niemand interessiert hat. Jetzt studieren ihn alle, denn er räumt den Ostdeutschen die Möglichkeit ein, jederzeit der Bundesrepublik beizutreten. Ein Beschluss der Volkskammer genügt.

Und seit die Ostdeutschen bei den ersten freien Wahlen in der DDR am 18. März mit mehr als zwei Drittel der Stimmen Parteien wählten, die die Einheit anstreben, sitzen in der Volkskammer ausreichend Abgeordnete, die den Beitritt sofort vollziehen könnten. Ein in seiner Bedeutung nicht zu überschätzendes Druckinstrument.

Bald laufen vorbereitende Verhandlungen Ost-Berlins mit Bonn; Anfang Juli wird in der DDR die D-Mark eingeführt, danach starten Gespräche zur Übernahme der westdeutschen Rechtsordnung. Und mit jedem deutsch-deutschen Verhandlungsfortschritt erodiert Moskaus Machtposition.

Westliche Diplomaten spielen bereits den Fall durch, dass Gorbatschow auch nach einem DDR-Beitritt zur Bundesrepublik weiterhin auf seinen Siegerrechten besteht. Dann könnten die Westmächte ihre Rechte einseitig aufgeben. Die Sowjetunion wäre im geeinten Deutschland die einzig verbliebene Besatzungsmacht von 1945. Alle sind sich einig, dass diese Haltung politisch kaum durchzuhalten wäre.

Auch kämen die rund 350 000 Soldaten der Sowjetarmee in der DDR in eine schwierige Situation:

– da ein Abzug der Truppen Moskaus aus Polen und der ČSSR absehbar ist, wären die Einheiten in der DDR von der Sowjetunion abgeschnitten,

- die Sowjetsoldaten hätten nur wertlose Rubel, während um sie herum alle mit harter D-Mark zahlten. Das würde die Moral der Truppen untergraben,
- mit westdeutscher Finanzhilfe könnte Moskau in einer solchen Situation nicht rechnen.

Auf D-Mark-Zufluss ist Gorbatschow im Frühjahr 1990 freilich mehr denn je angewiesen, denn die Krise der sowjetischen Wirtschaft hat sich weiter verschärft; es droht der freie Fall. Die Handelsbilanz mit dem Westen ist hochdefizitär, in der Not verkauft Gorbatschow Gold und sogar die Abbaurechte für Diamanten. Und trotzdem steht die internationale Zahlungsunfähigkeit bevor.

Anfang Mai muss Gorbatschow Kredite beschaffen – zu einem für die Deutschen perfekten Zeitpunkt. Denn US-Präsident Bush und die britische Premierministerin Thatcher wollen kein Geld in die marode Sowjetwirtschaft stecken, und die Franzosen sind finanziell zu schwach. Bleibt nur Bonn als Finanzier. Sie haben eben »große Taschen«, frotzelt Bush gegenüber Kohl.

Die Aufgabe des sowjetischen Bittstellers übernimmt Schewardnadse, der dafür nach Bonn fliegt und auf Schönwetter macht. Die sowjetische Führung sehe den »Aufbau der deutschen Einheit als positiven und gesetzmäßigen Prozess«, lockt der Georgier. Sein Mitarbeiter übergibt den Deutschen am nächsten Tag ein sowjetisches Papier mit weniger erfreulichen Nachrichten: Aufgrund von »Gerüchten über die Zahlungsunfähigkeit der Sowjetunion« werde es für den Kreml »immer schwieriger«, bei den Banken Kredite zu bekommen, die für die Wirtschaftsreform erforderlich seien. Ein »Gesamtbetrag von ca. 20 Mrd. DM für 5 bis 7 Jahre« könne helfen.

Kohl und Genscher ermöglichen den Kredit, wenn auch nur ein Viertel des Gewünschten. Und natürlich geben sie das

Geld nicht umsonst, denn noch steht das größte Hindernis im Weg: die Frage der Nato-Zugehörigkeit eines geeinten Deutschlands.

Die eine Seite wolle die Wiedervereinigung, die andere Seite wirtschaftliche Reformen, sagt Genscher zu Schewardnadse. Daraus ergebe sich eine Lage, in der man sich helfen oder einander Schwierigkeiten bereiten könne. Diplomatie gilt nicht umsonst als die Kunst, dem Nachbarn die Kehle durchzuschneiden, ohne ein Messer zu benutzen.

Allerdings will die sowjetische Seite unbedingt den Eindruck vermeiden, deutsche Kredite hätten etwas mit sowjetischer Kompromissbereitschaft in der Nato-Frage zu tun, was misslingt. Bitter klagt Schewardnadse, die Öffentlichkeit glaube, »die Sowjetunion werde gegen einen großen Kredit ja zur Mitgliedschaft des vereinigten Deutschlands in der Nato sagen«. Genscher gibt sich mitfühlend: »Dies ist unglaublich und unerhört. Es gibt eben unverantwortliche Schwätzer, denen der Mund gestopft gehört.«

In vertrauter Runde sprechen beide Seiten Klartext. Mit Krediten wolle man »die sowjetische Zustimmung (zur Nato-Mitgliedschaft – K.W.) kaufen«, sagt Teltschik. Und Jewgenij Primakow, sowjetischer Spitzenfunktionär und später russischer Premierminister, erklärt offen, die Nato-Mitgliedschaft des geeinten Deutschlands »geht in Ordnung, wenn sich dieses der wirtschaftlichen Nöte der Sowjetunion annehmen wird«.

Wie aus einem Vermerk von Gorbatschows wichtigstem außenpolitischen Berater Anatolij Tschernjajew hervorgeht, ist im Kreml Resignation eingezogen. Er schreibt: »Es ist völlig offenkundig, dass Deutschland in der Nato sein wird. Und wir haben keinerlei wirkliche Hebel, um das zu verhindern …«

Jetzt geht es zügig voran. Am 31. Mai fliegt Gorbatschow zu jenem legendären Gespräch nach Washington, an dessen

Ende seine Zustimmung zur Nato-Mitgliedschaft des geeinten Deutschlands steht, womit das größte Hindernis ausgeräumt ist.

Sechs Wochen später klären Kohl und Genscher während eines Besuchs bei Gorbatschow die anderen großen Fragen: Wann wird Deutschland souverän? Zeitgleich mit der Einheit. Wann ziehen die sowjetischen Truppen ab? Spätestens 1994. Welchen militärischen Status bekommen die neuen Bundesländer? Sie werden Nato-Gebiet, nur dürfen ausländische Nato-Truppen und Atomwaffen dort nicht stationiert werden.

Im Gegenzug gibt Bonn Zusagen, die wohl den meisten Deutschen in Ost und West leicht fallen. Da die Bundeswehr und die Nationale Volksarmee viel zu groß sind, erhebt sich kaum Widerspruch gegen die Verpflichtung, die Streitkräfte des geeinten Deutschlands drastisch zu reduzieren. Gern sagt Kohl auch zu, auf ABC-Waffen zu verzichten. Selbst gegen die Anerkennung der Oder-Neiße-Linie als Ostgrenze murren nur einige Vertriebene.

Und selbstverständlich setzen sich die Deutschen besonders dafür ein, dass die Nato ihre Militärstrategie revidiert und vom Kalten Krieg Abschied nimmt. Da ein Teil der Verhandlungen in Gorbatschows Heimat stattfinden, ist übertriebenermaßen vom »Wunder im Kaukasus« die Rede.

Bleibt die Frage der finanziellen Gegenleistungen Deutschlands, denn erstaunlicherweise besteht Gorbatschow nicht auf verbindlichen Zusagen über weitere Milliarden-Kredite, sondern lässt sich mit allgemein gehaltenen Absichtserklärungen vertrösten. Vielleicht überschätzt er noch die wirtschaftliche Lage und hofft, um eine weitere Bettel-Tour herumzukommen.

Doch dem »Helden des Rückzugs« (Hans Magnus Enzensberger) bleibt das nicht erspart. Wohl nie in der

Geschichte haben Besatzer von Besetzten verlangt, die Unterkünfte für die Truppen der Okkupationsarmee in deren Heimat zu bezahlen, weil sie dazu selbst nicht in der Lage sind. Dazu kommen im Fall der sowjetischen Truppen die Kosten für den Abtransport und eine Umschulung der Militärs.

Ab August geht es zwischen Bonn und Moskau zu wie auf einem Basar: Die Russen verlangen über 36 Milliarden Mark, die Deutschen bieten drei. Beim Stand von 18,5 Milliarden Mark Forderung zu sechs Milliarden Angebot schalten sich die Chefs ein. Am 7. September telefonieren sie miteinander: Kohl erhöht die deutsche Offerte auf acht, Gorbatschow zeigt sich empört. Er komme sich vor, als sei er »in eine Falle geraten«. Kohl entgegnet, »so könne und wolle man nicht miteinander reden«.

Die beiden vertagen sich; sie stehen allerdings unter Zeitdruck. Inzwischen hat die Volkskammer den Beitritt der DDR zur Bundesrepublik gemäß Artikel 23 für den 3. Oktober beschlossen. Vorher soll in Moskau der Zwei-plus-Vier-Vertrag über die äußere Einheit unterzeichnet werden. Sonst wäre das geeinte Deutschland nicht souverän, was zahlreiche neue Schwierigkeiten aufwerfen würde.

Am 10. September kommt es zum wohl teuersten Telefonat der neueren deutschen Geschichte. Kohl bietet jetzt maximal zwölf Milliarden. Gorbatschow droht, dann »müsse praktisch alles noch einmal von Anfang an erörtert werden«. Da legt Kohl einen zinslosen Kredit über drei Milliarden Mark obendrauf, Gorbatschow stimmt zu.

Der idealistische Kommunist weiß, dass dies keine Glanzstunde ist. Er sei »kein Händler und schon gar kein Erpresser«, sucht er sich gegenüber Genscher zu rechtfertigen, wie ein deutscher Diplomat protokolliert.

Dennoch: Alle Finanzleistungen an die Sowjetunion, die im Zuge der Wiedervereinigung anfallen, belaufen sich zusammen auf gerade einmal rund 55 Milliarden Mark. Dafür müssen die Westdeutschen 1990 gut eine Woche arbeiten.

Für die deutschen Unterhändler ist ein solches Ergebnis ein großer Triumph. Und doch bleibt nach dem monatelangen diplomatischen Ringen bei vielen ein Nachgeschmack, weil sie ein solches Ausmaß an antideutschen Ressentiments gerade unter den Verbündeten nicht erwartet haben. »Der Lack und die Tünche, die jahrzehntelang aufgetragen worden waren, sprangen plötzlich auf und blätterten ab«, resümiert Kohl verbittert in seinen Erinnerungen.

Selbst in den letzten Stunden vor Unterzeichnung des Zwei-plus-Vier-Vertrages – als Gorbatschow bereits zugestimmt hat – steckt noch einer einen Knüppel ins Rad: Es sind die Briten, die sich unbedingt das Recht vorbehalten wollen, in den neuen Ländern Manöver abhalten zu dürfen, was die Sowjets ihnen verweigern. Ein absurder Streit.

Kurz vor Mitternacht erreicht Genscher im Hotel in Moskau die Nachricht, dass die Sowjets die geplante Vertragsunterzeichnung für den nächsten Tag abgesagt hätten. Unglaublich: Deutschland wird nicht souverän, weil die Tommys bei Güstrow Panzerfahren üben wollen. Genscher wirft sich ins Taxi und fährt – von Herzbeschwerden geplagt – in die Unterkunft der Amerikaner, wo Baker logiert. Der übermüdete Texaner empfängt im graubraunen Bademantel aus Hotelbeständen. Zum Glück versteht er sofort. Am nächsten Morgen rudern die Briten zurück.

Am 12. September um 12.45 Uhr Moskauer Zeit ist es dann so weit. Wie ursprünglich vorgesehen, unterzeichnen die Außenminister der Siegermächte des Zweiten Weltkriegs sowie Genscher und DDR-Ministerpräsident Lothar de Maizière, der zugleich als Außenminister amtiert, den »Vertrag über die abschließende Regelung in Bezug auf Deutschland«. Die Zeremonie ist denkbar nüchtern. Sie findet in einem schmucklosen Nebenraum des Hotels »Oktober« statt.

Die große Fete steigt erst drei Wochen später. Am 3. Oktober feiern die Deutschen die Einheit und damit das Ende ihrer einmaligen friedlichen Revolution – mit Feuerwerk, Konzert und Festakt in der Berliner Philharmonie.

Auch das diplomatische Korps ist anwesend. Gelächelt haben die Vertreter der Verbündeten fast alle, sich ehrlich gefreut nur ganz wenige.

»Es ging um den Jackpot«

Die ehemalige US-Außenministerin Condoleezza Rice über Amerikas Kampf, Michail Gorbatschows Nöte, Helmut Kohls Verdienste und Gerhard Schröders Fehler.

Das Gespräch führten
Marc Hujer und Gregor Peter Schmitz

SPIEGEL: Madam Secretary, als die Berliner Mauer 1989 fiel, machte die Aussicht auf die deutsche Einheit Briten und Franzosen Angst. Nur Amerika schien unbesorgt. Warum?
Rice: Deutschland war ein guter Freund, ein wichtiger Nato-Verbündeter. Die Probleme von 1945 spielten keine Rolle mehr. Wir stellten uns gar nicht die Frage, ob Deutschland vereinigt werden sollte. Wir fragten nur: unter welchen Bedingungen? Die Sorgen der Briten und Franzosen, dass die Deutschen wieder zu mächtig werden könnten, teilten wir nicht.
SPIEGEL: Weil ein vereinigtes Deutschland im strategischen Interesse Amerikas lag?
Rice: Wer ein vereinigtes und freies Europa wollte, konnte kein geteiltes Deutschland dulden. Es lag also nahe, die Frage der deutschen Einheit anzusprechen, als der russische Einfluss zurückging.
SPIEGEL: Wann dachten Sie selbst zum ersten Mal: Die deutsche Einheit kommt?
Rice: Wir sind im Juli 1989 nach Polen und Ungarn gereist – und es war ziemlich klar, dass der Kommunismus vor dem Kollaps stand. Wir spürten, dass dieser Niedergang bald Ostdeutschland erreichen würde.

SPIEGEL: So früh dachten nicht einmal viele Deutsche an eine mögliche Wiedervereinigung.

Rice: Kurz vor dem Fall der Mauer war ich auf einer Transatlantikkonferenz in Deutschland. Eigentlich sollte das eine dieser langweiligen Veranstaltungen werden, bei denen man endlos über nukleare Kurzstreckenraketen diskutiert. Aber auf einmal war alles anders. Die deutschen Teilnehmer diskutierten untereinander über Deutschlands Zukunft – man konnte einfach spüren, dass etwas in der Luft lag. Das war ungefähr drei Wochen bevor die Menschen in Berlin auf der Mauer tanzten.

SPIEGEL: Verklären Sie nicht im Rückblick die frühe US-Begeisterung für die Einheit? Präsident Bush* hat immer zu verstehen gegeben, dass ihm die Wiedervereinigung ziemlich gleichgültig war.

Rice: Wir Berater wollten ihn dazu bringen, endlich öffentlich etwas zur deutschen Einheit zu sagen. Schließlich war klar, dass bald Dramatisches in Osteuropa passieren würde.

SPIEGEL: Aber Bush schwieg.

Rice: Er war und ist ein vorsichtiger Mann.

SPIEGEL: Doch selbst als die Berliner Mauer fiel, hörte man von ihm offiziell kein Wort zur möglichen deutschen Einheit. War der Präsident im kleinen Kreis offener?

Rice: Als er nach dem Mauerfall im Oval Office mit Reportern sprach, wollte er kein Triumphgeschrei anstimmen. Er wollte die Sowjetunion nicht provozieren. Deswegen war er vorsichtig – nicht, weil er die deutsche Wiedervereinigung ablehnte. Er ließ nie einen Zweifel daran, dass wir die Einheit unterstützen würden.

SPIEGEL: Aber Amerika hatte eine Bedingung: Das vereinte Deutschland musste volles Nato-Mitglied werden. Damals

* Condoleezza Rice war während der Verhandlungen zur deutschen Einheit Osteuropa-Beraterin von US-Präsident George H.W. Bush.

glaubte kaum jemand, dass der Präsident der Sowjetunion, Michail Gorbatschow, das akzeptieren würde. War das nicht indirekt ein Versuch der USA, die Einheit auf die lange Bank zu schieben?

Rice: Nein. Aber in der Endphase des Kalten Krieges konnten wir uns keinen Fehltritt leisten. Deutschland aus der Nato zu reißen wäre ein schwerwiegender Fehler gewesen. Es hätte das Ende der Allianz bedeutet, des wichtigsten Vehikels für amerikanischen Einfluss in Europa.

SPIEGEL: Doch für die Russen war die Nato-Mitgliedschaft des vereinten Deutschlands ein rotes Tuch.

Rice: Selbst US-Außenpolitiker spielten zu der Zeit alle möglichen Alternativen durch – bis hin zur gleichzeitigen Auflösung des Warschauer Pakts und der Nato. Aber uns im Weißen Haus war immer klar, dass ein vereintes Deutschland Nato-Mitglied sein muss. Alles andere wäre einer Kapitulation Amerikas gleichgekommen – ausgerechnet in einer Phase, da sonst alles für uns zu laufen schien.

SPIEGEL: Haben Sie sich Sorgen gemacht, dass Kanzler Kohl gegen eine deutsche Nato-Mitgliedschaft stimmen könnte?

Rice: Präsident Bush wusste, dass er eine wichtige Aufgabe hatte: den Kanzler dazu zu bringen, der deutschen Nato-Mitgliedschaft zuzustimmen. Kohl sicherte ihm das zu, als Bush ihn im Februar 1990 in Camp David traf. Danach wusste der Präsident, dass er in dieser Frage auf Kohl zählen konnte.

SPIEGEL: Hatte der Kanzler denn überhaupt eine Wahl? Die Amerikaner machten ja deutlich Druck.

Rice: Es gab kein klares Quidproquo – nach dem Motto: Die USA unterstützen die deutsche Einheit nicht mehr, wenn das vereinte Deutschland kein Nato-Mitglied wird. Aber es stimmt: Wir ließen keinen Zweifel daran, was wir uns wünschten.

SPIEGEL: Warum musste man den Deutschen so die Pistole auf die Brust setzen? Hätten sie nicht einfach entscheiden können, neutral zu bleiben?
Rice: Wir glaubten, dass Helmut Kohl nicht neutral bleiben wollte. Wir waren sicher: Helmut Kohl wollte Mitglied der Nato sein.
SPIEGEL: Aber Sie haben ihm keine Wahl gelassen.
Rice: Als Außenpolitiker muss man seine Interessen klar definieren. Es lag im amerikanischen Interesse, dass ein vereinigtes Deutschland Teil der Nato sein würde.
SPIEGEL: Nationale Interessen sind also wichtiger als das Selbstbestimmungsrecht der Völker?
Rice: Nein. Wenn die Deutschen gesagt hätten: Wir wollen kein Nato-Mitglied sein, hätten wir das natürlich akzeptieren müssen.
SPIEGEL: Und was wäre dann passiert?
Rice: Zum Glück ist das nicht eingetreten.
SPIEGEL: Aber Sie müssen doch einen Plan B gehabt haben.
Rice: Es gab keinen Plan B. Plan B war, Plan A zum Erfolg zu führen. Wir sahen den auch als einen Weg, um britische und französische Bedenken gegen die Einheit auszuräumen. Was war schließlich der eigentliche Zweck der Nato? Die Verteidigung gegen die Sowjetunion, aber auch ein Sicherheitsschirm für Europas Demokratien. Im Weißen Haus hat nie jemand über die Option einer deutschen Wiedervereinigung ohne deutsche Nato-Mitgliedschaft nachgedacht.
SPIEGEL: Wie konnten Sie so sicher sein, dass Gorbatschow dem am Ende zustimmen würde?
Rice: Waren wir ja nicht. Wir mussten einfach einen Weg finden, um es ihm schmackhaft zu machen. Als er im Mai 1990 nach Washington kam, verwiesen wir sogar auf das Prinzip des Selbstbestimmungsrechts der Völker. Nur diesmal andersrum: Wir sagten ihm, dass sich die Deutschen für die Nato-

Mitgliedschaft entschieden hätten. Ob er dem im Wege stehen wolle.

SPIEGEL: Dann lenkte er auf einmal ein. Hat Sie das überrascht?

Rice: Ich konnte es gar nicht glauben. Beim Treffen im Weißen Haus sagte er plötzlich, dass nach der Schlussakte von Helsinki sich jedes Land seine Verbündeten selbst aussuchen könne. Kaum hatte er es gesagt, schoben wir Berater eine Notiz zu Präsident Bush. Darauf stand: Lassen Sie es ihn noch einmal sagen. Also sagte Bush – und ich zitiere aus meiner Erinnerung: »Nur um sicherzugehen, dass wir uns richtig verstehen. Sie haben gerade gesagt, dass nach der Schlussakte von Helsinki Länder selbst über ihre Allianzen bestimmen können.« Und Gorbatschow sagte wieder ja.

SPIEGEL: Woher kam der Sinneswandel?

Rice: Für mich ist das immer noch ein Rätsel. Wir waren uns nicht sicher, ob Gorbatschow auf die Helsinki-Diskussion nicht vorbereitet war und ihm nicht klar war, was seine Bemerkung für die deutsche Frage bedeutete. Oder ob er eingesehen hatte, dass er den Prozess ohnehin nicht aufhalten konnte. Selbst seine Berater waren perplex.

SPIEGEL: Hatten Sie Angst, er würde seinen Satz wieder zurücknehmen?

Rice: Und ob. Abends habe ich zum sowjetischen Botschafter in Washington gesagt: »Morgen früh wird Präsident Bush in der Pressekonferenz sagen, er und Präsident Gorbatschow stimmten überein, dass Länder selbst über ihre Bündnisse bestimmen können. Rufen Sie uns an, wenn Sie damit ein Problem haben.« Und ich habe die ganze Nacht darauf gewartet, dass sie anrufen und sagen: »Nein, so haben wir das nicht gemeint.« Aber sie haben nicht angerufen. Präsident Bush sagte schließlich den Satz in der Pressekonferenz, und Gorbatschow stand einfach daneben.

SPIEGEL: War er innenpolitisch so unter Druck, dass er einfach aufgab?

Rice: Alles schien ja gegen ihn zu laufen. Ich bin auf das Protokoll eines Gesprächs zwischen Egon Krenz und Gorbatschow aus dem Jahr 1989 gestoßen. Krenz sagt darin etwa: Wann verteidigen Sie endlich die DDR? Und er teilt Gorbatschow mit, dass sein Land dem Westen Milliarden schulde, er bettelt Gorbatschow regelrecht um Hilfe an. Aber der sagt ihm im Prinzip: Ich muss mich jetzt um die Sowjetunion kümmern.

SPIEGEL: Kohl glaubte, dass russischer Widerstand mit Geld zu überwinden sei.

Rice: Das habe ich nie geglaubt. Gorbatschow ist eine komplexe Persönlichkeit. Aber sein größter Fehler war, dass er wirklich an die Sowjetunion glaubte. Er war überzeugt, dass ein moderner kommunistischer Staat entstehen könne – wenn man nur den Stalinismus und den Zwang der Sowjetjahre abschüttelte. Nein, kaufen konnte man ihn nicht.

SPIEGEL: Verfolgte Moskau während der Verhandlungen über die Einigung überhaupt irgendeine Strategie?

Rice: Die Sowjets waren so durcheinander, dass sie gar nicht mehr wussten, was ihre Interessen waren. Einen Monat nach Gorbatschows Besuch hielten wir eine Diskussion über Rüstungskontrollen mit den Russen ab. Und die russischen Generäle verbissen sich in Detailfragen zur Reichweite von Mittelstreckenraketen. Ich ertappte mich bei dem Gedanken: Eure Machtbasis in Europa ist komplett zerstört. Der Warschauer Pakt kollabiert. Deutschland wird wiedervereinigt. Und ihr macht euch Sorgen um die Reichweite von Mittelstreckenraketen?

SPIEGEL: Aber Sie wollten die Russen nicht provozieren.

Rice: Auf keinen Fall. Wir haben jedes Triumphgeheul vermieden. Wir wollten Gorbatschow nicht in eine Lage bringen, in der er nein sagen muss, nur um sein Gesicht zu wahren.

SPIEGEL: Kohl wollte mit einer Wirtschafts- und Sozialunion schnell Fakten schaffen. Ende 1989 reiste der damalige US-Außenminister James Baker auch nach Ost-Berlin und schien vor einer übereilten Wiedervereinigung zu warnen. Machte Ihnen Kohls Tempo Angst?

Rice: Nein. Eigentlich dachte ich schon seit dem Mauerfall, dass alles so schnell wie möglich laufen muss. Das Zeitfenster war so eng – die Russen mussten stark genug sein, um ihre Rechte abtreten zu können. Aber sie durften auch nicht so stark sein, dass sie den Prozess aufhalten konnten. Ob das alles ein Jahr später möglich gewesen wäre, als die Sowjetunion bröckelte? Wohl nicht.

SPIEGEL: Trotzdem: Sie waren sauer, dass Kohl im November 1989 seinen Zehn-Punkte-Plan ohne jede Absprache im Bundestag präsentierte.

Rice: Wir hatten keine Ahnung, dass der Plan kommen würde.

SPIEGEL: Nicht einmal Präsident Bush?

Rice: Niemand wusste etwas.

SPIEGEL: Wie haben Sie reagiert, als Sie von Kohls Plan erfuhren?

Rice: Der Inhalt störte mich nicht besonders. Aber darüber, dass wir nicht informiert worden waren, waren wir nicht glücklich.

SPIEGEL: Rief das Weiße Haus den Kanzler danach zur Räson?

Rice: Ich glaube, dass Bushs Sicherheitsberater Brent Scowcroft seinen deutschen Amtskollegen Horst Teltschik anrief und sagte: »Wie konnte das publik werden, ohne dass wir was davon wussten?« Die Deutschen behaupteten, dass sie es irgendwie abgestimmt hätten – aber ich kenne keinen, der auf unserer Seite eingebunden war.

SPIEGEL: War das die einzige Abstimmungspanne im Einigungsprozess?

Rice: Ja. So was ist nicht noch mal passiert.

SPIEGEL: Hatten Sie Angst, dass Kanzler Kohl bei der ersten gesamtdeutschen Bundestagswahl 1990 nicht wiedergewählt würde?

Rice: Wir wollten auf jeden Fall, dass Kohl gewinnt.

SPIEGEL: Weil Ihnen der Gedanke an einen Kanzler Oskar Lafontaine Angst machte?

Rice: Wir wussten ziemlich genau, wofür Helmut Kohl stand. Das war wichtig. Immerhin ging es um den historischen Jackpot – die deutsche Einheit. Da sollte nicht auf einmal etwas schieflaufen, weil ein neuer deutscher Kanzler entscheidet, dass die Vereinigung langsamer ablaufen soll. Die Details waren wichtig. Deutsche Nato-Mitgliedschaft war wichtig. Dass es schnell geht, war wichtig.

SPIEGEL: Und unter einem Kanzler Lafontaine wäre all das in Gefahr gewesen.

Rice: Es ist unvorstellbar, dass ein deutscher Kanzler sagt: »Ich will die deutsche Einheit nicht.« Aber es wäre vorstellbar gewesen, dass es eine lange Übergangsphase gibt. Oder dass am Ende nicht nur ein Staat nach westdeutschem Zuschnitt übrig bleibt, wie wir uns die Einheit vorstellten. Ähnliche Bedenken hatten wir über die Pläne von Bundesaußenminister Hans-Dietrich Genscher. Dem schwebte wohl auch eine Art Zusammenschluss der beiden deutschen Staaten vor. Ich sah die Einheit eher wie eine Übernahme.

SPIEGEL: Hielten Sie Kohl für einen schwachen Kanzler?

Rice: Ich weiß, er war zu dem Zeitpunkt in Deutschland umstritten. Aber manchmal ist man ein starker Kanzler, wenn man wie ein starker Kanzler agiert. Und Helmut Kohl hat damals sehr entschlossen gehandelt.

SPIEGEL: Wie würden Sie insgesamt seine Rolle beurteilen?

Rice: Dynamisch. Visionär. Das gilt sogar für die deutsche Währungsunion. Viele Wirtschaftsexperten haben heftig kritisiert, dass die Währung 1:1 angepasst wurde. Aber Kohl war klar, dass die »Allianz für Deutschland« im Osten die ersten freien Wahlen zur Volkskammer gewinnen musste, um mit der CDU/CSU die Weichen für die Wiedervereinigung stellen zu können. Politisch war die Einführung der D-Mark eine der brillantesten Maßnahmen überhaupt.

SPIEGEL: Was hätten Sie im Rückblick bei den Verhandlungen über den Einigungsprozess anders gemacht?

Rice: Einige taktische Entscheidungen hätte man sicher anders fällen können. Aber hätte es insgesamt besser laufen können? Ein wiedervereinigtes Deutschland mit demokratischen Strukturen – eingebettet in Europa und die Nato? Amerikas Einfluss in Europa war gesichert.

SPIEGEL: Hätte man die Beziehung zu den Russen anders gestalten können? 20 Jahre nach der Wiedervereinigung scheint Moskau die Folgen immer noch nicht verdaut zu haben.

Rice: Dieser Frust hat mehr mit dem Kollaps der Sowjetunion zu tun als mit der deutschen Wiedervereinigung. Die wilde Privatisierung unter Boris Jelzin Anfang der neunziger Jahre haben viele Russen als chaotisch und demütigend empfunden. Heute ist Russland ein Land mit vielen Problemen – seine postimperiale Rolle hat es noch nicht gefunden.

SPIEGEL: Als Sicherheitsberaterin von George W. Bush waren Sie frustriert, dass Kanzler Gerhard Schröder gegen den Irak-Krieg mobilmachte. Fanden Sie die Deutschen da undankbar?

Rice: Partner können auch mal verschiedener Meinung sein. Mich hat enttäuscht, den Kanzler neben dem französischen und dem russischen Präsidenten gegen den Krieg protestieren zu sehen. Die Deutschen mögen anderer Meinung sein, aber sie sollten aufgrund unserer Geschichte in so einer Situation nicht neben dem russischen Präsidenten stehen.

SPIEGEL: Madam Secretary, wir danken Ihnen für dieses Gespräch.

KAPITEL 9

1848 – 1918 – 1989:
Drei deutsche Revolutionen

Unterschiede und Gemeinsamkeiten der wichtigsten Aufstände in der modernen Geschichte Deutschlands.

Von Heinrich August Winkler

I.

Mit Revolutionen hatten die Deutschen nie viel im Sinn: So liest und hört man es immer wieder. »Deutschlands revolutionäre Vergangenheit ist … theoretisch, es ist die Reformation«, befand Karl Marx Anfang 1844, um dann freilich sogleich einen dialektischen Salto mortale zu wagen: Gerade weil das damalige Deutschland, verglichen etwa mit Frankreich, aus Marx' Sicht politisch extrem rückständig war, musste die kommende deutsche Revolution radikaler sein als alle bisherigen Revolutionen. Die noch ausstehende bürgerliche Revolution würde das »unmittelbare Vorspiel« der proletarischen Revolution und diese der Auftakt zur letzten und umfassendsten aller Revolutionen sein: »Das gründliche Deutschland kann nicht revolutionieren, ohne von Grund aus zu revolutionieren. Die Emanzipation des Deutschen ist die Emanzipation des Menschen.«[1]

Bekanntlich hat sich die Geschichte nicht nach den Wünschen von Marx gerichtet. Wenn es je eine »gründliche« Revolution in Deutschland gegeben hat, war es die des Nationalsozialismus: eine Revolution gegen die Revolution, durchgeführt mit den denkbar revolutionärsten Mitteln. Die beiden vorangegangenen Revolutionen, die von 1848/49 und 1918/19, rechnen ebenso wenig zu den »klassischen« Revolutionen wie die friedliche Revolution von 1989. Als einzige der deutschen Revolutionen erreichte die von 1989 ihre Ziele: ein Sachverhalt, der ebenso der Erklärung bedarf wie das Scheitern ihrer Vorgängerinnen.

Als Mutter aller Revolutionen auf dem europäischen Kontinent gilt zu Recht die Französische Revolution von 1789. Zumindest in ihrer Frühphase faszinierte sie auch zahllose Deutsche. Doch nachahmen wollten sie nicht einmal die sogenannten deutschen Jakobiner. Was sie erstrebten, war, so der radikale Schriftsteller Georg Friedrich Rebmann 1796, eine »Reformation«, die der Revolution zuvorkam.[2] Drei Jahre später prophezeite der preußische Minister Karl Gustav von Struensee gegenüber einem französischen Besucher: »Die Revolution, welche ihr von unten nach oben gemacht habt, wird sich in Preußen langsam von oben nach unten vollziehen.«[3] Struensee war ein Repräsentant des aufgeklärten Absolutismus. Wenige Phasen der Geschichte haben das Bewusstsein der Deutschen so geprägt wie die Ära aufgeklärter Herrscher, obenan Friedrich der Große. Aus dieser Zeit, den Jahrzehnten nach 1740, rührt die deutsche Neigung, dem Staat eher als sich selbst die Kraft zu den notwendigen Veränderungen zuzutrauen.

In der Zeit, als Marx seine Gedanken über die deutsche Rückständigkeit und ihre Überwindung zu Papier brachte, in den Vierzigerjahren des 19. Jahrhunderts, konnte von einer »Reformation« durch den Staat schon lange keine Rede mehr sein. Vielmehr waren in den meisten Staaten des 1815 gegründeten Deutschen Bundes und namentlich in den beiden größten Staaten, Österreich und Preußen, rückwärtsgewandte, freiheitsfeindliche Regierungen an der Macht. Deswegen fand die Pariser Februar-Revolution von 1848 in Deutschland mehr als nur freundliches Interesse. Die radikalen Kräfte um die Mannheimer Rechtsanwälte Friedrich Hecker und Gustav Struve, die die deutsche Republik notfalls auch auf dem Weg der Gewalt errichten wollten, hatten freilich nur eine kleine Minderheit hinter sich und darum keine Chance, sich mit ihren Forderungen durchzusetzen. Die Liberalen wollten in ihrer großen Mehrheit die Regierungen zwar unter Druck setzen, die notwendigen Veränderungen aber doch auf dem Weg der parlamentarischen Vereinbarung mit ihnen erreichen. Deshalb ließen sie den badischen Aufstand vom April 1848, einen antiparlamentarischen Umsturzversuch der Anhänger von Hecker und Struve, mit Hilfe des Militärs niederschlagen.

Der Gedanke an eine Verständigung mit den alten Gewalten lag schon deswegen nahe, weil die deutschen Liberalen und Demokraten sich ein ehrgeizigeres Ziel gesetzt hatten als die französischen Revolutionäre von 1789. Diese fanden den Nationalstaat schon vor, den sie auf eine völlig neue, eine »bürgerliche« Grundlage stellen wollten. In Deutschland ging es darum, gleichzeitig einen National- und einen Verfassungsstaat zu schaffen, um Einheit und Freiheit. Ein nationales Anliegen wie die Abwehr der Annexion Schleswigs durch Dänemark verwies die deutschen Liberalen im Frühjahr und Sommer 1848 auf die militärischen Mittel der bestehenden Staaten und vor allem einen von ihnen: Preußen. An einen radikalen Umsturz der bestehenden Verhältnisse war unter solchen Bedingungen nicht zu denken, und von sich aus brach die alte Ordnung nirgendwo in Deutschland zusammen.

Als am 18. Mai 1848 die Abgeordneten der frei gewählten Nationalversammlung, des ersten gesamtdeutschen Parlaments, in der Paulskirche in Frankfurt am Main zu ihrer konstituierenden Sitzung zusammentraten, waren sie zunächst fast ausnahmslos »großdeutsch« gesinnt: Sie konnten sich ein Deutschland ohne Österreich, ohne die deutschsprachigen Teile des Habsburgerreiches, nicht vorstellen. Ein großdeutscher Nationalstaat hätte die Auflösung der Donaumonarchie bedeutet, und das kam für die Herrschenden in Wien zu keiner Zeit in Frage. Während die Parlamentarier in der Paulskirche über die künftige Reichsverfassung und dabei besonders intensiv über die Grundrechte der Deutschen berieten, konnten die Kräfte des alten Systems in Wien wie in Berlin ihre zeitweilig erschütterten Machtpositionen wieder festigen. Im Herbst 1848 siegte hier wie dort die Gegenrevolution.

Die nationale Frage aber war noch immer nicht gelöst, und das lag primär an der Führung des Habsburgerreiches. Am 12. Januar 1849 stellte der Reichsfinanzminister Hermann von Beckerath, ein Abgeordneter des rechtsliberalen »Casinos«, nüchtern fest: »Das Warten auf Österreich ist das Sterben der deutschen Einheit.«[4] Damit optierte er, wie schließlich die Mehrheit der Paulskirche, für die kleindeutsche Lösung: eine Einigung Deutschlands ohne Österreich und unter preußischer Führung. Doch dafür war es inzwischen zu spät. Der preußische König Friedrich Wilhelm IV., dem die Nationalversammlung am 3. April 1849 die deutsche Kaiserwürde antrug, wollte nicht ein Kaiser von Volkes Gnaden werden und damit einen Konflikt, ja höchstwahrscheinlich einen Krieg mit Österreich heraufbeschwören, in den unweigerlich auch Russland, und zwar auf der Seite Wiens, eingegriffen hätte. Mit dem Nein des Königs war die deutsche Revolution von 1848/49 endgültig gescheitert.

Der tiefere Grund des Fehlschlags lag darin, dass das Doppelziel »Einheit und Freiheit« die deutschen Liberalen und Demokraten historisch überfordert hatte. Aber wie die Dinge lagen, hatten sie auch nichts Geringeres fordern können als die gleichzeitige Verwirklichung eines National- und eines Verfassungsstaates. Die Radikalen warfen den Liberalen schon damals vor, sie hätten durch ihre Kompromisse mit den alten Gewalten die Sache der Revolution verraten. Doch mit maßlosen Forderungen wie der nach einem großen europäischen Befreiungskrieg gegen das autokratische Zarenreich hatte die entschiedene Linke selbst zur weiteren Annäherung zwischen den gemäßigten Liberalen und den Kräften des Ancien régime beigetragen. Denselben Effekt hatte alles, was nach »roter Revolution« roch. Wo immer ein gewaltsamer Umsturz der gesellschaftlichen Verhältnisse zu drohen schien, suchte das Bürgertum Schutz bei denen, die über tatsächliche Macht verfügten.

Das war nicht nur in Deutschland so, sondern überall in Europa, wo es 1848 zu revolutionären Erschütterungen kam. Dieses Jahr sah, wie der Historiker Reinhart Koselleck feststellt, die erste und letzte »große europäische Revolution«[5]. Die Forderungen von 1848 bestimmten fortan die Agenda der Politik in Ländern wie Deutschland und Italien, in denen es während des Revolutionsjahres um die gleichzeitige Verwirklichung von Einheit und Freiheit gegangen war. So gesehen war das Scheitern der Revolution von 1848 ein sehr relatives.

In Deutschland löste der preußische Ministerpräsident Otto von Bismarck zwischen 1864 und 1871 die Einheitsfrage im kleindeutschen Sinn und durch eine »Revolution von oben«: die Einigungskriege mit Dänemark, Österreich und Frankreich, aus denen das deutsche Kaiserreich hervorging. Die Freiheitsfrage blieb insofern ungelöst, als es im kaiserlichen Deutschland keine parlamentarisch verantwortliche Regierung gab. Ein kräftiges Stück Demokratie aber gewährte Bismarck den Deutschen durchaus, nämlich in Gestalt des allgemeinen gleichen Reichstagswahlrechts für Männer – jenes Wahlrechts, das die Frankfurter Nationalversammlung im März

1849 beschlossen hatte und das ungleich egalitärer war als das besitzfreundliche Wahlrecht liberaler Mustermonarchien wie Großbritannien oder Belgien.

Eine parlamentarisch verantwortliche Regierung erhielten die Deutschen erst im Oktober 1918, als es an der militärischen Niederlage im Ersten Weltkrieg keinen Zweifel mehr gab und die späte Verfassungsänderung vor allem dem Doppelzweck diente, die demokratischen Westmächte, obenan die Vereinigten Staaten von Amerika, einem »milden Frieden« geneigt zu machen und einer Revolution von unten zuvorzukommen. Beide Ziele wurden nicht erreicht, und die erste deutsche Demokratie, die Republik von Weimar, war von vornherein dadurch belastet, dass sie von weiten Kreisen als Staatsform der Sieger empfunden wurde – und damit als »undeutsch«.

II.

Die deutsche Revolution von 1918/19 wurde dadurch ausgelöst, dass die im Oktober 1918 beschlossene Parlamentarisierung nur auf dem Papier stand: Flotte und Heer machten weiterhin Politik auf eigene Faust, vorbei an Reichstag und Reichsregierung, und provozierten damit jene Auflehnung von Matrosen und Arbeitern, die am 9. November zum Sturz der Hohenzollernmonarchie und zur Ausrufung der deutschen Republik durch den Sozialdemokraten Philipp Scheidemann führte. Aus der zeitgenössischen Sicht des Soziologen Max Weber ging die Massenaktion einher mit einem Prozess, der schon Jahre vorher begonnen hatte, dem »Zusammenbruch der bis 1918 legitimen Herrschaft«. Die Geschichte dieses Zusammenbruchs hatte Weber zufolge gezeigt, »wie die Sprengung der Traditionsgebundenheit durch den Krieg einerseits und den Prestigeverlust durch die Niederlage andererseits in Verbindung mit der systematischen Gewöhnung an illegales Verhalten in *gleichem* Maß die Fügsamkeit in die Heeres- und Arbeitsdisziplin erschütterten und so den Umsturz der Herrschaft vorbereiteten«. Weber bündelte seinen Befund in der These, dass das deutsche Kaiserreich im Herbst 1918 die »heute geläufigste Legitimitätsform«, nämlich den »Legalitätsglauben«, weitgehend eingebüßt hatte.[6]

Zu einer der »großen« Revolutionen der Weltgeschichte wurde die deutsche Revolution von 1918/19 nicht. Deutschland kannte bei Kriegsende seit rund einem halben Jahrhundert das allgemeine gleiche Reichstagswahlrecht für Männer, war also bereits zu demokratisch, als dass es zu einer radikalen Umwälzung wie 1789 in Frankreich oder im Herbst 1917 in Russland hätte kommen können. Die Forderung »Alle Macht den Räten«, die auf eine Nachahmung des Beispiels der russischen Bolschewiki – die Errichtung einer »Diktatur des Proletariats« – hinauslief, fand nur bei einer Minderheit der Arbeiterklasse Anklang. Die große Mehrheit drängte vor allem auf eines: auf *mehr* Demokratie. Das hieß Einführung des Frauenwahlrechts, Demokratisierung des Wahlrechts auf gemeindlicher, Kreis- und einzelstaatlicher Ebene, Parlamentarisierung auch in den Gliedstaaten des Deutschen Reiches. Die Sozialdemokraten, denen am 9. November 1918 die Macht unverhofft zugefallen war, hätten sich um jede Glaubwürdigkeit gebracht, wenn sie nicht die baldige Wahl einer Verfassunggebenden Nationalversammlung gefordert und durchgesetzt hätten.

Die äußerste Linke um den Spartakusbund, die Kerngruppe der Ende Dezember 1918 gegründeten Kommunistischen Partei Deutschlands, und die Revolutionären Obleute der Berliner Metallindustrie sahen das völlig anders. Sie wollten revolutionäre Tatsachen schaffen, ehe, in welcher Form und wann auch immer, Wahlen abgehalten wurden. Der Berliner Januar-Aufstand von 1919, oft auch Spartakus-Aufstand genannt, zielte darauf ab, die auf den 19. Januar festgesetzte Wahl der Verfassunggebenden Nationalversammlung zu verhindern. Hatten die Bolschewiki im Januar 1918 die kurz zuvor gewählte Konstituante gesprengt, bevor sie ihre Arbeit aufnehmen konnte, wollten die deutschen Gefolgsleute die Konstituante gar nicht erst wählen lassen.

In manchem erinnerten die Berliner Ereignisse vom Januar 1919 an den badischen Aufstand von Hecker und Struve im April 1848. Beide Erhebungen waren antiparlamentarische Putschversuche, die von den gemäßigten Kräften im engen Zusammenwirken mit den verfügbaren militärischen Formationen niedergeworfen wurden. Wie 1848/49 die Liberalen, so sahen sich 1918/19 die Sozialdemokraten dem Vorwurf des Verrats an der Revolution ausgesetzt. Die letzteren hätten in der relativ offenen Situation zwischen dem Sturz der Monarchie und der Wahl der Nationalversammlung durchaus mehr verändern können und weniger bewahren müssen. Aber mit ihrem Beharren auf einer demokratischen Legitimation der künftigen Regierung blieben sie sich selber treu und taten, was getan werden musste, um Chaos, Bürgerkrieg und eine alliierte Intervention zu vermeiden.

Wie die Revolution von 1848/49 war auch die von 1918/19, um einen auf die Revolutionen von 1989 gemünzten Begriff von Jürgen Habermas zu benutzen, eine »nachholende Revolution«.[7] (Das gilt jedenfalls dann, wenn man im einen wie im anderen Fall die gemäßigte Hauptströmung betrachtet.) Beide Male ging es im Kern darum, Deutschland den Anschluss an jenes normative Projekt des Westens zu ermöglichen, das seit den beiden atlantischen Revolutionen des späten 18. Jahrhunderts, der Amerikanischen Revolution von 1776 und der Französischen Revolution von 1789, zu einem Maßstab politischer

Modernität geworden war.[8] Die Ideen der unveräußerlichen Menschenrechte, der Volkssouveränität und der repräsentativen Demokratie, drei wesentliche Elemente dieses Projekts, waren über das 19. Jahrhundert hinaus von den konservativen Eliten Preußen-Deutschlands scharf zurückgewiesen worden. Im Ersten Weltkrieg glaubten die Kriegsideologen der deutschen Rechten den Ideen von 1789, also Freiheit, Gleichheit, Brüderlichkeit, die »Ideen von 1914« entgegenhalten zu können: das Bekenntnis zu einem starken Staat, der »Volksgemeinschaft« und einem »deutschen Sozialismus«.[9]

Da die deutsche Revolution von 1918/19 nach Lage der Dinge keine radikale, geschweige denn eine gesellschaftliche Totalumwälzung sein konnte, sondern letztlich nur ein Regimewechsel war (der Übergang von der Monarchie zur Republik), konnten viele Institutionen, Traditionen und Mentalitäten des Kaiserreiches den politischen Umbruch mehr oder minder intakt überleben. Die Universitäten und Gymnasien, die Justiz und das Militär entwickelten sich rasch zu Bastionen der Republik- und Demokratiegegnerschaft. Die Weimarer Reichsverfassung wurde zwar am 31. Juli 1919 von der Verfassunggebenden Nationalversammlung mit breiter Mehrheit angenommen. Aber schon bei den ersten Reichstagswahlen im Juni 1920 verloren die drei Parteien, die der Verfassung zugestimmt hatten (die Sozialdemokraten, das katholische Zentrum und die linksliberale Deutsche Demokratische Partei), ihre parlamentarische Mehrheit. Von dem, was es im Sommer 1919 an Verfassungskonsens gegeben hatte, war ein Jahr später nicht mehr viel übrig.

Sehr viel stärker als der Verfassungskonsens war der Revisionskonsens. Die große Mehrheit der Deutschen war sich einig, dass der Friedensvertrag von Versailles zutiefst ungerecht war, also so rasch und so umfassend wie möglich revidiert werden musste. Das galt vor allem für den höchst umstrittenen Artikel 231, der Deutschland und seinen Verbündeten faktisch mit der Alleinschuld am Ersten Weltkrieg belastete. Obwohl die damals schon zugänglichen und großenteils bekannten deutschen Akten keinen Zweifel daran ließen, dass die Reichsleitung im Juli 1914 die Krise nach der Ermordung des österreichischen Thronfolgerpaares in Sarajewo bewusst verschärft und damit die Hauptverantwortung für den Ausbruch des großen Krieges auf sich geladen hatte, war eine selbstkritische Diskussion der Kriegsschuldfrage kaum noch möglich.

Infolgedessen wurden auch die Reparationen, die Deutschland zu bezahlen hatte, und die Gebietsabtretungen, besonders die im Osten zugunsten des wiedererstandenen Polen, von den meisten Deutschen als nicht hinnehmbar betrachtet. Als Verstoß gegen das vom amerikanischen Präsidenten Woodrow Wilson propagierte Selbstbestimmungsrecht der Völker empfanden es viele Deutsche, nicht zuletzt die traditionell »großdeutsch« gesinnten Sozialdemokraten, dass der Vertrag von Versailles einer Vereinigung Deutschösterreichs mit dem Deutschen Reich einen Riegel vorschob und damit einen Beschluss der frei gewählten österreichischen Nationalversammlung außer Kraft setzte. Die Korrektur der kleindeutschen Reichsgründung von 1871 im großdeutschen Sinn war damit gescheitert – fürs erste jedenfalls. Knapp zwei Jahrzehnte später, im März 1938, erzwang der gebürtige Österreicher Adolf Hitler durch den »Anschluss« Österreichs das, was der Weimarer Republik 1919 von den Alliierten verwehrt worden war.

Ob der ersten deutschen Demokratie ein längeres Leben beschieden gewesen wäre, wenn nicht im Oktober 1929 der Börsenkrach in New York eine verheerende Weltwirtschaftskrise ausgelöst hätte, ist eine offene, ja eine unbeantwortbare Frage. Tatsache ist, dass ein halbes Jahr später, am 27. März

1930, die letzte parlamentarische Mehrheitsregierung der Weimarer Republik, ein Kabinett der Großen Koalition unter dem sozialdemokratischen Reichskanzler Hermann Müller, an einem Streit um die Reform der Arbeitslosenversicherung und damit um die Sanierung der Staatsfinanzen zerbrach. Damit war Weimar als parlamentarische Demokratie gescheitert.

Wenig später ging Deutschland zur republikanischen »Reserveverfassung« über, dem Regieren mit Notverordnungen des direkt vom Volk gewählten Reichspräsidenten. Die Selbstausschaltung des Reichstags gab antiparlamentarischen Parteien von rechts und links Auftrieb, am meisten den Nationalsozialisten. Hitler konnte seit dem Sommer 1930 an beides appellieren: das verbreitete Ressentiment gegenüber der angeblich »undeutschen« parlamentarischen Demokratie und an den seit Bismarcks Zeiten verbrieften Teilhabeanspruch des deutschen Volkes in Gestalt des allgemeinen gleichen Wahlrechts, das durch die halbautoritären Präsidialregierungen der späten Weimarer Republik weithin um seine politische Wirkung gebracht wurde. Der Führer der Nationalsozialisten wurde damit zum Hauptnutznießer der ungleichzeitigen Demokratisierung Deutschlands im Kaiserreich: der frühen Einführung des allgemeinen gleichen Wahlrechts (für Männer) und der späten Parlamentarisierung im Zeichen der Niederlage.

Hitler ist nicht durch freie Wahlen an die Macht gekommen. Aber nur weil seine Nationalsozialisten in den Wahlen zwischen 1930 und 1932 zu der mit Abstand stärksten Partei aufgestiegen waren, konnte er in die Rolle eines vorstellbaren, ja zuletzt als unumgänglich eingeschätzten Partners der alten, wilhelminisch geprägten Eliten hineinwachsen. Als Reichskanzler an der Spitze eines von den Konservativen dominierten Kabinetts erschien ihnen Hitler um die Jahreswende 1932/33 nicht nur nicht gefährlich, sondern im Gegenteil sogar nützlich, weil nur er die erstarkten Kommunisten niederkämpfen, der alten Rechten zu der lang ersehnten »nationalen« Massenbasis verhelfen und zusammen mit ihnen das verhasste System von Weimar endgültig beseitigen könne. Mit ebendiesem Argument gelang es den alten Eliten um den früheren, Anfang Dezember 1932 entlassenen Reichskanzler Franz von Papen, den widerstrebenden Reichspräsidenten Paul von Hindenburg im Januar 1933 von der Notwendigkeit einer Kanzlerschaft Hitlers zu überzeugen.

III.

Die Herrschaft des Nationalsozialismus war der Höhepunkt der deutschen Auflehnung gegen das normative Projekt des Westens. Es bedurfte der zweiten, diesmal totalen Niederlage Deutschlands im 20. Jahrhundert, um die deutschen Vorbehalte gegenüber der westlichen Demokratie nachhaltig zu erschüttern und schließlich zu überwinden. Die Öffnung gegenüber der politischen Kultur des Westens konnte sich nach 1945 allerdings nur in einem Teil Deutschlands vollziehen: der Bundesrepublik Deutschland. Im anderen Teil, der Deutschen Demokratischen Republik, folgte auf die Diktatur der Nationalsozialisten die Diktatur der Kommunisten, die aber nicht aus eigener Kraft an die Macht kamen, sondern weil es die sowjetische Besatzungsmacht so wollte.

Entwicklungen in der Sowjetunion waren es auch, die die Voraussetzungen für einen grundlegenden Regimewandel in der DDR und für die Überwindung der deutschen Teilung schufen. Mitte der Achtzigerjahre war nicht mehr zu übersehen, dass Moskau den »Wettkampf der Systeme« auf allen Ebenen verloren hatte. Die Erschütterungen der Weltwirtschaft in den Siebzigerjahren, ausgelöst durch die beiden

Ölpreisschocks von 1973 und 1979, waren von den westlichen Industrienationen mit der Drosselung des Energieverbrauchs und einer umfassenden Rationalisierung der industriellen Produktion beantwortet worden. Die Sowjetunion, seit 1974 das größte erdölproduzierende Land weltweit, verstand es dagegen nicht, von der extensiven zur intensiven Nutzung der natürlichen Ressourcen überzugehen. Sie exportierte Brennstoffe und bezog Maschinen und Industrieanlagen weiter aus dem Westen. Sie verlangte von den Mitgliedstaaten ihres Wirtschaftsblocks, des Rates für gegenseitige Wirtschaftshilfe, höhere Gas- und Ölpreise, die in Devisen oder in Form der Lieferung von hochwertigen Fertigprodukten wie etwa Lastkraftwagen zu entrichten waren. Die Folge war, dass sich die meisten Ostblockstaaten immer mehr im Westen, also beim kapitalistischen »Klassenfeind«, verschulden mussten.

Zum Niedergang der sowjetischen Wirtschaft kam das, was man mit einem Begriff des britischen Historikers Paul Kennedy als »imperial overstretch«, als Reichsüberdehnung, bezeichnen kann.[10] Der Einmarsch der Roten Armee in Afghanistan im Dezember 1979 wurde zu einem machtpolitischen »point of no return«. Die Sowjetunion ließ sich auf einen Krieg in einem islamischen Land ein, den sie nicht gewinnen konnte und der entscheidend dazu beitrug, dass sie nicht wagte, in Polen militärisch zu intervenieren, als sich der Machtkampf zwischen der im Sommer 1980 gegründeten unabhängigen Gewerkschaft »Solidarność« und dem kommunistischen Regime in Warschau im Verlauf des Jahres 1981 zuspitzte. Die Verhängung des Kriegsrechts am 13. Dezember 1981 war die von Moskau gewünschte innerpolnische Krisenlösung. Deren Ergebnisse aber konnten den Kreml nicht zufriedenstellen: In Polen war der Geist der Opposition durch Gewalt nicht mehr zu unterdrücken.

Im Rückblick erscheint das, was 1980/81 in Polen geschah, als der Anfang vom Ende des Ostblocks oder, anders gewendet, als Vorrevolution zu den friedlichen Revolutionen von 1989. Wie zuvor schon die Unterzeichner der Prager »Charta 77« konnten sich die Aktivisten und Sympathisanten von »Solidarność« auf die Menschenrechtsklauseln der Helsinki-Schlussakte der Konferenz über Sicherheit und Zusammenarbeit in Europa (KSZE) von 1975 berufen, der die Sowjetunion und alle Warschauer-Pakt-Staaten zugestimmt hatten, um sich dafür im Gegenzug vom Westen die Unverletzlichkeit der bestehenden Grenzen zusichern zu lassen: ein Zugeständnis der kommunistischen Staaten, das Bürgerrechtsgruppen im Ostblock und auch in der Sowjetunion selbst kräftigen Auftrieb gab. Die nächste große Zäsur auf dem Weg zur Überwindung der Nachkriegsordnung war die Wahl des damals 54 Jahre alten Michail Gorbatschow zum Generalsekretär der Kommunistischen Partei der Sowjetunion am 11. März 1985. Der neue Mann im Kreml galt als energischer und pragmatischer Politiker und war die Hoffnung aller, die der jahrzehntelangen Moskauer Gerontokratie ein Ende bereiten wollten.

Gorbatschow kam rasch zu der Erkenntnis, dass die Sowjetunion angesichts ihrer wirtschaftlichen Stagnation keine Chance mehr hatte, aus dem Wettrüsten mit den USA als Sieger hervorzugehen. Dem ehrgeizigen Projekt des amerikanischen Präsidenten Ronald Reagan, die Vereinigten Staaten durch ein weltraumgestütztes Raketenabwehrprogramm, Strategic Defense Initiative (SDI) oder kurz »Star Wars« genannt, unangreifbar zu machen, konnte die Sowjetunion nichts Gleichwertiges entgegensetzen. Mit Reagan verständigte sich Gorbatschow im Herbst 1987 auf die wechselseitige Vernichtung aller Mittelstreckenraketen innerhalb von drei Jahren, die sogenannte Nulllösung: ein Durchbruch in den Abrüstungsverhandlungen, der wenige Jahre zuvor noch undenkbar gewesen wäre.

Innenpolitisch setzte Gorbatschow auf »glasnost« (Transparenz) und »perestroika« (Umbau): durchgreifende Reformen, die auf eine leistungsstarke, wettbewerbsfähige Wirtschaft und eine schrittweise Demokratisierung des Sowjetsystems zielten. »Wir brauchen die Demokratie wie die Luft zum Atmen«, erklärte er am 27. Januar 1987 im Zentralkomitee der KPdSU.[11] Wohl ohne es zu wissen, zitierte er damit eine Äußerung von Friedrich Engels aus dem Jahr 1865. Ohne Pressefreiheit, Vereins- und Versammlungsrecht sei keine Arbeiterbewegung möglich, hatte der Mitstreiter von Karl Marx damals geschrieben. »Ohne diese Freiheit kann sie (die Arbeiterpartei – H.A.W.) sich nicht frei bewegen; sie kämpft in diesem Kampf für ihr eigenes Lebenselement, für die Luft, die sie zum Atmen nötig hat.«[12]

Konsequent zu Ende gedacht war der Ruf nach Demokratie freilich nicht. Denn den Führungsanspruch der Kommunistischen Partei wollte Gorbatschow noch nicht preisgeben, mit dem Leninismus also keineswegs radikal brechen. 1987 galt auch offiziell noch die 1968 verkündete, nach Leonid Breschnew, dem Generalsekretär der Jahre 1964 bis 1982, benannte Doktrin von der beschränkten Souveränität der »sozialistischen Staaten«: eine Lehre, die darauf hinauslief, dass alle Staaten des Warschauer Pakts verpflichtet waren, gegen »Bruderländer« vorzugehen, die vom rechten Weg des Marxismus-Leninismus abwichen. Im Jahr darauf vollzog Gorbatschow eine dramatische Kurskorrektur. In seiner Rede vor der Vollversammlung der Vereinten Nationen erhob er am 7. Dezember 1988 die freie Wahl des Regierungssystems in den Rang eines universalen Prinzips und erteilte der Androhung oder Anwendung von Gewalt im Verhältnis zwischen den Staaten eine scharfe Absage.[13] Damit kündigte der Mann an der Spitze der Sowjetunion die Gültigkeit der Breschnew-Doktrin zumindest de facto auf.

Zwei Staaten des »sozialistischen Lagers«, Polen und Ungarn, begrüßten und nutzten den erweiterten Handlungsspielraum, den ihnen Gorbatschows neue Politik eröffnete. Die Mehrheit der Warschauer-Pakt-Staaten aber verhielt sich abwartend bis ablehnend. Zu den letzteren gehörte auch die DDR. Für ihren Staatsratsvorsitzenden, den Generalsekretär der SED, Erich Honecker, und seine Getreuen stand fest, dass die DDR durch Reformen, die sie dem größeren deutschen Staat, der »kapitalistischen« Bundesrepublik, ähnlicher machten, ihre eigenen Grundlagen in Frage stellen würde. Am 19. August 1989 erklärte der Rektor der Akademie für Gesellschaftswissenschaften beim Zentralkomitee der SED, Otto Reinhold, in einem Beitrag für »Radio DDR«, die DDR sei »nur als antifaschistische, als sozialistische Alternative zur BRD denkbar. Welche Existenzberechtigung sollte eine kapitalistische DDR neben einer kapitalistischen Bundesrepublik haben? Natürlich keine.«[14]

Als Reinhold sein Verdikt verkündete, hatten die friedlichen Revolutionen des Jahres 1989 längst begonnen. In Polen hatten sich die kommunistische Staats- und Parteiführung und die Gewerkschaft »Solidarność« bei Verhandlungen am Runden Tisch auf die Abhaltung halbfreier Wahlen geeinigt, aus denen das »Bürgerkomitee«, der politische Arm von »Solidarność«, im Juni als strahlender Sieger hervorging. Am 24. August wurde der katholische Publizist Tadeusz Mazowiecki zum ersten nichtkommunistischen Ministerpräsidenten Polens seit 1945 gewählt. In Ungarn hatten Parteireformer eine »Revolution von oben« in Gang gesetzt, die auf den friedlichen Übergang zu einem demokratischen Mehrparteienstaat abzielte. Am 11. September öffnete Ungarn seine Grenze zu Österreich für Staatsangehörige der DDR und kündigte damit einseitig die Verpflichtung der Warschauer-Pakt-Staaten auf, Flüchtlinge aus einem »Bruderland« an ihr Herkunftsland auszuliefern. Dem östlichen Bündnis gehörte Ungarn seitdem nur noch auf dem Papier an.

Vor dem Hintergrund dessen, was im Sommer 1989 in Polen und Ungarn geschah, wirkte die Reformverweigerung der SED auf viele Bürgerinnen und Bürger der DDR als pure Provokation. Der Protest hiergegen äußerte sich auf zweierlei Weise. Ein Teil der Unzufriedenen tat alles, um die DDR zu verlassen. »Wir wollen raus!« lautete die Parole der Ostdeutschen, die zu Tausenden auf dem Weg über die Ständige Vertretung der Bundesrepublik in Ost-Berlin oder die bundesdeutschen Botschaften in Warschau, Budapest und, vor allem, in Prag in die Freiheit zu gelangen versuchten und sich damit schließlich in einer ebenso spektakulären wie für das Prestige der DDR abträglichen Weise durchsetzten. Ein anderer Teil artikulierte seinen Unmut in der Gründung oppositioneller Bürgerrechtsgruppen wie dem Neuen Forum und in erst kleinen, dann immer größeren Demonstrationen, auf denen Sprechchöre wie »Wir bleiben hier!«, »Wir sind das Volk!« und »Keine Gewalt!« zu hören waren.

Die Geschichte der Leipziger Friedensgebete und Montagsdemonstrationen ist bekannt. Als am 9. Oktober etwa 70 000 Menschen in Leipzig auf die Straße gingen, ohne dass es zu den befürchteten blutigen Zusammenstößen mit den Sicherheitskräften kam, war der Bann gebrochen. Die Hardliner um Honecker mussten zur Kenntnis nehmen, dass ihre unnachgiebige Linie in der eigenen Partei keinen ausreichenden Rückhalt mehr hatte. Am 18. Oktober wurde Honecker vom Zentralkomitee der SED zum Rücktritt gezwungen und durch den etwas weniger starren Egon Krenz ersetzt. Die zunehmende Aushöhlung des Partei- und Sicherheitsapparats konnte aber auch er nicht aufhalten. Die überstürzte Öffnung der Berliner Mauer am Abend des 9. November 1989 war eine Folge der Panik, die die bislang herrschende Partei der DDR ergriffen hatte.

Ihre Funktion, die Bewohner der DDR am unautorisierten Verlassen des »Arbeiter-und Bauern-Staates« zu hindern, hatte die Mauer zu diesem Zeitpunkt bereits verloren. Seit dem 1. November konnten die Bürgerinnen und Bürger der DDR wieder, wie vor dem 3. Oktober 1989, visafrei in die Tschechoslowakei reisen, und seit dem 3. November reichte das Vorzeigen des Personalausweises, um von dort in die Bundesrepublik zu gelangen. Die Grenzschutzanlagen an der Grenze zwischen den beiden deutschen Staaten und in und um Berlin waren fortan nur noch eine bürokratische Schikane, die Berliner Mauer nur noch das, was sie seit ihrer Errichtung im Jahr 1961 immer *auch* gewesen war: ein Symbol der Unfreiheit, so wie ein anderes Bauwerk, die 200 Jahre zuvor, am 14. Juli 1789, erstürmte Pariser Bastille, ein Symbol der Unfreiheit gewesen war. Als die Mauer fiel, freuten sich mit den Berlinern und den Deutschen die Freunde der Freiheit in aller Welt. Der 9. November 1989 markierte nicht mehr oder nicht weniger als das Ende des Kalten Krieges zwischen West und Ost, der über vier Jahrzehnte lang die Achse der Weltpolitik gebildet hatte.

IV.

Der amerikanische Historiker Crane Brinton hat in seinem 1938 in erster Auflage erschienenen Buch »The Anatomy of Revolution« (deutsch: »Die Revolution und ihre Gesetze«) die Vorzeichen zusammengefasst, die die klassischen Revolutionen ankündigten: »Budgetdefizite, Beschwerden über die

Steuern, Begünstigung bestimmter Interessenten durch die Regierung auf Kosten anderer, Wirrwarr in der Verwaltung, Abfall der Intellektuellen, Verlust des Selbstbewusstseins in der herrschenden Klasse, Bekehrung vieler Mitglieder dieser Klasse zu der Überzeugung, dass ihre Vorrechte ungerecht oder der Gesellschaft abträglich seien, Intensivierung der sozialen Gegensätze, Aufstiegssperre, namentlich in den gehobenen Berufen, Trennung der wirtschaftlichen Macht von der politischen Macht und gesellschaftlichem Spitzenrang.«[15]

Brintons bevorzugtes Forschungsgebiet war die Revolution von 1789. Die meisten Krisensymptome, die er zuerst im französischen Ancien régime des späten 18. Jahrhunderts entdeckt hatte und dann in der Vorgeschichte anderer Revolutionen wiederfand, begegnen uns auch am Vorabend der ostmitteleuropäischen Revolutionen von 1989 und nicht zuletzt der ostdeutschen. Beginnen wir mit dem Abfall der Intellektuellen, der Demoralisierung der herrschenden Klasse und ihren Reaktionen auf die Beschwerden von »unten«. Die DDR war, weil sie über keine nationale Identität verfügte, mehr als andere Mitgliedstaaten des Warschauer Pakts auf die Ideologie und deren Lieferanten, die Intellektuellen, angewiesen. Gerade unter ihnen stieß Gorbatschows Reformpolitik auf lebhaften Widerhall, was sie in einen Gegensatz zur Partei- und Staatsführung brachte. Was viele von ihnen wünschten, waren »glasnost« und »perestroika« auch in der DDR. So dachten nicht nur manche Mitglieder der Akademie der Wissenschaften und Professoren, sondern auch einige hohe Kader im Partei- und Sicherheitsapparat, von Markus Wolf, dem 1986 ausgeschiedenen Leiter der Hauptabteilung Aufklärung im Ministerium für Staatssicherheit, bis zu Hans Modrow, dem Dresdner Bezirkssekretär der SED.

Die Stasi machte sich im September und Oktober 1989 keine Illusionen mehr: Die Loyalitätskrise hatte mittlerweile auch Mitglieder und Funktionäre der SED erfasst. In einem Bericht vom 8. Oktober hieß es etwa: »Bei entsprechenden ideologischen Auseinandersetzungen in den Arbeitskollektiven würden viele progressive Kräfte in breitem Umfang mit Diskussionen über die Existenz einer sogenannten Klasse der Privilegierten in der DDR (gemeint sind damit Funktionäre der Partei, staatsleitender und wirtschaftsleitender Organe auf zentraler Ebene bis hin zu den Kreisen) sowie mit Hinweisen über die massenhafte Ausbreitung von Schieber- und Spekulantentum konfrontiert. Die dazu in sehr aggressiver Form geführten Diskussionen beinhalten das Argument, diese vorgenannten Personenkreise seien die eigentlichen Nutznießer des Sozialismus. Offenbar sei auf ehrliche Art und Weise erworbenes Geld in unserer Gesellschaft nicht mehr gefragt.«[16]

Was Brinton die Trennung von wirtschaftlicher und politischer Macht nennt, fand auch in der späten DDR statt: in Form ihrer immer stärkeren Abhängigkeit von der Bundesrepublik. Ohne die Kredite aus dem »kapitalistischen Ausland«, und namentlich aus dem größeren der beiden deutschen Staaten, hätte die DDR die von Erich Honecker propagierte und von der SED praktizierte »Einheit von Wirtschafts- und Sozialpolitik« nicht durchhalten, bei den Löhnen und Sozialleistungen nicht länger von der eigenen Wirtschaftskraft absehen können. In einer Vorlage für das Politbüro der SED stellte der Vorsitzende der Staatlichen Planungskommission, Gerhard Schürer, am 30. Oktober 1989 fest, ein »Stoppen der Verschuldung« gegenüber dem »Nicht-Sozialistischen Wirtschaftsgebiet«, also den kapitalistischen Ländern, »würde im Jahr 1990 eine Senkung des Lebensstandards um 25–30% erfordern und die DDR unregierbar machen«.[17] Der ostdeutsche Staat stand mit anderen Worten Ende 1989 am Rande des Bankrotts. Der neue Generalsekretär der SED, Egon Krenz, sprach am Tag nach dem Mauerfall vor dem Zentralkomitee seiner Partei von großer »Beunruhigung unter den Genossen«: »Es herrscht die Meinung vor: Wir stehen vor dem Ausverkauf.«[18]

»Ausverkauf« konnte nur heißen: Preisgabe der DDR an die Bundesrepublik. Die Sowjetunion, die bislang die DDR politisch und militärisch garantiert hatte, stand als Schutzmacht nicht mehr zur Verfügung. Ein Einsatz der sowjetischen Armee mit dem Zweck, Unruhen in der DDR niederzuwerfen, kam für Gorbatschow nicht in Frage: Er hätte das Ende seiner Entspannungspolitik gegenüber dem Westen und wohl auch das Ende von »glasnost« und »perestroika« bedeutet. Ob die Bundesrepublik, die seit Jahren die DDR wirtschaftlich ausgehalten hatte, bereit sein würde, dies auch weiterhin zu tun, war höchst zweifelhaft. Was aus der DDR werden würde, hing folglich nicht nur, aber doch entscheidend von der Bonner Politik ab.

Mit noch größerem Recht als bei der Revolution von 1918/19 kann man im Hinblick auf die ostdeutsche Revolution von 1989/90 von einem Zusammenbruch der bisherigen Ordnung sprechen. Es bedurfte unter diesen Bedingungen nur einer relativ kleinen revolutionären Anstrengung, um das alte System zum Einsturz zu bringen. Revolutionäre Qualität aber hatten die Bewegungen von 1989 durchaus. In Polen traten die Massen sehr viel früher und in weit größerer Zahl als in der DDR in Erscheinung. Die »Ausreiser« und die demonstrierenden »Dableiber« waren zunächst nur aktive Minderheiten. Aber nach den Feierlichkeiten zum 40. Jahrestag der DDR Anfang Oktober schwollen die Proteste gewaltig an. Die Leipziger Montagsdemonstrationen waren spätestens seit dem

9. Oktober Massenaktionen. Stellt man den repressiven Charakter des DDR-Regimes in Rechnung, war dieses gewaltlose Aufbegehren im Zeichen der Freiheit revolutionär.

Straßenschlachten und Barrikadenkämpfe sind kein notwendiges Merkmal von Revolutionen. Schon 1895, rund ein halbes Jahrhundert nach den Revolutionen von 1848/49, hatte Friedrich Engels diese »Rebellion alten Stils« für überholt erklärt, weil dank der Entwicklung der Technik das Militär Aufstände sehr viel leichter niederwerfen könne als 1848 und die Spaltung der Gesellschaft in die zwei Klassen der Bourgeoisie und des Proletariats seitdem so deutlich geworden sei, dass gemeinsame Aktionen des »Volkes« nicht mehr zu erwarten seien.[19] Revolutionen der bisherigen Art mochten sich noch in gesellschaftlich unterentwickelten Polizeistaaten ereignen, während man in Industriegesellschaften mit demokratischen Teilhaberechten als Sozialist seine Hoffnungen auf evolutionären Wandel bis hin zu »Stimmscheinrevolutionen« setzen durfte.

Die Revolutionen von 1989 im Baltikum, in Polen, Ungarn, der DDR, der Tschechoslowakei, aber auch in Bulgarien und Rumänien summierten sich zur europäischsten Revolution seit 1848. Dass sie weithin unblutig verliefen, lag an der politischen Reife ihrer Träger und am weit fortgeschrittenen Zusammenbruch der alten Ordnung. Anders als 1848 erreichten diese Revolutionen ihre Ziele. Ihr wichtigster gemeinsamer Nenner war der Wunsch, die Teilung Europas zu überwinden, auf die sich die »Großen Drei« – Roosevelt, Stalin und Churchill – im Februar 1945 in Jalta verständigt hatten. Das Ende der Nachkriegsordnung bedeutete auch das Ende der Kämpfe um die Aneignung oder Verwerfung der Ideen von 1776 und 1789, die einen großen Teil der Geschichte des Westens seit dem ausgehenden 18. Jahrhundert ausgemacht hatten. Die

Revolutionen von 1989 ermöglichten die Wiedervereinigung des alten Okzidents oder des »lateinischen« (im Gegensatz zum »orthodoxen«) Europa: eine Entwicklung, die in der Osterweiterung der Europäischen Union und des Atlantischen Bündnisses ihren Abschluss fand.

Eine andere Wiedervereinigung fand sehr viel früher statt: die deutsche. Die ostdeutschen Bürgerrechtler hatten die Wiederherstellung der staatlichen Einheit noch nicht gefordert. Im Gegenteil: Manche von ihnen, vor allem die protestantisch geprägten, sahen in der Existenz von zwei Staaten eine Sühne für die Verbrechen der nationalsozialistischen Zeit; andere wünschten sich eine gründlich demokratisierte, sozialistische DDR als Alternative zur kapitalistischen Bundesrepublik. Nach dem Fall der Berliner Mauer meldete sich die bislang schweigende Mehrheit der ostdeutschen Bevölkerung zu Wort. Auf den Leipziger Montagsdemonstrationen wurde seit dem 13. November immer wieder der Ruf nach »Deutschland einig Vaterland« laut: ein Zitat aus der »Nationalhymne« der DDR, die ebendieser Zeile wegen seit Anfang der Siebzigerjahre nur noch gespielt, aber nicht mehr gesungen wurde. Redner, die sich gegen die Wiedervereinigung und für eine reformierte DDR aussprachen, wurden fortan ausgebuht und niedergeschrien.

Damit begann eine neue, die nationale Phase der ostdeutschen Revolution. Sie brachte die ungelöste deutsche Frage wieder auf die Tagesordnung der internationalen Politik. Am 28. November stellte sich Bundeskanzler Helmut Kohl an die Spitze der Bewegung. Vor dem Bundestag trug er ein Zehn-Punkte-Programm vor, das zunächst eine »Vertragsgemeinschaft« zwischen der Bundesrepublik, dann »konföderative Strukturen« und schließlich eine »Föderation«, also eine bundesstaatliche Ordnung, und damit die Wiedervereinigung Deutschlands vorsah. Das internationale Echo war überwiegend unfreundlich: Gorbatschow und sein Außenminister Eduard Schewardnadse äußerten sich ähnlich entsetzt wie die britische Premierministerin Margaret Thatcher und der französische Staatspräsident François Mitterrand. Zustimmung kam nur aus Washington: Präsident George H. W. Bush unterstützte das Programm des Bonner Regierungschefs und ergänzte es durch die Forderung, auch ein wiedervereinigtes Deutschland müsse, wie bisher die Bundesrepublik, dem Atlantischen Bündnis angehören.[20]

Die Stationen auf dem Weg zur deutschen Einheit sind so bekannt, dass sie hier nicht im Einzelnen nachgezeichnet werden müssen. Die erste und letzte freie Volkskammerwahl in der DDR am 18. März 1990 war eine Stimmscheinrevolution, die demokratische Alternative zum revolutionären Griff nach der Macht. Die Wahl kam einem Plebiszit für die Abschaffung der DDR durch einen Beitritt zur Bundesrepublik gemäß Artikel 23 des Grundgesetzes gleich: Die Parteien, die sich für diesen kurzen Weg zur Wiedervereinigung (und damit gegen den längeren Weg, die Volksabstimmung über eine erst noch zu erarbeitende gesamtdeutsche Verfassung nach Artikel 146) ausgesprochen hatten, erhielten eine deutliche Mehrheit.

Die Volkskammerwahl markierte den Übergang von der Revolution zur Evolution: Die DDR besaß nun eine demokratisch legitimierte Regierung, die das Mandat hatte, mit der Bundesrepublik zuerst eine Wirtschafts- und Währungsunion und dann, im Einigungsvertrag, die innenpolitischen Modalitäten der deutschen Einheit auszuhandeln. Die außenpolitischen Probleme wurden in Verhandlungen der beiden deutschen Staaten mit den vier Mächten geregelt, die seit 1945 die oberste Verantwortung für Berlin und Deutschland als Ganzes trugen, also den USA, der Sowjetunion, Großbritannien und Frankreich. Das Ergebnis war der Zwei-plus-Vier-Vertrag, die völkerrechtliche Gründungsurkunde des wiedervereinigten Deutschlands.

Die Wiedervereinigung am 3. Oktober 1990 brachte die Lösung eines Jahrhundertproblems, der deutschen Frage – einer Frage, die seit der Auflösung des Heiligen Römischen Reiches deutscher Nation im Jahr 1806 nicht nur die Deutschen, sondern ganz Europa immer wieder beschäftigt hatte. Die deutsche Frage war *erstens* eine Frage des Territoriums und der Grenzen. Seit dem 3. Oktober 1990 war endgültig geklärt, wo Deutschland lag, wo seine Grenzen verliefen, was dazu gehörte und was nicht. Als territoriales Problem konnte die deutsche Frage nur zusammen mit einem anderen Jahrhundertproblem gelöst werden: der polnischen Frage. Durch die völkerrechtlich verbindliche Anerkennung der deutsch-polnischen Grenze an Oder und Görlitzer Neiße wurde auch diese Frage beantwortet. Deutschland wurde in den Grenzen von 1945 wiedervereinigt: eine Bestätigung der kleindeutschen Lösung von 1871 unter radikal veränderten internationalen Bedingungen, auf einem sehr viel kleineren Gebiet als damals und, anders als unter Bismarck, im Einvernehmen mit den europäischen Nachbarn.

Zweitens war die deutsche Frage immer auch eine Frage des Verhältnisses von Einheit und Freiheit gewesen. 1848 war die Revolution an ebendieser Doppelforderung gescheitert. 1918 war es nicht gelungen, Einheit und Freiheit dauerhaft zu sichern. Die Wiedervereinigung von 1990 verwirklichte das alte Postulat »Einheit in Freiheit«. Damit konnte auch der östliche Teil Deutschlands nachvollziehen, was dem westlichen schon sehr viel früher möglich gewesen war: die Öffnung gegenüber der politischen Kultur des Westens. Beim Staatsakt zur Wiedervereinigung in der Berliner Philharmonie konnte Bundespräsident Richard von Weizsäcker denn auch mit Recht feststellen: »Der Tag ist gekommen, an dem zum ersten Mal in der Geschichte das ganze Deutschland seinen dauerhaften Platz im Kreis der westlichen Demokratien findet.«[21]

Drittens löste der Zwei-plus-Vier-Vertrag die deutsche Frage als Problem der europäischen Sicherheit, indem er die Mitgliedschaft des wiedervereinigten Deutschland im Atlantischen Bündnis festschrieb und zugleich bestimmte, dass Deutschland auf atomare, biologische und chemische Waffen verzichtete und dass auf dem Territorium der bisherigen DDR keine ausländischen Nato-Truppen und Atomwaffen oder deren Träger stationiert werden durften. Eine stärkere Sowjetunion hätte einer derart »westlichen« Regelung des Sicherheitsproblems niemals zugestimmt. 1990 aber fühlte sich Gorbatschow nicht mehr stark genug, die Forderungen der USA und ihrer Verbündeten abzulehnen – zumal die sowjetischen Zugeständnisse mit umfangreicher deutscher Wirtschaftshilfe honoriert wurden.

Weniger bekannt ist ein anderer »Deal«, der der Wiedervereinigung vorausging. Bereits 1988 hatte sich die Europäische Gemeinschaft auf die Schaffung einer Währungsunion verständigt. Nach Bonner Vorstellungen sollten die monetäre und die politische Einigung Westeuropas simultan verwirklicht, die Währungs- und die Politische Union als die zwei Seiten einer Medaille betrachtet werden. Nach dem Mauerfall drängte François Mitterrand darauf, die Währungsunion vorzuziehen. Er wollte auf diese Weise verhindern, dass ein wiedervereinigtes Deutschland, gestützt auf die stärkste europäische Währung, die Deutsche Mark, zur Hegemonialmacht auf dem Kontinent aufsteigen konnte. Bundeskanzler Kohl wollte die deutsche Einheit nicht mit einem deutsch-französischen Zerwürfnis belasten und stimmte der Auflösung des bisherigen Bonner Junktims zu. Das Ergebnis war der

Vertrag von Maastricht von 1992: Die Währungsunion wurde verwirklicht, die Politische Union vertagt.

Während die deutsche Frage gelöst wurde, blieb die europäische Frage also offen. Sie ist es immer noch. Die Einführung einer gemeinsamen Währung ohne die Vereinheitlichung der Haushaltspolitiken durch eine Fiskalunion, den Kern einer Politischen Union, gilt heute zu Recht als der entscheidende Konstruktionsfehler des Euro. Europa steht mithin immer noch im Schatten der Entscheidungen, die im Zuge der Epochenwende von 1989/90 fielen.

Manche Hoffnungen von damals haben sich erfüllt, darunter die, dass die getrennten Teile Deutschlands allmählich wieder zusammenwachsen würden. Dasselbe gilt für die Teile Europas, die 1945 gegen ihren Willen voneinander getrennt worden waren. Nicht erfüllt hat sich die Erwartung, dass sich die Ideen der Menschenrechte, des Rechtsstaats und der Demokratie über kurz oder lang über das ganze Territorium der 1990 noch existierenden Sowjetunion ausdehnen würden. Die Charta von Paris, in der sich im Monat nach der deutschen Wiedervereinigung alle 34 Mitgliedstaaten der Konferenz über Sicherheit und Zusammenarbeit in Europa zur Demokratie als gemeinsamer Staatsform, zur Achtung der territorialen Integrität der Unterzeichnerstaaten und zur friedlichen Beilegung von Konflikten verpflichteten, scheint spätestens seit der Annexion der Krim durch Russland im Frühjahr 2014 nur noch Makulatur zu sein. Einige Monate nach diesem Gewaltakt, im Juli 2014, vermutet der damalige schwedische Außenminister Carl Bildt: »Das 21. Jahrhundert könnte sich wohl als ganz anders erweisen, als wir es uns nach den folgenschweren Veränderungen vor einem Vierteljahrhundert erträumt haben. Vielleicht ist der Triumph unserer Ideen sehr viel oberflächlicher gewesen, als wir dachten.«[22]

Anmerkungen

1 Karl Marx, »Kritik der Hegelschen Rechtsphilosophie«. Einleitung, in: Karl Marx/Friedrich Engels, *Werke*, Berlin 1959ff., Bd. 1, S. 378–391 (385, 391).

2 Volker Mehnert, *Protestantismus und radikale Spätaufklärung. Die Beurteilung Luthers und der Reformation durch aufgeklärte deutsche Schriftsteller zur Zeit der Französischen Revolution*, München 1982, S. 117.

3 Friedrich Meinecke, *Das Zeitalter der deutschen Erhebung* (1795–1815) [19061], Göttingen 19576, S. 46.

4 Heinrich August Winkler, *Der lange Weg nach Westen. Deutsche Geschichte vom Ende des Alten Reiches bis zum Untergang der Weimarer Republik*, München 2010[5], S. 129.

5 Reinhard Koselleck, »Wie europäisch war die Revolution von 1848/49?«, in: ders., *Europäische Umrisse deutscher Geschichte. Zwei Essays*, Heidelberg 1999, S. 9–36 (167).

6 Max Weber, *Wirtschaft und Gesellschaft*. Studienausgabe, hg. v. Johannes Winckelmann, 1. Halbband, Köln 1964, S. 27, 197 (Hervorhebung im Original).

7 Jürgen Habermas, »Nachholende Revolution und linker Revisionsbedarf. Was heißt Sozialismus heute?«, in: ders., *Die nachholende Revolution*, Frankfurt 1990, S. 179–204.

8 Heinrich August Winkler, *Geschichte des Westens. Von den Anfängen in der Antike bis zum* 20. *Jahrhundert*, München 2012[3], S. 13ff., 259ff.

9 Ders., *Geschichte des Westens. Die Zeit der Weltkriege* 1914–1945, München 2011, S. 27ff.

10 Paul Kennedy, *The Rise and Fall of the Great Powers. Economic Change and Military Conflict from* 1500 *to* 2000, New York 19871, S. 515.

11 Michail Gorbatschow, *Ausgewählte Reden und Aufsätze* (russ. Orig.: Moskau 1986ff.), Bd. 4: Juli 1986–April 1987, Berlin 1988, S. 394–402 (397).

12 Friedrich Engels, »Die preußische Militärfrage und die deutsche Arbeiterpartei« (1865), in: Marx/Engels, *Werke* (Anm. 1), Bd. 16, S. 37–78 (77).

13 Winkler, *Zeit der Weltkriege* (Anm. 9), S. 907.

14 Ebd., S. 993.

15 Crane Brinton, *Die Revolution und ihre Gesetze* (amerik. Orig.: New York 1938[1], 1952[2]), Frankfurt 1959, S. 99f.

16 Armin Mitter u. Stefan Wolle (Hg.), *Ich liebe euch doch alle! Befehle und Lageberichte des MfS Januar–November* 1989, Berlin 1990, S. 204–207.
17 Heinrich August Winkler, *Der lange Weg nach Westen. Vom »Dritten Reich« bis zur Wiedervereinigung* (fortan: Weg II), München 2010[5], S. 509.
18 Ebd., S. 517.
19 Friedrich Engels, Einleitung zu »Die Klassenkämpfe in Frankreich 1848 bis 1850« von Karl Marx [1895], in: Marx/Engels, *Werke* (Anm. 1), Bd. 7, S. 511–520 (517, 520).
20 Winkler, Weg II (Anm. 17), S. 523ff.
21 Ebd., S. 601.
22 Carl Bildt, »Es geht um viel mehr als um die Krim«, in: *Frankfurter Allgemeine Zeitung*, 8.7.2014.

Kommentar I: Die Gelegenheit ist günstig

Von Erich Böhme

Ich möchte nicht wiedervereinigt werden. Mich drängt nichts in jenen Reichsverband zurück, über dessen Wiege das Schwert hing und dessen Segnungen in gut 40 halbwegs friedlichen, viertelwegs demokratischen Jahren vom größenwahnsinnigen Endgalopp in den Ersten Weltkrieg bei weitem überragt wurden. Wenig verbindet mich mit den einzig demokratischen, aber schnell vom Wurm des Selbstzweifels und der Not aufgefressenen 14 Jahren der Weimarer Republik.

Und was sollte mich mit den hysterischen zwölf Jahren des Diktators Gröfaz verbinden, dem perversen Reichszernichter und seinen braunen Horden? Mit den scheinheilig beschworenen Grenzen von '37, die doch nur den Start ins »Großdeutsche Reich« markierten und an der Ziellinie '45 endeten? Lasst uns diesen Unfug der »Wieder«-Vereinigung vergessen mit jenen Worten, mit denen sich Thomas Bernhard von Schein-Freunden trennte: »Nix is', bleed is', aus is'.«

»Nix is'« mit der Reminiszenz an 1813 und die nationale Kopfgeburt der Deutschen, lasst die toten Steine des Völkerschlachtdenkmals in Ruhe verwittern, lasst uns den emotionalen Paulskirchen-Klimbim von 1848 vergessen, mit dem die demokratieunwillige Mehrheit der Deutschen ohnehin nichts anzufangen wusste – außer Gedichte aufsagen und Lieder singen.

Hitler, Stalin, Churchill, Roosevelt haben die alte Landkarte zusammengerollt und ins Feuer geworfen. Was soll sie uns heute, 44 Jahre später, noch nützen?

Sie gibt nur noch den Prospekt her für ein Schauergemälde, mit dem die national- und zentralstaatlich erzogenen Franzosen das Fürchten vor den deutschen Querelen lernen wollen; für den Vorwand der Engländer, sich vor einem konkreten Europa zu drücken; für die Amerikaner, die, des Kalten Krieges überdrüssig, ihre europäische Verantwortung leid sind; für Polen und Ungarn, denen vor der mit ihnen verbündeten DDR mehr graust als vor einem neuen Reich, das ihnen zumindest für harte D-Mark gut wäre.

Rheinisch-schlau hatte der alte Finkler Konrad Adenauer die Hürde seiner »Wiedervereinigung in Frieden und Freiheit« aufgebaut, von der er wusste, dass sie zu seinen Lebzeiten nicht würde geschleift werden – es sei denn mit Gewalt. Wer also damals und wer heute von seiner »Wiedervereinigung in Frieden und Freiheit« faselt, spielt entweder falsch, oder er spielt mit dem Feuer eines neuen »Anschlusses« unseligen Angedenkens.

Das alles sagt gar nicht, dass die zwei in 40 Jahren Nicht-Gemeinsamkeit auseinandergerückten, in fremde Militärblöcke gezwungenen, von gegensätzlichen Ideologien und Doktrinen, unterschiedlichen Wirtschaftsordnungen und wahrlich unterschiedlichen Vorstellungen von Recht und Freiheit getrennten beiden Nationen sich nicht wieder einander annähern können. Schließlich spricht man die gleiche Sprache, hat gemeinsame Eltern und gemeinsame Enkel. Nur hat dies mit dem Reich und der phantastischen »Wieder«-Vereinigung nichts zu tun.

Ohne diese verdammte Vorsilbe hat es in den Jahren nach Willy Brandts Ostöffnung und der erfolgreichen Politik der kleinen Schritte schon eine große Welle der Annäherung gegeben, eine camouflierte Vereinigung.

Immer mehr DDR-Bürger im Renten- und Nicht-Rentenalter haben die Bundesrepublik besucht, sind geblieben oder haben sich ausbürgern lassen – sind schließlich zu Tausenden nach Westen geflohen. Immer mehr Westdeutsche sind in den deutschen Exotenstaat jenseits des Stacheldrahts zu Besuch gefahren, freilich ohne der zweifelhaften Verlockung zu erliegen, für immer dort zu bleiben.

DDR-Dramatiker waren in der Bundesrepublik erfolgreicher als zu Hause und als bundesdeutsche in der BRD. Dafür schaut eine ganze Nation (Ost) Abend für Abend ihr Westfernsehen.

Und, o Wunder, seit etwa drei Wochen schaltet eine scheinbar nur aufs Konsumfernsehen gleichgeschaltete Sehergemeinschaft (West) zur »Aktuellen Kamera« über, um sich die Sensation einer spontanen Freiheitsbewegung nicht entgehen zu lassen. Und weil die einen sowieso nach Westen und die anderen neuerdings auch nach Osten glotzen, wetteifert die einstige Fernsehdiktatur mit den Westmedien um Bürger-fragen-Popularität und liberale Spontankritik. Annäherung oder etwa nicht?

Der Strauß hat seine Milliarden nach Ost-Berlin geschleppt, die DDR profitiert per »Interzonenhandel« vom westdeutschen Wirtschaftsboom und von den Vorzügen eines gemeinsamen europäischen Marktes. Hier wäscht freilich eine Hand die andere, ohne daß diese sauberer geworden ist. Mit der trostlosen DDR-Planwirtschaft wird es halt nichts, Herr Egon Krenz.

Man schießt nicht mehr auf den Menschenwechsel von Ost nach West. Man versucht gar, Flüchtlinge von West nach Ost zurückzulocken mit dem Versprechen auf mehr Freiheit jenseits – was sicher so schnell noch nicht verfangen wird.

Aber der bundesdeutsche und der »demokratisch« deutsche Außenminister, Hans-Dietrich Genscher und Oskar Fischer, hocken einträchtig in der Uno beisammen, besuchen sich artig in ihren New Yorker Residenzen und verständigen sich gegebenenfalls über humanitäre Akte. Helmut Kohl und Egon Krenz telefonieren miteinander – auf Deutsch. Und in Wien sitzen zwei deutsche Delegationen am Tisch der Abrüster und bereiten den Teilabzug der Amerikaner und der Russen und die eigene Entwaffnung gleichberechtigt mit vor. Ist das nun eine Annäherung, Vereinigung womöglich – oder etwa nicht?

Wie soll das weitergehen?

Wenn der Krenz den Mut hat, dann soll er das DDR-Fernsehen entschnitzlern, soll seine Zeitungen nicht zensieren, seine Leute demonstrieren und nach Westen reisen lassen. Wer dennoch nicht zurückkehren will, den kann er ohnedies schwerlich für sein verrottetes Wirtschaftssystem motivieren. Denen kann er nur Besserung versprechen, und sie können ihm glauben oder nicht. Sie können seine Werbekampagne bei Arbeitern, Intellektuellen und Evangelen honorieren oder auch nicht. Zurück kann er sowieso nicht mehr. Geht er aber den versprochenen Weg, auf den ihn Gorbatschow drängt und zu dem ihm Ungarn und Polen zuraten, dann haben die DDR und die deutsch-deutsche Annäherung ihre Chance.

Wirtschaftliche Reformen dort und ökonomisch sinnvolle Kredite hier nützen einem Zusammenwachsen beider Deutschland. Ein DDR-Arbeitskräftepotential, das dann frei wird, wenn Marktkräfte eine Rationalisierung der vergammelten Staatswirtschaft erzwingen, und ein Absatzmarkt von 17 Millionen Verbrauchern ist für den Kapitalismus (West) eher eine lohnende Herausforderung denn eine Last. Schneller als jeder einbetonierte Plankopf schaffen Tieflader, Volkswagen aus Wolfsburg, Container mit PCs von IBM in Sindelfingen und Schnellbahntrassen à la ICE einen Mehrwert, der beiden deutschen Staaten zugutekäme.

Das alles hat mit »Wieder«-Vereinigung im Sinne der westdeutschen Berufsvertriebenen und nationalistischer oder sentimentaler Gesamt-Deutschland-Schwärmer nichts zu tun. Und wird auch nicht dadurch verdaulicher, dass der rechte Flügel der Union ihnen nach dem Maule schreit. 80 Prozent der Westdeutschen gierten nach Wiedervereinigung, sagen sie – aber sie verschweigen, dass man den Demoskopierten die realistischen Alternativen vorenthalten hat.

Niemand hat sie nämlich gleichzeitig gefragt, ob sie es denn nicht besser fänden, wenn die Westdeutschen bei der europäischen Stange blieben, die wirtschaftliche und politische Integration Europas vorantrieben, wie es sich nach den Verträgen gehört. Denn *pacta sunt servanda* auch nach Westen hin.

Niemand hat ihnen gesagt, dass, wer die EG-Integration ernsthaft betreibe, im europäischen Verbund umso stärker auf den Konnex zum anderen Teil Europas hinarbeiten könne. Wer sagt, dass ein zusammenwachsendes Deutschland – beneidet oder gefürchtet, hingenommen oder bekämpft – wichtiger sei als ein zusammenwachsendes Europa? Sind vereinigte Ost- und Westdeutsche wichtiger als vereinigte Ost- und Westeuropäer?

Wer beides will – und nur beides zusammen geht, bedingt einander –, braucht die Gunst der Stunde. Er braucht einen Egon Krenz, der seinem Volk tatsächlich Pässe und Visa zuteilt, das heißt: die Mauer abbauen will. Er braucht einen Gorbatschow, der sich zur Nichteinmischung in die inneren Angelegenheiten seiner eigenen Block-Kumpane verpflichtet, das heißt: den Warschauer Pakt auflöst – vorausgesetzt, George Bush ließe das gleiche zu. Und der braucht einen Wiener Kongress, der sich zu einem Abbau der konventionellen Truppenstärken in Europa durchringt, das heißt: russische und amerikanische GIs aus dem Herzen Europas verbannt. Wer sich so, ideologiefrei und pragmatisch, einander nähert, dem werden selbst neidische Nachbarn oder hegemoniale Großmächte auf Dauer die freie Selbstbestimmung über ein nachbarliches oder gar konföderiertes Zusammenleben der beiden Deutschland nicht verwehren können.

Die Gelegenheit ist günstig …

Kommentar II: Meinungen, ein wenig verschieden

Von Rudolf Augstein

Mein Freund und Kollege Erich Böhme hat den SPIEGEL-Lesern – und mithin auch mir – letzte Woche mitgeteilt, er wolle nicht wiedervereinigt werden.

Der Artikel war von einem Format, dass man ihn auch dann hätte drucken müssen, wenn nur zwei Leute allein eine Zeitung machen würden und ganz entgegengesetzter Ansicht wären.

Nun bin ich gar nicht entgegengesetzter, sondern nur anderer Ansicht. Ich möchte aber klarmachen, wo ich mich in dieser Diskussion politisch von Erich Böhme unterscheide.

Zur Person: Erich Kuby hat mich kürzlich einen Nationalisten genannt, und das bin ich auch, wie Mitterrand und Thatcher, um ganz hoch zu greifen. Lieber allerdings lasse ich mich als Patrioten bezeichnen, diesen Begriff habe ich in aller Subtilität vor 40 Jahren von Carlo Schmid geerbt. Damals schimpfte man mich »Kommunist«, weil ich als einer der ganz wenigen die Gebiete jenseits der Oder und Neiße auf immer abgeschrieben hatte.

Kein vernünftiger Mensch strebt in den Bismarckschen Reichsverband zurück, der auf dem Müllhaufen der Geschichte sein Unwesen treibt. Aber kann man, wie Erich Böhme zu meinen scheint, das Geschehen (ehedem »die Geschichte«) planerisch vergewaltigen?

Er spricht von einer »spontanen Freiheitsbewegung« im Osten, zu Recht, wie ich meine. Dergleichen gewinnt immer ein Eigengewicht.

Möglicherweise ist ihm der Gedanke des alten Friedrich Engels fremd, dass jeder Handelnde seine eigenen Interessen vertrete, am Ende aber das herauskomme, was niemand gewollt hat. Früher hätte man von Gottes Wegen gesprochen, die nicht unsere Wege sind, damals, als Gott noch nicht in Rom wohnte, sondern der »Herr der Geschichte« war.

Ich bin auch nicht bereit, den Gneisenau von Waterloo und »den emotionalen Paulskirchen-Klimbim von 1848« dem Kehricht der Geschichte zuzugesellen, und Bismarck bleibt immer noch ein verhängnisvoll großer Mann.

Erich Böhme macht eine Rechnung auf, die dem Staatsoberhaupt von Weizsäcker und dem Außenminister Genscher erlaubt, ja vorgeschrieben sein mag: »Europe first«. Aber auch das lässt sich ja nicht dekretieren. Wir haben es hier mit zwei, vielleicht nur scheinbar gegenläufigen, Bewegungen zu tun.

Wir wissen nicht, was schwieriger zu bewältigen ist, die expandierende europäische Einigung – wo soll sie enden, am Ural etwa? – oder die Beendigung der bisherigen deutschen Geschichte mit einem Neuanfang.

Bonn kann ja Hauptstadt bleiben. Es ist auch gar nicht gesagt, dass Deutschland in seinen jetzigen Grenzen militärisch neutralisiert werden müsste; vielleicht ja, vielleicht nein. Im Übrigen sind wir durch die bisherige Überrüstung ohne eigenes Bestimmungsrecht bereits neutralisiert, wir merken das nur nicht oder nur bei den Tiefflügen.

Dass die Westdeutschen um jeden Preis »bei der europäischen Stange« (Böhme) bleiben müssen, ist erstens, siehe die Wirtschaft, eine Weisheit der Binse, versteht sich aber zweitens gleichwohl nicht von selbst. Das Ende dieser Fahnenstange, denn das ist sie immer noch, können wir nicht sehen.

Hier sind zwei miteinander konkurrierende Prinzipien, die beide von der Bundesrepublik, nach Fug und Recht, vorangetrieben werden, wobei wir mit einer recht langen Latte im Maul durch einen dichten Wald laufen. Hier hat kein Prinzip Vorrang. Das Erreichbare ist wichtig. Möglich auch, dass die beiden bislang konkurrierenden Prinzipien an derselben Stelle aus dem Wald wieder heraustreten und in eins gehen; möglich ja, aber doch nicht sicher.

Kann sein, dass beides zusammen geht und einander bedingt; kann sein, kann aber auch nicht sein. Wir dürfen uns nicht im Vorhinein auf etwas festlegen, was erst in unbekannter Gestalt auf uns zukommt.

Darf man annehmen, Präsident Bush würde die Nato auflösen, wenn Gorbatschow dasselbe mit seinem Paktsystem täte? Dafür gibt es nun nicht den geringsten Anhaltspunkt. Vielmehr: Gorbatschow soll seinen recht locker gewordenen »Pakt« auflösen, und dafür wird die Nato so gnädig sein, ihre jeweils allermodernsten Atomwaffen nicht über die Elbe hinaus vorzuschieben. So ist es gemeint.

Es fehlt nun nur noch der »Mantel der Geschichte«, dessen Zipfel dann offenbar Genscher zu erhaschen gehalten sein soll. Dankenswerterweise spricht Erich Böhme da nur von der »Gunst der Stunde«. Sie mag ja kommen, wer weiß das? Aber bis dahin möge doch der Kunsthandwerker Genscher in seinem »Work in progress«-Shop durchprobieren, was er in vielen Jahren gelernt hat. Nicht ein Bismarck soll Genscher, sondern Genscher soll er sein.

Je bedrohlicher den Alliierten ihr vielleicht doch demnächst nicht zu vermeidender Abzug aus Berlin vor Augen steht, desto strikter beharren sie auf ihrem Recht. Ein, zugegeben, minderer Marschierer wie der amerikanische Verteidigungsminister Cheney kann sich seine Rolle in Berlin anders als die eines Leuchtturms in der immer noch roten Flut nicht vorstellen.

Die Präsenz der vier Siegermächte in Berlin ist gewiss derzeit noch notwendig, vielleicht sogar für eine lange Zeit. Aber offenkundig wollen sie da auch nicht weg. Schließlich haben sie ihre Rolle für Deutschland als Ganzes wahrzunehmen, und das hieß bislang: aufzupassen, dass die Deutschen westlich der Oder und Neiße nicht wieder zusammenfinden.

Schon bei der Viermächtekonferenz 1955 in Genf gingen »beide Seiten mehr oder weniger unverhüllt von der Existenz zweier deutscher Staaten aus und richteten ihr Hauptaugenmerk auf die Frage der Sicherheit in Europa« (Ludolf Herbst).

Wiedervereint samt »Polen raus!«, wiedervereint mit Annaberg-Gedenken möchte auch ich nicht werden. Das werden andere oder sogar die Deutschen selbst verhindern. Aber niemand kann voraussagen, wie denn das künftige Deutschland aussehen solle. Böhme würde es bei einem »nachbarlichen oder konföderierten Zusammenleben« bewenden lassen.

Meine Phantasie reicht nicht aus, mir das vorzustellen. Die drüben haben es doch in der Hand, welche Deutschen sie sein wollen, wenn der vielleicht trotz allem noch langwierige militärische Prozess abgeschlossen sein sollte. Eine amphibische Macht kann sich kontinental am ehesten zurückziehen, aber sie zögert damit auch am längsten.

Warum eine Mauer mitten durch Deutschland, wo doch alle Mauern bis zum Ural fallen sollen? Warum ein geteiltes Berlin, wo doch für Jerusalem trotz aller ethnischen und Annexionsprobleme gelten soll und gelten wird: Zweigeteilt? Niemals.

Dies falsche Gewicht wird die junge Generation, weil das nichts mit Auschwitz zu tun hat, nicht mehr mittragen.

Was ist der Unterschied zwischen der »Wiedervereinigung und der unvermeidbaren Einigung der beiden Deutschlands«?

Diese Frage findet man in dem Pariser Wirtschaftsblatt Les Echos. Man wird nicht sagen können, dass Frankreich der Gemeinschaft bisher übertriebene Opfer dargebracht hat. Aber auf diesem klassischen Exerzierfeld der Revolutionen spricht man unsere Probleme klarer, man muss sogar sagen, ehrlicher aus.

Es findet auf unterer Ebene ein Dialog statt. Les Echos: »Im Augenblick werden auf unserer Seite der Maginot-Linie diese Perspektiven – sehr Fair play – noch relativ gelassen erwogen. Es ist aber nicht sicher, dass hier und da verdrängte Empfindsamkeiten nicht mit einiger Heftigkeit wieder erwachen, wenn plötzlich die wirtschaftliche und politische Schlagkraft der neuen deutschen Realitäten erkannt wird.«

Hier haben wir den Knackpunkt. Die USA sind stolz auf ihre Wirtschaftsmacht, ebenso Japan. Aber Deutschland, zerstückelt und verkürzt, soll seine Wirtschaftsmacht, tatsächlich dann die drittstärkste der Welt, nicht nutzen dürfen.

Was wäre denn da so gefährlich? Das Prestige der Franzosen, die 1939 in den Krieg geprügelt werden mussten; das Prestige Englands, das Falkland noch nötig hatte und das uns zweimal, 1918 und 1945, besiegt hat. Sollen sich doch beide ein Beispiel an den Polen nehmen, denen übler mitgespielt worden ist als allen anderen zusammen! Sie wissen die deutsche Wirtschaftsmacht zu schätzen, sie wünschen sie sich geradezu herbei.

»Die Gelegenheit ist günstig«, sagt Erich Böhme. Ich weiß das nicht so recht, ich sehe nur ungeheuerliche Verwerfungen, die günstig oder nicht günstig auslaufen können. Und, anders als er, will ich wiedervereinigt oder neu vereinigt werden, wenn auch nicht um jeden Preis.

Mindestens 250 Jahre waren seine und meine Vorfahren mit den Vorfahren der auf dem Staatsgebiet der DDR Lebenden verbunden, seit 1871 sogar in einem Bundesstaat; mit den Österreichern hingegen nur ganze sieben Jahre.

Und darum sollen alle vier Siegermächte aus Berlin verschwinden, sofern sie sich über eine neue Friedensordnung einigen können. Sie werden dann nicht mehr gebraucht, sie fallen uns dann nur noch zur Last

Autorenverzeichnis

Timothy Garton Ash, britischer Historiker und Schriftsteller, lebte von 1978 bis 1982 in Ost- und in West-Berlin. Er ist Professor und Direktor des European Studies Centre am St Antony's College der University of Oxford; sein Forschungsschwerpunkt ist die Geschichte Europas seit 1945.

Stefan Aust war von 1994 bis 2008 Chefredakteur des SPIEGEL und ist seit 2014 Herausgeber der Tageszeitung *Die Welt*.

Stefan Berg wuchs in der DDR auf, arbeitete dort für Kirchenzeitungen und kam 1996 zum SPIEGEL. Er ist Autor im Berliner Büro.

Dr. Martin Doerry ist Autor im Ressort Kultur und war von 1998 bis 2014 stellvertretender Chefredakteur des SPIEGEL.

Michail S. Gorbatschow war von 1985 bis 1991 Generalsekretär des Zentralkomitees der KPdSU und von März 1990 bis Dezember 1991 Staatspräsident der Sowjetunion.

Konstantin von Hammerstein war 1989/90 Radio-Reporter in Berlin, kam 1998 zum SPIEGEL, leitete 2012/13 dessen Hauptstadt-Büro und ist heute Autor des SPIEGEL in Berlin.

Marc Hujer, seit 2005 beim SPIEGEL, ist heute Autor im Hauptstadt-Büro.

Jürgen Kremb war bis 2011 Korrespondent für den SPIEGEL in China, Singapur und Wien.

Dirk Kurbjuweit, seit 1999 beim SPIEGEL und von 2007 bis 2012 Leiter des Haupstadt-Büros. Er ist heute Politischer Autor des SPIEGEL in Berlin.

Gunther Latsch berichtete 1989/90 als Reporter für SPIEGEL-TV aus der DDR. Heute ist er Redakteur im Ressort Deutschland des SPIEGEL.

Jürgen Leinemann († 2013) schrieb seit 1971 für den SPIEGEL und leitete von 1999 bis 2001 das Ressort Deutsche Politik.

Jörg Rainer Mettke kam 1969 zum SPIEGEL und war 1989/90 Korrespondent in Moskau.

Dietmar Pieper, seit 1989 beim SPIEGEL, leitet dort das Ressort Sonderthemen und die Reihen SPIEGEL GESCHICHTE und SPIEGEL WISSEN.

Ph. D. Condoleezza Rice zählte 1989/90 zu den Osteuropa-Beratern von US-Präsident George H. W. Bush. Unter dessen Sohn und Nachfolger George W. Bush war sie zwischen 2001 und 2009 Nationale Sicherheitsberaterin und dann US-Außenministerin.

Gregor Peter Schmitz ist seit 2010 beim SPIEGEL und heute Korrespondent in Brüssel.

Cordt Schnibben ist seit 1989 Redakteur des SPIEGEL und leitete bis 2013 das Ressort Gesellschaft.

Ulrich Schwarz war von 1976 bis 1978 und von 1985 bis Anfang 1990 SPIEGEL-Korrespondent in Ost-Berlin. Seit 2003 ist er im Ruhestand.

Hans-Ulrich Stoldt ist seit 1991 Redakteur des SPIEGEL und gehört zur Leitung des Ressorts Deutschland.

Alfred Weinzierl ist seit 1988 Redakteur des SPIEGEL und gehört zur Leitung des Ressorts Deutschland.

Peter Wensierski ist seit 1993 Redakteur des SPIEGEL. Von 1979 bis 1990 berichtete er aus der DDR, zuerst als Reisekorrespondent, dann als ARD-Fernsehredakteur.

Dr. Klaus Wiegrefe ist Autor des SPIEGEL und dort seit 1997 zuständig für den Bereich Zeitgeschichte.

Dr. Heinrich August Winkler ist Professor für Neueste Geschichte an der Humboldt-Universität zu Berlin und Verfasser zahlreicher Fachpublikationen und Sachbücher, darunter »Der lange Weg nach Westen«.

Verzeichnis der Originaltexte

Dirk Kurbjuweit, »Die eigensinnige Republik«, abgedruckt in: DER SPIEGEL 38/2014 vom 15.09.2014.

Alfred Weinzierl, »7. Mai 1989: Amtlich gefälscht«, abgedruckt in: DER SPIEGEL 38/2014 vom 15.09.2014.

Michail Gorbatschow im Gespräch mit Stefan Aust, Jörg Rainer Mettke, »Schön, ich gab die DDR weg«, abgedruckt in: DER SPIEGEL 40/1995 vom 2.10.1995.

Hans-Ulrich Stoldt, Klaus Wiegrefe, »30. September 1989: Mit Fackeln in der Scheune«, abgedruckt in: DER SPIEGEL 39/2014 vom 22.09.2014.

Jürgen Kremb, Peter Wensierski, »Tage wie in Trance«, abgedruckt in: DER SPIEGEL 41/2004 vom 4.10.2004.

Peter Wensierski, »9. Oktober 1989: Die Macht der Straße«, abgedruckt in: DER SPIEGEL 40/2014 vom 29.09.2014.

Stefan Berg, »Die unbemerkten Helden«, abgedruckt in: DER SPIEGEL 30/2009 vom 20.07.2009.

Konstantin von Hammerstein, »4. November 1989: ›Vorwärts nach hinten‹«, abgedruckt in: DER SPIEGEL 41/2014 vom 6.10.2014.

Timothy Garton Ash im Gespräch mit Dietmar Pieper, Klaus Wiegrefe, »Es lag etwas in der Luft«, abgedruckt in: DER SPIEGEL 46/2004 vom 8.11.2004.

Klaus Wiegrefe, »Volten im Wendejahr«, abgedruckt in: DER SPIEGEL 42/2009 vom 12.10.2009.

Stefan Berg, »9. November 1989: Das Puzzle der Einheit«, abgedruckt in: DER SPIEGEL 42/2014 vom 13.10.2014.

Cordt Schnibben, »Die Nacht der Wildschweine«, abgedruckt in: DER SPIEGEL 45/2009 vom 2.11.2009.

Gunther Latsch »15. Januar 1990: Die Schuld der anderen«, abgedruckt in: DER SPIEGEL 43/2014 vom 20.10.2014.

Jürgen Leinemann »Verkrüppelt und gezeichnet«, abgedruckt in: DER SPIEGEL 4/1990 vom 22.01.2009.

»Ich bin ein armer Mann«, Auszug aus dem Vernehmungsprotokoll Erich Honeckers vor der DDR-Generalstaatsanwaltschaft am 29. Januar 1990, abgedruckt in: DER SPIEGEL 9/1990 vom 26.02.1990.

Martin Doerry, »18.März 1990: Der Kampf des Kanzlers«, abgedruckt in: DER SPIEGEL 44/2014 vom 27.10.2014.

Condoleezza Rice im Gespräch mit Marc Hujer, Gregor Peter Schmitz, »Es ging um den Jackpot«, abgedruckt in: DER SPIEGEL 39/2010 vom 27.09.2010.

Im Anhang

Erich Böhme, »Die Gelegenheit ist günstig«, abgedruckt in: DER SPIEGEL 44/1989 vom 30.10.1989.

Rudolf Augstein, »Meinungen, ein wenig verschieden«, abgedruckt in: DER SPIEGEL 45/1989 vom 6.11.1989.

Personenregister